# 冷戦後の国連安全保障体制と文民の保護

多主体間主義による規範的秩序の模索

清水奈名子

宇都宮大学国際学部　国際学叢書

日本経済評論社

冷戦後の国連安全保障体制と文民の保護
―多主体間主義による規範的秩序の模索―


目　次

序　章　文民の保護への注目をめぐる問い　　　　　　　　　　1

　　1　本書の主題　　　　　　　　　　　　　　　　　　　　1
　　2　基本的な用語の定義——国連安全保障体制／文民／保護　　5
　　3　多国間主義から多主体間主義へ
　　　　——マルティラテラリズムの新展開　　　　　　　　　7
　　4　多主体間主義と規範的な秩序　　　　　　　　　　　　11
　　5　国連における多主体間主義の定義　　　　　　　　　　13
　　6　議論の構成　　　　　　　　　　　　　　　　　　　　15

## 第Ⅰ章　1990年代の平和維持活動の教訓
　　　　——文民の保護という課題　　　　　　　　　　　　19

　　1　冷戦直後の平和維持活動の増加と新たな脅威　　　　　20
　　　（1）冷戦直後の安全保障機能再生への期待　20
　　　（2）平和維持活動の増加と多機能化　22
　　　（3）多機能化した活動の評価——紛争再発防止機能　25
　　2　「民族浄化」と平和維持活動
　　　　——国連保護軍（UNPROFOR）　　　　　　　　　　　27
　　　（1）安全地域スレブレニッツァにおける文民の保護の失敗　27
　　　（2）任務権限の不明確さとなし崩し的拡大　30
　　　（3）非戦略的な任務拡大と同意不在の活動　32
　　　（4）多主体による連携の困難性　35
　　3　ジェノサイドと平和維持活動
　　　　——国連ルワンダ支援団（UNAMIR）　　　　　　　　37
　　　（1）国連ルワンダ支援団（UNAMIR）と限定的な任務権限　37
　　　（2）ジェノサイドの発生と国連による不十分な対応　40
　　　（3）国際社会の無関心という背景要因　43
　　4　政治的意思という問題——文民の保護と国益の非連続性　45
　　　（1）国益に還元できない任務——加盟国の逡巡　45

(2) 国益と平和維持活動の関係——ソマリアでの犠牲と米国大統領指令25号　47
　　(3) 事務局の役割と責任　50
5　「新しい戦争」における文民への加害行為　53
　　(1) 「新しい戦争」という背景要因　53
　　(2) 安保理による法的対応——国際刑事裁判所の設立　55
　　(3) 文民の受けた被害——戦争犯罪・ジェノサイド罪・人道に対する罪　60
　　(4) 裁判所による犯行の認定　63
6　平和維持と平和強制との関係の見直し
　　——武力行使の授権と文民の保護　66
　　(1) 『ブラヒミ報告』による問題提起　66
　　(2) 多国籍軍への武力行使授権方式の始まり　68
　　(3) 実行の蓄積　71
　　(4) 「平和に対する脅威」の多様化——国内問題および人道問題への言及　72
　　(5) 国際人道法および人権法違反への注目　75
　　(6) 1999年NATO軍空爆と国連安全保障体制への挑戦　78

## 第Ⅱ章　文民の保護任務の一般化と加盟国の規範意識　81

1　安保理における議題化　82
　　(1) 国連におけるテーマ別審議と文民の保護　82
　　(2) 国連機関による文民の被害状況の報告　84
　　(3) 1999年という起点——「武力紛争下の文民の保護」をめぐる議論の開始　88
　　(4) 幅広い保護内容——事務総長報告と安保理決議1265　92
　　(5) 「子どもと武力紛争」　97
　　(6) 「女性と平和，安全保障」　99

2 初めての任務化と一般化　　　　　　　　　　　　　　　101
   (1) 国連シエラレオネ・ミッション（UNAMSIL）の設立　101
   (2) その後の活動における一般化　104
   (3) 子どもと女性の問題への言及　107
3 「保護する責任」論と加盟国の規範意識　　　　　　　　107
   (1) 「保護する責任」と文民の保護　107
   (2) 国連における議論への取り込み——連続と不連続　109
   (3) 世界サミット成果文書をめぐる攻防　112
   (4) 安保理決議1674と2009年事務総長報告書——対立の継続　114
4 規範意識と実行の不連続性——ダルフール危機　　　　　117
   (1) AUスーダン・ミッション（AMIS）の展開と安保理の経済制裁　117
   (2) ダルフール国連・AU合同ミッション（UNAMID）の派遣とその問題　121
   (3) UNAMIDと文民保護任務の困難性　123

# 第Ⅲ章　背景要因としての多主体間主義　　　　　　　　127

1 国連機関による安保理への関与　　　　　　　　　　　　128
   (1) 関与増加を促した背景——冷戦の終焉と国連システムの多面性　128
   (2) テーマ別議題会合への国連機関の参加　131
   (3) テーマ別会合の議長国と出席する機関の多様化　133
   (4) 文民の保護任務の設定に関する国連機関の役割　137
   (5) 保護任務の優先化の提案　140
2 NGOと国連安全保障体制　　　　　　　　　　　　　　145
   (1) NGOという主体の特徴　145
   (2) 文民保護活動における人道支援NGOと国連機関との連携　149
   (3) NGOによる安保理への関与増加の背景　153
   (4) NGOによる安保理への働きかけ——アリア方式とNGO

　　　　作業グループ　155
　3　文民の保護と国連における多主体間主義　　　　　　　　160
　　（1）「女性と平和，安全保障」決議の採択　160
　　（2）安保理における議論の継続と多主体による関与　164
　　（3）多主体による平和維持活動の評価と監視　168
　　（4）評価・監視機能の意義　172
　4　多主体間主義による文民の保護とその課題　　　　　　　175
　　（1）文民の保護活動に際する主体間調整　175
　　（2）NGOとその正当性　180
　　（3）平和維持活動改革論と文民の保護　182
　　（4）保護の実施とその困難性　185

## 終　章　多主体間主義による安全保障体制
　　　　──文民の保護をめぐる可能性と課題　　　　　　　195

　1　多主体間主義による安全保障体制の意義　　　　　　　　195
　2　国連安全保障体制と文民の保護をめぐる課題　　　　　　197
　3　規範的な秩序構想と触媒としての国連システム　　　　　200
　4　研究上の課題　　　　　　　　　　　　　　　　　　　　202

巻末資料　主要な多機能型平和維持活動の任務権限　206

主要参考資料および文献・論文一覧　209

あとがき　233

索　引　236

## 主要略語一覧

| | | |
|---|---|---|
| AU | African Union | |
| | アフリカ連合 | |
| AMIS | African Union Mission in Sudan | |
| | アフリカ連合スーダン・ミッション | |
| DAW | Division for the Advancement of Women | |
| | 女性の地位向上局 | |
| DDR | Disarmament, Demobilization, Reintegration | |
| | 武装解除・動員解除・社会復帰 | |
| DHA | Department of Humanitarian Affairs | |
| | （国連）人道問題局 | |
| ECOMOG | Economic Community of West African States Monitoring Group | |
| | 西アフリカ諸国経済共同体監視団 | |
| ECOWAS | The Economic Community of West African States | |
| | 西アフリカ諸国経済共同体 | |
| EU | European Union | |
| | 欧州連合 | |
| FARDC | Forces Armées de la République Démocratique du Congo | |
| | コンゴ民主共和国政府軍 | |
| G77 | The Group of 77 | |
| | 77カ国グループ | |
| ICC | International Criminal Court | |
| | 国際刑事裁判所 | |
| ICISS | International Commission on Intervention and State Sovereignty | |
| | 介入と国家主権に関する国際委員会 | |
| ICRC | International Committee of the Red Cross | |
| | 赤十字国際委員会 | |
| ICTR | International Criminal Tribunal for Rwanda | |
| | ルワンダ国際刑事裁判所 | |
| ICTY | International Criminal Tribunal for the former Yugoslavia | |
| | 旧ユーゴスラヴィア国際刑事裁判所 | |
| IMF | International Monetary Fund | |
| | 国際通貨基金 | |
| IMPP | Integrated Mission Planning Process | |
| | 統合ミッション立案プロセス | |
| INSTRAW | International Research and Training Institute for the Advancement of Women | |
| | 女性の地位向上のための国際訓練研修所 | |

| | | |
|---|---|---|
| JEM | Justice and Equality Movement | |
| | 正義と平等運動 | |
| MINURCAT | United Nations Mission in the Central African Republic and Chad | |
| | 国連中央アフリカ・チャド・ミッション | |
| MINURSO | United Nations Mission for the Referendum in Western Sahara | |
| | 国連西サハラ住民投票監視団 | |
| MINUSTAH | United Nations Stabilization Mission in Haiti | |
| | 国連ハイチ安定化ミッション | |
| MONUC | United Nations Organization Mission in the Democratic Republic of Congo | |
| | 国連コンゴ民主共和国ミッション | |
| MONUSCO | United Nations Organization Stabilization Mission in the Democratic Republic of Congo | |
| | 国連コンゴ民主共和国安定化ミッション | |
| MSF | Médecins Sans Frontières | |
| | 国境なき医師団 | |
| NATO | North Atlantic Treaty Organization | |
| | 北大西洋条約機構 | |
| NGO | Non-governmental Organization | |
| | 非政府組織 | |
| OAU | Organization of African Unity | |
| | アフリカ統一機構 | |
| OCHA | Office for the Coordination of Humanitarian Affairs | |
| | （国連）人道問題調整局 | |
| OHCHR | Office of the High Commissioner for Human Rights | |
| | （国連）人権高等弁務官事務所 | |
| OLA | Office of Legal Affairs | |
| | （国連）法務部 | |
| ONUB | United Nations Operation in Brundi | |
| | 国連ブルンジ活動 | |
| ONUCA | United Nations Observer Group in Central America | |
| | 国連中米監視団 | |
| ONUMOZ | United Nations Operation in Mozambique | |
| | 国連モザンビーク活動 | |
| ONUSAL | United Nations Observer Mission in El Salvador | |
| | 国連エルサルバドル監視団 | |
| OSAGI | Office of the Special Adviser on Gender Issues and Advancement of Women | |
| | ジェンダー問題と女性の地位向上に関する事務総長特別顧問室 | |
| OSCE | Organization for Security and Co-operation in Europe | |
| | 欧州安全保障協力機構 | |
| PKO | Peacekeeping Operations | |
| | 平和維持活動 | |

| | | |
|---|---|---|
| RPF | Rwanda Patriotic Front | |
| | ルワンダ愛国戦線 | |
| SLM/A | Sudan Liberation Movement/Army | |
| | スーダン解放運動（軍） | |
| SPLM | Sudan Peoples' Liberation Army | |
| | スーダン人民解放軍 | |
| UNAMID | African Union/United Nations Hybrid Operation in Darfur | |
| | ダルフール国連AU合同ミッション | |
| UNAMIR | United Nations Assistance Mission for Rwanda | |
| | 国連ルワンダ支援団 | |
| UNAMSIL | United Nations Mission in Sierra Leone | |
| | 国連シエラレオネ・ミッション | |
| UNAVEM I | United Nations Angola Verification Mission I | |
| | 国連アンゴラ検証団 | |
| UNAVEM II | United Nations Angola Verification Mission II | |
| | 第二次国連アンゴラ検証団 | |
| UNCRO | United Nations Confidence Restoration Operation | |
| | 国連クロアチア信頼回復活動 | |
| UNDDS | United Nations Department of Safety & Security | |
| | 国連治安・安全局 | |
| UNDP | United Nations Development Program | |
| | 国連開発計画 | |
| UNEF I | United Nations Emergency Force I | |
| | 第一次国連緊急軍 | |
| UNFPA | United Nations Population Fund | |
| | 国連人口基金 | |
| UNHCR | Office of the United Nations High Comissioner for Refugees | |
| | 国連難民高等弁務官事務所 | |
| UNICEF | United Nations Children's Fund | |
| | 国連児童基金 | |
| UNIFEM | United Nations Development Fund for Women | |
| | 国連女性開発基金 | |
| UNIFIL | United Nations Interim Force in Lebanon | |
| | 国連レバノン暫定軍 | |
| UNIKOM | United Nations Iraq-Kuwait Observation Mission | |
| | 国連イラク・クウェート監視団 | |
| UNIMOG | United Nations Iran-Iraq Military Observer Group | |
| | 国連イラン・イラク軍事監視団 | |
| UNITA | União Nacional para a Independência Total de Angola | |
| | アンゴラ全面独立民族同盟 | |

| | | |
|---|---|---|
| UNMIL | United Nations Mission in Liberia | |
| | 国連リベリア・ミッション | |
| UNMIH | United Nations Mission in Haiti | |
| | 国連ハイチ・ミッション | |
| UNMIK | United Nations Interim Administration Mission in Kosovo | |
| | 国連コソボ暫定行政ミッション | |
| UNMIS | United Nations Mission in Sudan | |
| | 国連スーダン・ミッション | |
| UNOCI | United Nations Operation in Côte d'Ivoire | |
| | 国連コートジボワール活動 | |
| UNOMIL | United Nations Observer Mission in Liberia | |
| | 国連リベリア監視団 | |
| UNOMUR | United Nations Observer Mission Uganda-Rwanda | |
| | 国連ウガンダ・ルワンダ監視団 | |
| UNOSOM I | United Nations Operation in Somalia I | |
| | 第一次国連ソマリア活動 | |
| UNOSOM II | United Nations Operation in Somalia II | |
| | 第二次国連ソマリア活動 | |
| UNPREDEP | United Nations Preventive Deployment Force | |
| | 国連予防展開部隊 | |
| UNPROFOR | United Nation Protection Force | |
| | 国連保護軍 | |
| UNTAC | United Nations Transitional Authority in Cambodia | |
| | 国連カンボジア暫定機構 | |
| UNTAET | United Nations Transitional Administration in East Timor | |
| | 国連東ティモール暫定行政機構 | |
| UNTAG | United Nations Transition Assistance Group | |
| | 国連ナミビア独立移行支援グループ | |
| UNTSO | United Nations Truce Supervision Organization | |
| | 国連休戦監視機構 | |
| WFP | World Food Program | |
| | 世界食糧計画 | |

表・資料一覧

| | | | |
|---|---|---|---|
| 表2-1 | 1999年に起きた文民の保護に関連する主要な出来事 | | 89 |
| 表2-2 | 「武力紛争下の文民の保護」に関する安保理文書と平和維持活動への言及 | | 94 |
| 表2-3 | 「子どもと武力紛争」に関する安保理文書と平和維持活動への言及 | | 98 |
| 表2-4 | 「女性と平和,安全保障」に関する安保理文書と平和維持活動への言及 | | 100 |
| 表2-5 | 文民の保護任務が明示的に規定されている活動一覧 | | 105 |
| 表2-6 | 活動設立決議における子どもと女性の問題への言及 | | 106 |
| 表3 | 文民の保護に関する安保理公式会合への出席者内訳 | | 188 |
| 巻末資料 | 主要な多機能型平和維持活動の任務権限 | | 206 |

・引用注等に記したホームページ上の情報については,断りのない限りすべて2011年1月31日に確認したものである。

・条約の訳文に関しては,松井芳郎編集代表『ベーシック条約集』(東信堂,2010年),奥脇直也編集代表『国際条約集』(有斐閣,2010年),杉原高嶺編集代表『コンサイス条約集』(三省堂,2009年)を中心に,各年度版を適宜参照した。

序　章

# 文民の保護への注目をめぐる問い

## 1　本書の主題

　冷戦が終焉したと言われて以降過去20年の間に，世界は多くの変化を経験してきた。国際連合（国連）の安全保障体制も，この冷戦の終わりによって大きく変化した体制のひとつである。その変化を要約すれば，安全保障機能の多様化と活動量の増加であると言えるだろう。本書の主題は，冷戦後に新たに生まれた国連の安全保障機能のなかでも，特に今世紀に入って注目を集めている「武力紛争下における文民の保護（protection of civilians in armed conflict）」に着目し，この機能に関連する以下の問いを明らかにすることである。

　その問いとは，なぜ国連の安全保障体制において，文民の保護がこれほど注目を集めるようになったのかという，問題認識もしくは規範意識に関わる問いかけである。冷戦後の国連安全保障理事会（安保理）は，国際的な武力紛争であれ，一国家内の内戦であれ，文民が深刻な被害を受ける事態は「平和に対する脅威[1]」を構成すると認定するようになった。こうした認定を受けて，加盟国政府をはじめ，国連の事務局，専門機関や付属機関は，安保理が文民の保護機能を実施すべきであるとする規範意識を，表明するようにな

---

[1]　国連憲章第39条には，「平和に対する脅威，平和の破壊又は侵略行為の存在」を安保理が認定することが，その強力な紛争解決機能を発動する前提であると規定している。

った。それは専ら安全保障問題を扱う安保理において，武力紛争の下で苦しむ犠牲者の保護がその解決課題として認識されるという，新しい現象である。実際にこうした規範意識は，1999年に安保理が初めて文民の保護を国連平和維持活動の任務としたことで，現実の機能に結実することになった。そして，この新たな文民の保護任務を含んだ活動は例外的な任務とはならず，その後の活動において一般化している。さらに21世紀に入ってからは主要な任務としての地位を確立し，国連安全保障体制に期待される新たな機能として，注目を集めることになったのである。

　上記の問いで提起した「なぜ」という疑問符は，まずは「なぜ安全保障分野の問題として注目されるのか」という分野をめぐる問題に関わっている。というのも，「国際の平和及び安全の維持」を主要な任務とする国連の安全保障体制は，国連憲章の規定からも明らかなように，元来主権国家間の紛争の解決を目的としており，個別の人間の苦しみに対処することはその第一義的な目的ではなかった。1945年の創設当初，国連が維持する平和とは「国家間戦争の不在」を意味していたからである。そしてこの国家間の平和が達成されれば，加盟国内の人民にも当然の帰結として，平和と安全がもたらされるはずであった。このように，国家間紛争への対応が国連安全保障体制では中心的な課題であるにもかかわらず，なぜ紛争の結果被害を受ける人々の保護が主要な議題として議論されるようになったのか，という問いである。

　同時に「なぜ」という疑問符は，「なぜ国連において注目されるのか」という，規範意識が育まれる場としての，さらにその規範意識を醸成する主体としての国連にもかかるものである。なぜ，192の主権国家が構成する政府間国際機構である国連という場において，文民の保護の問題が注目されるようになったのだろうか。問題とされている文民への加害行為には，しばしば軍隊や警察機構など国家機関による行為が含まれる。それらは現職の政府主要閣僚を含む政府高官の刑事責任の追及にも関わる問題であることから，政治的に扱いが難しい問題のはずである。にもかかわらず，加盟国政府代表が構成する意思決定機関である安保理において，なぜ文民の保護が議題として取り上げられるようになったのだろうか。さらに安保理という国連主要機関において議論され，決議が採択されることには，規範意識の形成という意味

序　章　文民の保護への注目をめぐる問い

で法的に，または実際の保護の実現という意味で機能的に，いかなる意味をもつのだろうか。

このように文民の保護という問題が，安全保障分野の問題として，国連という場で議論されることの意味を問う作業は，21世紀における国連安全保障体制の存在意義や機能という，より一般的な問題に結び付くがゆえに，重要な問題であると考えられる。なぜなら，文民の保護が国連の安全保障機能として主流化していくことは，単に国連安全保障体制の機能の選択肢が増えた，という量的な変化だけでなく，この体制が目指す「平和と安全」が今日の世界において何を意味するようになったかという，その目的の質的な変化に関係する論点だからである。

国連安全保障体制がどのような目的をもつのかにこだわって議論をするのは，それが単なる一機構の内部手続的な問題に終始せず，今後の国際法体系のあり方や世界秩序構想をめぐる議論に対するその影響力に注目してのことである。それは国連の規範的影響力と言い換えてもよい。確かに，統計的には国連は世界に存在する200を超える政府間国際機構の一つであり，政治的には第二次世界大戦の戦勝国が形成した戦後管理体制の延長でもある。しかし同時に法的には，その存在は国連憲章に基礎を置くがゆえに特別な位置を占めていると考えられる。すなわち，「われらの一生のうちに二度まで言語に絶する悲哀を人類に与えた戦争の惨害から将来の世代を救う[2]」ためにつくられたこの体制は，戦後世界における秩序構想を制度化したものであった。

安全保障分野に関していえば，法原則として紛争の平和的解決義務と武力行使の禁止を憲章に明記し，国際の平和および安全の維持を危うくする虞（おそれ）のある紛争を国際機構において，加盟国間の協働によって解決する世界を目指すことを打ち出している。個別国家の戦争に訴える自由を否定し，紛争解決機能を普遍的国際機構に集中させることで第三次世界大戦を回避しようとしたこの体制は，それまでの国際法の原則や安全保障体制の転換を促す法的基盤を備えた世界秩序構想でもあったのである[3]。

このような第二次世界大戦後の秩序構想を体現した国連の安全保障体制に

---

2) 国連憲章前文。

おいて，ある機能は実現し，ある機能は発現されず，加えて新たな機能が次々に育まれていった。それは単に機能の増減という問題なのではなく，この体制にこめられていた秩序構想自体の変化という，質的な変化であったと理解できよう。したがって，21世紀の国連において注目され，実施が目指されている安全保障機能を検証する作業は，国連において多様な主体によって表明されている秩序構想を見極める作業と，密接に関わってくるのである。もちろん，国際的な代表性を有する国連総会（総会）とは異なり，15の加盟国のみによって構成されている安保理における安全保障機能から，「国際社会全体の秩序構想」を読み取ることは，その議論に飛躍があり過ぎるだろう。特に常任理事国を構成する五大国の優越性を考慮すれば，それはまさに大国中心的な秩序観を反映したものになるからである。

　この問題を踏まえて，本書では安保理におけるいわゆる立法論[4]を試みるのではなく，基本的に安保理における審議過程や決議に注目するが，それらの背景にある総会での議論，決議，さらには事務局や国連システム内の機関，国連の外の非政府組織（NGO）など，多様な主体の議論との関係性にも注目し，安保理における審議や決定がそれらの多様な主体から影響を受けつつ行われていることを明らかにする。同時に，文民の保護機能を紛争現場で実現するうえでは，安保理決議によってそのための任務権限が平和維持活動等に対して明確に与えられる必要がある。本論において安保理決議の文言に

---

3）第一次世界大戦後に創設された国際連盟においても，従来の同盟体制とは異なる集団安全保障という新しい安全保障体制はすでに採用されていたが，個別国家の武力行使は一般的に禁止されていなかった点で戦争の自由を加盟国の手に大幅に残しており，国連体制と大きく異なる。他方で大国中心的な世界管理という安保理の常任理事国制度が体現する秩序構想自体は新しいものではなく，19世紀のヨーロッパ協調にまで遡ることのできる伝統である。ただし，国連は少なくとも国連憲章によってその体制を法的に基礎づけ，手続的な正当化を行っていることを最上敏樹は指摘している。最上（2006）72-75頁。また，ヨーロッパ協調から1945年の国連創設までの歴史を振り返り，大国による立憲的な秩序形成の議論を試みる議論もある。Ikenberry（2001）.

4）具体的には，国際テロリズムへの対応としてテロ関係団体への資金供与を規制した2001年の安保理決議1373や，大量破壊兵器やその運搬手段の拡散防止を定めた2004年の安保理決議1540がその例として議論されている。浅田（2009）22-29頁。市川（2009）58-64頁。

注目しながら議論を行っているのは，それが保護機能の実施にとって重要であるからである。こうした問題意識にもとづいて，安保理における文民の保護をめぐる近年の議論と政策の流れに着目しながら，国連安全保障体制において語られる平和と安全とはいかなる内実をもつのかについて考察することが，本書の最終的な目的である。

## 2 基本的な用語の定義——国連安全保障体制／文民／保護

本書の主要な論点や議論構成を明らかにする前に，基本的な用語や概念について説明しておきたい。まず「国連安全保障体制」という用語であるが，国連の安保理が議題として設定し，審議し，勧告または決定した内容や措置に関わる制度，政策，それらの立案や実施に関わる行為全般を指す概念として用いている。そのなかにはアドホックな国際刑事裁判所や平和維持活動のように，国連憲章に明示の根拠をもたない措置や活動も含まれる。

次に「文民（civilian）」という用語は原則として，国際的および非国際的（国内的）な武力紛争において，敵対行為に参加していない住民のことを指す概念として扱う。これらの住民に加えて，人道支援を行う文民要員（軍事組織の構成員ではない要員）や取材を行っている報道関係者も含まれる。「文民統制（civilian control）」等の用語でも知られているように，この文民という概念は戦闘員と非戦闘員を区別する用語であり，1949年のジュネーブ第四条約（文民条約）や，1977年の二つのジュネーブ条約追加議定書をはじめとする国際人道法によって法的に規定されている。敵対行為に参加しない住民のなかには外国人や難民など，当該領域国の国籍を有していない者も含まれる[5]。これらの文民に対する攻撃や暴力行為は，国際紛争であれ国内紛争

---

5) 1949年のジュネーブ第四条約によって保護の対象とされた文民とは主に，紛争当事国または占領国の権力内にある外国人であり，自国の外交的保護を受けられず，その国籍国が同条約の当事国であること，という制限を設けていた（第4条）。これは第二次世界大戦中にみられた交戦国の国民に対する非人道的な措置を踏まえての定義であった。その後1977年の第一追加議定書では，戦闘に参加する者以外すべてが文民として定義された（第50条1項）。藤田（2003）154-167頁。

であれ，これらの条約において今日法的に禁止されているのである[6]。

　他方で，この文民という概念は，戦闘行為に従事する戦闘員の存在を前提としていることから，根本的に幾つもの矛盾を抱えていることにも留意する必要があろう。それは見方を変えれば国際人道法が，戦闘で合法的に殺してもよい者（戦闘員）と殺してはいけない者（文民）を区別する点で，また軍事目標への攻撃によって付随的被害が文民に発生することまでは禁止していない点において，さらには文民と戦闘員の識別が容易ではない実際の状況を十分に反映していない点において，果たして人道的な法体系であると言えるのか，という問題である[7]。これらの文民概念に内在する問題性を考慮しつつも，本書では安全保障理事会をはじめとする国連機関において実際に使用されている「文民（civilian）」という概念を用いる。それは，現に国連安全保障体制が人々の保護のための措置を講じている地域の多くは武力紛争下にあり，その結果保護の対象とされるのは敵対行為に参加していない住民に限定することが実際上必要となっているからである。国連文書においても，女性や子どものように，保護の対象となる文民の詳細について記載されるようになっている。こうした具体的な文民の内訳については本論において扱う。

　次に，文民の「保護（protection）」とはいかなる行為を想定しているかといえば，本書では原則的に「差し迫った身体的暴力にさらされている（under imminent threat of physical violence）」文民の防衛行為として定義している。これは平和維持活動の文民の保護任務を明記した安保理決議のなかで，慣習的にくり返し使われている文言である。具体的にどのような形態の身体的暴力が問題となるかについては，事例ごとに本論のなかで明らかにしていくが，旧ユーゴスラヴィアとルワンダにおける犯罪を裁くために安保理によって設立された，二つの国際刑事裁判所の規程にある，戦争犯罪，ジェノサイド罪，人道に対する罪の構成要件とされる行為が該当すると考えられる[8]。

---

[6]　文民の保護を明記している例として，国際的武力紛争については第一追加議定書の第51条，また非国際的武力紛争については第二追加議定書第13から18条などがある。
[7]　稲角（2004）552，553頁。杉田（2005）149-160頁。
[8]　詳しくは，第Ⅰ章5（3）で扱っている。

他方で実際に国連における議論を検証していくと，保護概念の内容は多義的であり，予防的もしくは長期的な措置も含めた行為を含めて解釈している場合も少なくない。とりあえず基本的な定義は上記の防衛行為に限定するが，本論のなかではより包括的な保護概念についても扱っている。

　以上が本書で扱う基本的な用語の説明である。

## 3　多国間主義から多主体間主義へ──マルティラテラリズムの新展開

　武力紛争下における文民の保護がなぜ国連において問題とされるのかという，場としての，そして主体としての国連について注目する際に重要となるのが，次に説明する「多主体間主義」概念である。多主体間主義とは「マルティラテラリズム（multilateralism）」の訳語として筆者が考案したものであるが，通常は「多国間主義」として訳される概念であり，国連安全保障体制をはじめとする国際機構における制度運営の基本原理を表している。その代表的な研究者のひとりであるラギー（John G. Ruggie）は，同概念の性質を次のように定義している。それは，「一般的な行動原則に則って，三カ国以上の国家の間で関係を調整する制度形態」であり，この「一般的な行動原則」とは，「当事者の個別的な利益や戦略的必要とは関係なく，適切な行動を示す原則」であるという[9]。この定義は，単に複数の国家による調整，という主体の複数性だけでなく，調整行為が各国の個別的な利益を超えた原則（principles）に沿って行われるという，関係性の質的な次元に注目している点で，マルティラテラリズムの本質を鋭く描き出していると言えよう[10]。

　ところがラギーによる以上のような一般的な定義を[11]，現代の国連という文脈に当てはめると，いくつかの修正を余儀なくされる。というのも，今

---

[9] Ruggie (1993) p. 11.
[10] そもそもこの定義が示された背景には，多国間主義を「三カ国以上の集団で各国の政策を調整する行為」として単に数的な定義にとどめていたコヘイン（Robert O. Keohane）をはじめとする新制度論者への批判があった。Ruggie (1993) pp. 6, 7.
[11] ラギーはこの定義を国連のみではなく，国際秩序，国際レジーム，国際機構など多様な制度形態を形容する概念として用いている。Ruggie (1993) pp. 12-14.

日の国連においては，安保理という高度に政治的な問題を扱う機関においてさえも，そこで影響力を行使する主体は加盟国たる主権国家にもはや限定されなくなっているからである。これまでも加盟国以外の主体としては，いかなる国家の指示も受けない国際公務員として国連憲章に規定されている国連事務局組織，専門機関や付属機関などの国連システムの構成主体の存在が認められてきた[12]。ウェイス（Thomas G. Weiss）他の分類によれば，それらは加盟国政府からなる「第一の国連（First UN）」とは区別される「第二の国連（Second UN）」を構成するという。すでに多くの先行研究においても指摘されてきたように，国益の追求を優先する加盟国とは異なった行動原理に立つ主体として理解されているためである[13]。

さらに近年，特に冷戦終焉以降に目立ち始めたのが，国連システムの外で活躍する多種多様な NGO，研究者や研究機関，独立委員会などが国連において行使する影響力である。人権や環境，さらに軍縮に関わる分野にいたるまでその影響力を無視できない今日，加盟国からも国連システムからも独立して活動する主体をウェイスらは，第一，第二の分類とは区別して「第三の国連（Third UN）」と表現している。これら三つの位相の関係性としてマルティラテラリズムを捉え直そうとするウェイスらの議論と，本書の問題関心は響き合うものである[14]。

よく知られているように，今日では NGO と呼ばれるようになった自発的

---

[12] 国連憲章第100条1項には，事務総長および職員の「国際性」について，次のように規定している。「事務総長及び職員は，その任務の遂行に当って，いかなる政府からも又はこの機構外のいかなる他の当局からも指示を求め，又は受けてはならない。事務総長及び職員は，この機構に対してのみ責任を負う国際的職員としての地位を損ずる虞のあるいかなる行動も慎まなければならない。」

[13] Weiss, Carayannis and Jolly (2009) pp. 125-127. なお，クロード（Inis L. Claude, Jr）は国際機構論の古典として名高い著書のなかで，すでに加盟国と事務局という国連における主体の構成原理の違いに着目していた。Claude Jr. (1984) pp. 191-212. また最上は，「政府間国際機構（IGO）の中の非政府間的（NG）な部分」としての事務局は，常に政治的に「中立」であるわけではないが，「政府代表ではない人員によって構成される機関であればこそ，そこから独自の利益観が生まれてくる可能性」を指摘している。最上(2006) 228頁。

な市民による公益追求のための運動は，冷戦後の新しい現象ではない。国際機構の歴史に関するものだけを見ても，国連の創設時にすでに多くの市民組織が関与しており，憲章第71条は経済社会理事会との協議資格をNGOが獲得できる道を開いていた[15]。さらに遡れば国際連盟の創設期にも，平和強行連盟（League to Enforce Peace）や国際連盟協会（League of Nations Society）など，英米系の民間団体が新機構設立を積極的に支持していた[16]。これらの前例にもかかわらず，今日敢えて新しい現象として注目されている点とは，NGO等の影響力がもはや周辺的なものではなくなっているためである。国連の現業活動における実施主体としてはもとより，国連活動を評価・監視する機関として，そして時には主要機関の重要な決定に関与する主体として，その影響力の強さとその活動範囲は著しく拡大している。こうした近年の拡大現象を象徴しているのが，安保理における議題の設定や政策立案，そして実施に関わる多様な非国家主体の存在である。

本書の主題となる文民の保護についても，なぜこの問題が安保理の議題とされるようになったのかを説明するには，「第二の国連」に加えて，これらの「第三の国連」の影響力を抜きにしては不可能である。本論においては，文民の保護が議題とされ，継続的な議論の対象となり，国連平和維持活動の主要任務として実施されるようになった経緯を整理しながら，この「多主体間主義」として機能し始めた国連におけるマルティラテラリズムの新たな展開にも光を当てていく。

それでは具体的にはいかなる存在を，新たに影響力を行使する主体として定義できるのだろうか。前出のウェイスらは，「第三の国連」の構成員は加盟国政府や国連事務局から給与を受け取らない「部外者（outsiders）」であ

---

14) Weiss, Carayannis and Jolly (2009) pp. 127-133. 他にもこの「第三の国連」を含めたマルティラテラリズムを説明する新語として，英語圏ではpolylateralismなどが提案されているほか，「複雑なマルティラテラリズム（complex multilateralism）」や「新しいマルティラテラリズム（new multilateralism）」として表現する論者もいる。Weisman (1999), O'Brien et. al. (2000), Schechter (1999).

15) 馬橋（1999）12-35頁。

16) Mangone (1954) pp. 129, 130.

るところの NGO，研究者，コンサルタント，専門家，独立委員会，そして第一および第二の国連に定期的に関わり影響力を行使している諸個人等からなると定義している[17]。そのなかには営利目的の私企業や一部の報道関係者は含まれていない[18]。

　他方で本書では，ウェイスらのように組織の目的や収支のあり方によって主体を分類する議論を考慮に入れつつも，主体を構成原理ごとに種類分けする議論は採用していない。その理由は，国連における多主体間主義を検証していくと，それぞれの主体の役割や政策の志向性などが固定的に分類できない，流動性や重複をともなった現象として現れているからである。すなわち，常に加盟国政府は狭義の国益のみを追求し，国連事務局は国連としての組織の利益を追求し，その他の NGO は，個別の国家や組織の利益に還元できないという意味でのある種の国際公共利益を追求する，という単純な図式では，現実を正確に説明することができないのである。加盟国であっても NGO と共同で政策の実現を追求する政府代表は存在するし，政権交代などの内政上の事情でそれらの政策が逆方向に変更されることもある。事務局や専門機関も常に加盟国から距離を置いた独立性を主張するわけではなく，NGO 間にも利害や政策上の対立は生じうる。また欧州連合（EU）やアフリカ連合（AU）など，加盟国政府から成り立つが国連の外に位置する機構もまた，近年の国連活動に関与 するようになった。企業関係者であっても国連の活動に巨額の出資をする例もあり[19]，さらに報道機関を利用して NGO が影響力を増幅させていることはよく知られている。主体の構成原理からは分類できない，この重層的で定式化しにくい現象を，まずはなるべくそのままの姿で捉えることを目的として，本書では主体ごとの分類にこだわらない「多主体

---

17) Weiss, Carayannis and Jolly (2009) p. 127.
18) グローバル・コンパクトなどによる民間企業の関与にもかかわらず，営利目的をもった私企業を含めない理由は，それらの第一義的な関心が「より広い範囲の共同体の利益ではなく，財政的な利益である」ためだという。またマスメディアが国連政策に対してもつ影響力を認めつつ，メディアの主要な目的は報道することであって，政策を変更することではない点を理由として挙げている。ただし，論説などによって意見を発信している，調査能力の高い報道関係者やコラムニストは，構成員として含まれるという。Weiss, Carayannis and Jolly (2009) p. 128.

間主義」という概念を採用することにした。

同時にこの「多主体間主義」への変化は，これらの国連活動に影響を与えている多様な主体がすべて対等の立場で互角に対峙する関係を意味するものではないことにも，留意しておく必要がある。国連機関やNGOなどの非国家主体が影響力を増している今日においても，総会や安保理など，主要機関における議決権を有するのは国家のみであり，国家中心的な機構構造が変化したわけではない。そうではあるものの，現代の国連において加盟国政府の行為にのみ注目してそのマルティラテラリズムを分析するだけでは，もはやこの概念を正確に説明することが困難になりつつある。したがって，現代の国連において働いているマルティラテラリズムを理解するためには，国際公務員組織やNGOなどの多様な主体の関与を反映した「多主体間主義」としての同概念の再定義が必要なのである。

## 4　多主体間主義と規範的な秩序

NGO等の非国家主体が国際関係において発揮する影響力が強まっている現在，国連における「多主体間主義」に注目することは新味のない議論に聴こえるかもしれない。しかし，国際機構の法的な研究の中心にある国際法学の世界においては，それはいまだに「新しい」議論であると言える。主権国家とは異なり，一般的には国際法上の法人格をもたないがゆえに権利義務の担い手となることもなく，条約締結権をもたないNGO等の存在は，その結果としていまだに周辺的でしかない[20]。

そうではあるものの，今世紀に入って1997年には対人地雷禁止条約が，

---

19) その例としては，CNNの創業者として知られる米国財界人テッド・ターナー（Ted Turner）がいる。国連に対してその個人資産からの6億ドルを超える寄付を行っているだけでなく，非営利の慈善団体である国連基金（United Nations Foundation）を設立し，国連女性開発基金や国連開発計画への資金援助を行っていることで知られている。以下のホームページを参照した。国連基金ホームページ http://www.unfoundation.org/. 国連パートナーシップ部ホームページ http://www.un.org/partnerships/YNewsTedBillionForUN.htm.
20) NGOの国際法主体性については，次の論文に詳しい。最上（2009）。

2008年にはクラスター爆弾禁止条約がNGOネットワークの主導によって採択されるという画期的な事例が続いたこともまた，事実である[21]。国家の独壇場とされてきた国際法の世界においても，変化は確実に始まっている。ただ，このような非国家主体の影響力が強まる際に必ず議論されるのが，それら主体の正当性は何によって担保されるのか，という代表性や正当性をめぐる問題である[22]。主権国家の代表は，それが擬制であるにせよ，その領域の人民の代表者としての資格で行動しているということになっている。このような国家を代表する人々が，国家の機関として条約を起草し，交渉し，締結し，履行確保に責任を負うというのが，国際法的な国際関係の枠組みである。その一方でNGO等をはじめとする非国家主体は，選挙で選出された代表制を有するわけでもなく，基本的には任意の自発的活動であり，手続的な正当化を受けているわけではない。

　国連安全保障体制における多主体間主義を検証していくと，そこで活躍する多様な主体の正当化根拠として作用しているのは，国際法規範を拠り所とするその「規範性」という特性である。自らの主張の正当性を支える根拠として，多数国間条約を中心とする国際法規範を引照しつつ，NGOを含む各主体はその主張を展開してきた。文民の保護に関しては，国際人道法や国際人権法の遵守を求める議論が多くの主体によってくり返し主張されている。国家主体のように手続的な正当化を経ていないNGOや国連機関等は，その主張を自らの組織の価値観として一方的に表現するのではなく，世界において一般化しつつある共通の法規範に書き込まれた価値の実現と結びつけることで，その活動を正当化し，同時にその存在自体を正当化しているのである。

　これは何も，すべてのNGOや国連機関の活動が常に正当性をもっており，国際人道法や人権法の遵守を志向するものであることを意味するわけではない。むしろ，それは国際法という法体系が現代世界において抱える構造的な矛盾を埋め合わせる動きとして捉えるほうが正確であろう。すなわち，第二次世界大戦後の多数国間条約の蓄積がまさに示しているように，現代の国際

---

21) 足立 (2009)。阿部達也 (2010)。
22) Jordan and van Tuijl (2006)。

法規範が追求する価値は，単なる個別国家の国益の総和としては説明できない，国際的な公共利益や価値とされるものが増えている[23]。なかでも文民の保護に直接関わる国際人道法や人権法は，その権利の名宛人を個人として設定しつつ，その実施主体を国家として設定するという二元的構造をもつ[24]。追求される価値は超国家的かつ普遍的な性質をもつ一方で，その価値実現の担い手は国境によってモザイク状に分かれた主権国家なのである。自国から遠く離れており，戦略的にも深い関係にはない国家に暮らす人々の人権が侵害され，ジェノサイドの被害に遭っているとして，それがなぜ「我が国」にとって関心事項となるのか，その問題の解決に取り組むことは，「我が国」にとっていかなる利益があるのか，という発想では対応できない，非対称な構造のなかで，国際的な規範の実施を目指さざるをえない。

そのような世界において，こうした国益に分割できない国際公共利益の推進役として機動性を発揮するのが，国益に縛られない構成原理に立つ主体となるのは必然的な帰結であろう。本書では，国連安全保障体制において，一定の国際法規範群に則って世界で共通する価値の実現を目指す流れと，その過程における多様な主体の関係性を，文民の保護をめぐる議論を検証することで明らかにしたいと考えている。それは国連における多主体間主義が，規範的秩序の模索とどのように関わるのかを分析する作業であると言えよう。すなわち，多主体間主義的な安全保障体制において目指される秩序とは，だれによってその内容が提案され，いかなる方法で実現されようとしているのかを見極める作業なのである。

## 5　国連における多主体間主義の定義

このような多主体間主義と規範性との関係は，先に紹介したラギーによるマルティラテラリズムの定義のなかにも含まれていたことは，すでに見たと

---

23) 小寺／奥脇（2010）。
24) 寺谷広司はこの問題を「国際レベルにおける二元的構成」と表現している。寺谷（2008）344-346 頁。

おりである。主体間の関係が規範的な基礎をもつことをその特性とするこの定義を現代の国連に当てはめると、次のように再定義できよう。すなわち国連の場合、ラギーの言う「一般的な行動原則」とは、国連憲章を中心とした国連法体系[25]に加えて、個別国家の利益を超えた共通の利益の実現を目指す多数国間条約等を含むものであると考えられる。

　また定義の後半部分にあたる「関係を調整する制度形態」であるが、これも今日の国連での実行を見る限り、そこでは関係の調整にとどまらず、多様な主体が共同で政策の立案、審議、決定、実施、評価・監視などの活動を通して国際的な政策を運営しているという実態を、十分に反映できていない。また、「制度形態（an institutional form）」と定義すると、制度としての国際機構と同一のものとなりうるが、本書においては国際機構制度そのものと多主体間主義は区別して考える。両者は同じものではなく、前者は国際機構を形づくる制度であるのに対して、後者は機構運営の基本原理であり、国連に関わる主体の行動様式とその志向性を説明する概念である。したがって、多主体間主義とは、国際機構をはじめとする制度の運用を通して初めて実現される原理であると説明できよう。

　以上の点に留意して「多主体間主義」としてのマルティラテラリズムを現代の国連に即して定義しなおすと、次のようになる。それは「加盟国政府、国連事務局や国連システム内の機関、さらには非政府的な組織等の国連システム内外の多様な主体が、国連法体系を中心とした国際法規範群に則って、共同で政策を運営する行動様式とその志向性」である。このように定義をするならば、多主体間主義に関与する主体には何が含まれるのかという、主体

---

[25]　本書では国連法体系の定義として、最上による以下の定義を採用している。「設置条約たる国連憲章、憲章の運用や補充のための諸決議、機構運営のための機構内的諸規則、機構運営のためというより加盟国（あるいは非加盟国）の行動を律するため、あるいは国際社会の基本原則を宣明するために採択される決議、国連での討議あるいは起草を経て国連内外で採択される条約、国連が加盟国や他の国際機構と結ぶ条約、国連の司法機関たる国際司法裁判所の判決および勧告的意見などからなる。規則や決議の中には、国連本体のみならず、専門機関や自治機関などのそれも含まれる。」最上（1997）266頁。また藤田久一およびシャクター（Oscar Schachter）による定義も参考にした。藤田（1998a）3-5頁。Schachter（1995）pp. 1-31.

の構成原理を問うよりも，どのような行為規範に則って行動する主体であるかという，主体が志向する行動様式や原則のほうが重要となるだろう。本書では，この多主体間主義の特性としての規範性に注目しつつ，国連安全保障体制における多主体間の協働について考察する。

## 6　議論の構成

　上述した問題意識のもとに，本書では以下の構成で議論を進めていく。

　まず第Ⅰ章において，1990年代にみられた国連平和維持活動の数と機能の増加に注目し，これらの活動における文民の保護の失敗が，その後の保護に対する問題関心の高まりにつながっていったことを明らかにする。はじめに冷戦後に多様な機能を果たすようになった平和維持活動を概観したうえで，従来の停戦監視任務だけでなく，紛争の犠牲となった人々への支援を含めた多様な任務が新たに開始された傾向を整理する。冷戦の終焉がもたらした大国間協調を受けて，国連安全保障体制への期待が膨らんだこの時期は，同時に国連に苦い教訓を残した時期でもあった。維持する平和がない状態で，もしくは十分な任務権限や装備が与えられないなかで，平和維持活動は文民の虐殺を防ぐことができず，国連は強い批判を受けることになったのである。その事例として，1992から95年の旧ユーゴスラヴィアと1993から96年のルワンダにおける平和維持活動を取り上げ，文民の保護に失敗した要因を検証する。これらの活動における保護の失敗を受けて，90年代の平和維持活動の最大の課題として，文民の保護をいかに実施するのかという問題に注目が集まることになったのである。また，失敗の背景にあった加盟国の政治的意思の欠如や事務局の消極性の問題を検証すると同時に，実際の紛争において文民が受けた被害を法的に整理し，90年代の国連安全保障体制が抱えた問題を多面的に考察していく。

　そのうえで，2000年に刊行された平和維持活動の改革を提言する『ブラヒミ報告』を取り上げ，文民の犠牲を前にした「中立性」はもはや平和維持活動の原則として維持しえないこと，またより強化された交戦規定の必要性が指摘された点に注目する。さらに文民の保護とそのための武力行使をめぐ

っては，平和維持活動ではなく，多国籍軍に安保理が武力行使権限を授権する方式も試みられるようになった。他方で，ユーゴスラヴィア連邦共和国（新ユーゴスラヴィア）内のコソヴォ自治州における文民の保護をめぐって，常任理事国の意見が対立した結果，安保理の決議による授権を受けない北大西洋条約機構（NATO）軍による空爆が行われたのも，この90年代の終わりであった。「人道的介入」の問題として議論されるこうした文民の保護をめぐる主体や権限，手段をめぐる論争が，90年代を特徴づける議論の一つとなって国際的な関心を呼び起こすことになったのである。

第Ⅱ章では，その流れを受けて，1999年10月に初めて文民の保護任務が決議に明記された平和維持活動である国連シエラレオネ・ミッション（UNAMSIL）から，2010年7月に設立された国連コンゴ民主共和国安定化ミッション（MONUSCO）に至るまで，保護任務を与えられた11の活動の成立の経緯とその背景にある議論を明らかにする。はじめに，安保理が1999年に初めて武力紛争下の文民の保護に関する決議を採択して以降の安保理における議論と，UNAMSILにおける初の任務化に至った経緯を検証し，その後一般化することになった文民の保護のための任務権限の内容を整理する。

続けて，文民の保護任務の一般化が進んでいた同時期に，やはり文民の保護に関連して注目を集めるようになった「保護する責任（responsibility to protect）」論の展開を概観する。1999年のNATO空爆後の課題として，文民の保護について正面から取り上げたこの概念が，2001年の「介入と国家主権に関する国際委員会（ICISS）」によって提案されて以降，国連の報告書においても言及され，国連内の議論に取り入れられるようになる。そして2005年の世界サミット成果文書である総会決議に明記されるまでの経緯をたどりつつ，加盟国や関係主体の議論から，保護する責任をめぐる規範意識の対立を明らかにする。さらにこの時期には，2002年末から深刻化していた，スーダン共和国のダルフール地方における文民への大規模な加害行為が問題となっていた。この深刻な人道危機に，国連安全保障体制が迅速に対応できなかった経過にも注目し，総会決議のなかに取り込まれた「保護する責任」が，その実施の段階でどのような困難を抱えていたのかを明らかにする。

このように，実施のうえでは困難を抱えつつも，21世紀に入ると平和維

序　章　文民の保護への注目をめぐる問い

持活動の文民の保護任務は一般化していくが，その背景には安保理における多主体間主義があった。この点を明らかにするために，第Ⅲ章では文民の保護に積極的な一部の理事国に加えて，国連事務局，国連機関，NGO等の，国連システム内外の多様な主体が影響力を行使し合い，文民の保護機能の実現に向けた過程に関与していることを明らかにする。多様な主体のなかでも国連機関とNGOに注目し，安保理のテーマ別決議として文民の保護が取り上げられ，実際の活動任務とされていった経緯において，これらの主体が果たした役割を明らかにする。加えて近年問題となっている，平和維持活動の要員による性的搾取の事件など，国連活動の正当性や合法性を揺るがす問題についても，NGOや国連機関による評価や監視活動によって対処しようとしている動きをみていく。このように，まさに多主体間主義としての多様な主体による協働現象が，女性や子どもをはじめとする文民の保護への注目を促し，文民の保護任務が一般化する背景に存在していたのである。

　しかしながら，こうした多主体間主義による安全保障機能の遂行については，すでに多くの課題も指摘されている。Ⅲ章の最後では，文民の保護をめぐって解決されていない課題を整理しつつ，依然として規範意識とその実施には乖離があること，多主体間であるがゆえの連携の困難さなどの問題を検討する。

　それらの問題を踏まえながらも，規範的な秩序を志向する多主体間主義の可能性を考察するのが，終章である。21世紀の国連は，多主体間主義としてのマルティラテラリズムが働くことで，従来の国家中心的な安全保障とは異なる，紛争犠牲者の保護に注目した新たな問題を議題として設定し，その機能として発展させ始めている。この多主体間主義が現時点までに果たした役割と意義を整理したうえで，今後の研究課題にも言及しつつ，本書の意義と課題をまとめて考察している。以上が本書で行う議論の構成である。

# 第Ⅰ章

# 1990年代の平和維持活動の教訓
―― 文民の保護という課題 ――

　国連安全保障体制と文民の保護の関係を明らかにするためには，冷戦の終わりがこの体制に与えた影響から考察を始めなくてはならないだろう。冷戦直後の国連では，一方において大国間協調による国連安全保障体制の「再生」が期待され，平和維持活動の活動数が飛躍的に増加することになった。しかし他方では，それらの活動が展開している傍らで，多くの文民が虐殺され，また暴行を受ける事件が続き，国連自体も内外からの厳しい批判にさらされることになった。その結果，1990年代が国連安全保障体制に残した最大の課題として，文民の保護をいかに実施するかという問題に関心が寄せられることになったのである。このように，国連の安全保障体制において文民の保護が主要な議題となった状況的な背景として，冷戦直後に設立された平和維持活動による文民の保護の失敗という苦い経験があった。

　本章では，冷戦後国連安全保障体制の変化を，平和維持活動の増加に注目しながら概観したうえで，文民の保護をめぐって特に問題となった旧ユーゴスラヴィアでの国連保護軍（UNPROFOR）と，ルワンダにおける国連ルワンダ支援団（UNAMIR）の二つの活動に注目し，なぜ保護に失敗したのかを国連の報告書や先行研究を参照しながら検討する。続いて，実際には文民にいかなる被害が及んだのかを，旧ユーゴスラヴィアとルワンダでの犯罪を裁く国際刑事裁判所の規程と判例を取り上げて検証する。そのうえで，文民への加害行為等の国際人道法の違反が，90年代以降の安保理において，「国際の平和と安全に対する脅威」として認定されるようになった傾向を紹介する。これらの作業を通して，国連安全保障体制が冷戦直後に直面した文民の保護

に関する課題と教訓を明らかにするのが，本章の目的である。

## 1　冷戦直後の平和維持活動の増加と新たな脅威

### (1)　冷戦直後の安全保障機能再生への期待

　1990年代は国連にとって，安保理の「再生」への期待とともに幕が開けた時代であった。東西対立が安保理にそのまま持ち込まれ，国連憲章によって期待されていた安全保障機能を十分に果たすことができなかった時代の終わりをうけて，大国間協調の実現による安保理の機能の回復という，楽観的な見通しが示されるようになっていた。そうした期待感を代弁したのが，1992年1月に第6代国連事務総長に就任したばかりのブトロス・ブトロス＝ガーリ（Boutros Boutros-Ghali）であった。安保理の要請に応えて同じく92年に提出された事務総長報告『平和への課題』[1]は，冷戦後に多様化が予想される安全保障機能の見取り図を示したことで知られている。そのなかで事務総長は，当時の国連安全保障体制への高まる期待を，次のように表現していた。

　　（前略）憲章に掲げられた偉大な目的を達成する好機がふたたびめぐってきたという確信が，国の大小を問わず，過去数カ月の間に育ってきた。（中略）この機会を逃すことがあってはならない。この機構が，過ぎ去った時代に見られたように無能化することが，二度とふたたびあってはならない。（第3段落）
　　冷戦の終焉によって，1990年5月31日以降拒否権は一度も行使されておらず，国連に対する要求はにわかに高まっている。国連の創設目的からしても，また機能の上からも管理できない状況のために，これまで使うことができなかったその安全保障上の手段が，紛争の予防と解決，お

---

[1] *An Agenda for Peace: Preventive diplomacy, peacemaking and peacekeeping*, Report of the Secretary-General pursuant to the statement adopted by the Summit Meeting of the Security Council on 31 January 1992, A/47/277-S/24111, (17 June 1992).

第 I 章　1990 年代の平和維持活動の教訓

よび平和の維持のための中心的な役割を果たすものとなった。(以下略)
(第 15 段落)

　こうした期待の背景には，1991 年の湾岸戦争と，その過程において実現した安保理における大国間協調があった。1990 年 11 月に憲章第 7 章の下に採択された安保理決議 678 は，隣国クウェートに侵攻したイラク軍が 1991 年の 1 月 15 日までに撤退しない場合には，「クウェート政府に協力する加盟国」に「すべての関連決議を支持し実施するために，また当該地域の国際の平和と安全を回復するために」「必要なあらゆる手段 (all necessary means)」を使用することを許可すると決定した (第 2 段落)[2]。撤退期限が過ぎた 1991 年 1 月 17 日には，米軍を中心とした多国籍軍がイラクに対する空爆を開始し，その後約 40 日間にわたって続けられることになる。イラク軍のクウェートからの撤退が実現したのは，2 月末になってようやく安保理決議が決定した停戦条件をイラクが受け入れてからであった[3]。
　この一連の出来事は，東西対立解消後の国連においては大国間の一致が可能であり，その結果安保理における集権的な決定も可能となったことを示していた。そのため，国連憲章が描いた集権的かつ軍事的に強化された安全保障体制がついに実現される，という期待が高まったのである[4]。しかし，第二次世界大戦後の国連においてそうであったように，有責の側が明白な侵略戦争というのは，数多く存在する安全保障上の脅威のひとつでしかなく，冷

---

2) S/RES/678, (29 November 1990). 多国籍軍による武力行使をめぐっては，たとえばシャクター等は憲章第 51 条の集団的自衛権を根拠に擁護しているが，松井芳郎やウエストン (Burns H. Weston) は法的根拠が明確でないとして当初から批判的な見解を示していた。Schachter (1991)．松井 (1992)。Weston (1991)．
3) この事例に関する国連の活動経緯および資料に関しては，次の資料を参照した。United Nations, *The United Nations and the Iraq-Kuwait Conflict 1990-1996*, The United Nations Blue Books Series, Volume IX, New York: United Nations Department of Public Information, 1996. 文民の保護との関連では，多国籍軍の攻撃によってイラクの文民にも多くの被害が生じたことが報告されている。米国の司法長官を務めた経歴をもつラムゼー・クラーク (William Ramsey Clark) は，湾岸戦争にいたる経緯の問題性および戦争の結果もたらされた被害を調査し，米国政府をはじめとする当事者の法的責任を問う活動を行ったことで知られる。クラーク (1994)。

戦後の国連安全保障体制が直面した紛争の多くは,紛争当事者が複数に分かれ,攻守が入れ替わりながら続く内戦であった。その結果として,軍事的な強制行動によって侵略者を撃退するという安全保障機能とは異なる,多様な機能を備えた平和維持活動の展開数が急増することになったのである。

### (2) 平和維持活動の増加と多機能化

冷戦後の国連安全保障体制の変化を特徴づけたのは,湾岸戦争型の強力な武力行使をともなった活動ではなく,むしろ冷戦期に機能的な要請に応えて「発明」された国連平和維持活動にみられた変化であった[5]。冷戦後の活動の第一の特徴は,活動数の急増と規模の拡大である。冷戦中の約40年の間に通算で14の活動が派遣されていたが,90年代には国連ナミビア独立支援グループ(UNTAG)から国連コンゴ・ミッション(MONUC)までの実に37もの活動が展開されており,冷戦後約20年間の通算では,2010年12月までの時点で48を数える,まさに劇的な増加をみている。冷戦後の活動展開地域の内訳をみると,最も多いのがアフリカ地域の23活動であり,その他にヨーロッパ地域の9活動,中南米地域の9活動,アジア地域の6活動と続く。中東地域は1991年から活動を開始した国連イラク・クウェート監視団(UNIKOM)の1活動のみとなっており,概観するとアフリカ大陸に活動が集中していることがわかる。また各活動の規模をみると,軍民双方を合わせた要員全体の数も数千人規模が珍しくなくなり,しばしば1万人を超える大規模なものになった[6]。これは冷戦中の14活動の要員数の合計が約5万

---

4) 国連憲章第25条には,安保理の決定を加盟国は受諾し,履行することに同意すると規定されている。このように加盟国に対する法的拘束力をもつ決議を採択できる点で,安保理の集権性は国連内においても突出している。

5) 国連憲章に明示的な法的根拠をもたず,国連の実行のなかで編み出された平和維持活動の始まりは,国連PKO局の整理によれば,1948年にエジプト,ヨルダン,レバノン,シリアとイスラエルの間の休戦監視のために派遣された国連休戦監視機構(UNTSO)であるとされている。しかし大規模な軍事要員をともなって展開された最初の事例は,1956年のスエズ危機の際に英,仏,イスラエルとエジプトの間の停戦監視を任務として派遣された第一次国連緊急軍(UNEF I)であった。その安全保障機能の特性については,次の論文に詳しい。最上(1991)。

2000人[7]であったことと比較するならば，その変化は明らかであろう。

量的な増加に加えて，冷戦後の平和維持活動の第二の特徴として指摘できるのは，活動分野と任務権限の多様化という意味での多機能化である。その背景には，暴力が停止した後の疲弊し荒廃しきった社会をどうするのかという問題があった。紛争地の多くは経済的に貧しく，長期にわたる紛争の結果国家機能はほとんど麻痺し，社会基盤も破壊されていることが多い。さらに対立勢力間の緊張関係，武器や地雷の拡散，元兵士らの大量失業，難民・避難民の集中的な帰還など多くの社会問題を抱えており，紛争後社会の再建は容易ではない事例がほとんどである。冷戦後にみられるようになった，いわゆる多機能型または複合型の平和維持活動（multifunctional peacekeeping）[8]は，このように一旦武力紛争が収まった後で，それらの社会問題に対処するために，国連がほとんど一国の政府に近い広範な機能を遂行する活動を含めて展開されてきた[9]。

また東西冷戦の終焉によって生じた国際政治環境の変化も，この多機能化現象の背景にあった。東西対立が緩和することによって，一部の紛争地域では和平への道が開けた一方で，両大国が勢力圏への支援や関与に消極的になっていくという変化が生じていた。大国の代わりに国連による介入が求めら

---

6) 1992年から95年に旧ユーゴスラヴィアにおいて展開されたUNPROFORは大規模化した活動として知られているが，要員数は最大時では約3万8000人以上にのぼったと報告されている。国連PKO局ホームページより。http://www.un.org/en/peacekeeping/missions/past/unprof_p.htm

7) United Nations, *The Blue Helmets: A Review of United Nations Peace-keeping*, Second edition, New York: United Nations Department of Public Information, 1990, pp. 3-5. Appendix II.

8) 多様な機能を営むようになった平和維持活動のことを，国連の公式文書ではしばしばこのmultifunctional peacekeepingという名称で表している。Boutros Boutros-Ghali, *Supplement to An Agenda for Peace*: Position paper of the Secretary-General on the occasion of the Fiftieth Anniversary of the United Nations, A/50/60-S/1995/1,（3 January 1995）, paras. 22, 49, 53.

9) カンボジア（UNTAC: 1992-1993），東ティモール（UNTAET: 1999-2002），コソヴォ（UNMIK: 1999-）などで展開されるようになった暫定統治活動が，その典型例である。山田（2003）。山田（2010）。

れ,それまで東西対立のために国連の関与が困難であった紛争への働きかけが可能となったのである[10]。ナミビア,エルサルバドル,カンボジアなど初期の多機能型活動の多くは,冷戦の終結とともに内戦の終焉をむかえ,その後締結された和平合意のなかで,政治的解決の実施を支援する役割が国連に求められた例である。

これらの多機能型活動の多くは,内戦後の停戦または和平協定が締結されたことを受けて,それらの履行監視を目的とした活動が多く,冷戦期の伝統的な活動がそうであったように当事者の同意が与えられ,中立,自衛の原則を維持するものが少なくない。むしろその最大の特徴は,機能の多様化の結果としての文民活動の主流化と大規模化である[11]。伝統的な活動では軽武装の軍事要員が中心であったのが,多機能型の活動においては文民要員数が増加し,その任務権限も,紛争後の社会に存在する問題に対応して多彩なものとなっている。巻末資料に示したように,停戦監視などの冷戦期から実施されていた伝統的な任務に加えて,治安維持,人道支援活動の促進と保護,除隊後の兵士の社会復帰支援,地雷の除去,選挙の実施,難民および避難民の支援,さらには人権状況の監視など,通常は政府機関が行う業務を,国連活動が担うことになったのである。さらに伝統型では国連本部が行ってきた政治的指導・判断を,活動ごとに任命される事務総長特別代表が担い,軍民双方の活動を指揮する立場に立つという組織形態も,これまでになかった特徴である[12]。

伝統型の停戦監視に加えて紛争後社会の再建のための複数の任務権限をもち,文民要員を多数動員するこれらの多機能型活動の数は,現在にいたるまで約40にものぼり,2000年の時点ですでに国連報告書によって「例外であるというより原則[13]」となっていると評されていた。

---

10) Franck (1998) p. 277.
11) Malone and Wermester (2001) p. 40.
12) Peck (2004) pp. 325–329.
13) Report of the Panel on United Nations Peace Operations: A far-reaching report by an independent panel, A/55/305–S/2000/809, (21 August 2000), (*Brahimi Report*), para. 19.

## 第Ⅰ章 1990年代の平和維持活動の教訓

### (3) 多機能化した活動の評価——紛争再発防止機能

このように，国連による安全保障機能として定着するようになった多機能型活動であるが，その活動の実効性はどのように評価されていたのだろうか。冷戦後の世界における紛争解決の必要に迫られるなかで発展したがゆえに，実行が先行しがちであったこれらの活動については，90年代を見る限り体系的な評価は多くない。とはいえ，国連事務局による個々の活動ごとの解説と評価のほかに[14]，研究者による初期の評価としては1997年にブラット（Duane Bratt）が行った作業がある[15]。

ブラットは平和維持活動の評価に際して従来用いられてきた方法を精緻化したうえで，次の四つを評価基準として採用した。それらは，1) 決議に示された任務の達成，2) 紛争解決の促進，3) 紛争の封じ込めと第三者の介入防止，4) 犠牲者数（戦闘員および非戦闘員）の削減である。これら四つの基準それぞれに照らした評価を行ったのちに，紛争の解決をみた場合は成功に，四つの基準のうち，紛争解決以外の一つまたは二つの基準に照らして成功している活動を中程度の成功に，そしてすべての基準において失敗している場合，または一つの基準においてのみ限定的に成功している場合には失敗として，これら3段階からなる総合的な評価を行っている。この作業では1948年から96年の間に行われた39のすべての平和維持活動が対象となっているが，それらのなかから20の多機能型活動を取り出すと次のような結果となっている[16]。成功したとされるのは七つの活動（UNAVEM I/UNTAG/ONUCA/ONUSAL/ONUMOZ/UNMIH II/UNPREDEP），中程度の成功は三つの活動（UNIMOG/UNTAC/UNAMIR II），そして失敗とされたのは10の活動で

---

14) 他にもガリ事務総長時代に The United Nations Blue Books Series としてイラク・クウェート，エルサルバドル，カンボジア，ソマリア，モザンビーク，ルワンダにおける活動の解説と資料を出版している。また PKO 局の Best Practice Unit から，ソマリア，ルワンダ，旧ユーゴスラヴィアの活動の第三者による批判的検討を行った報告書が発行されている（巻末資料一覧を参照）。

15) Bratt (1997).

16) ブラットによる活動数の計算方法は，同一地域への活動でも活動時期によって別々に数えているため，本書が採用している国連 PKO 局によって示された合計数よりも多くなっている。

ある (UNAVEM II/MINURSO/UNCRO/UNOSOM I/UNOMUR/UNPROFOR/UNOSOM II/UNMIH I/UNOMIL/UNAMIR I)。成功と中程度の成功を併せれば，成功例と失敗例は大体半々という結果になる。四つの基準のうち最も失敗が多いのは二番目の紛争解決であり，反対に成功例が多いのは三番目の紛争の封じ込めおよび第三者の介入防止である[17]。

さらに 2000 年代の活動事例も含めた統計学的な評価としては，フォートナ (Virginia Page Fortna) による作業がある。フォートナは，紛争の再発があるかないかという基準に限定して評価を行っている。この基準によって単純に統計をとると，冷戦後の国連による平和維持活動全体では，64% の事例で紛争は再発せず，再発がみられたのは 36% のみであったという。しかしこの割合は平和維持活動が行われない場合と大きく変わらない数字であることから，活動の実効性の証明にはならないことになる。また国連の活動はしばしば一方当事者による圧倒的な勝利が存在せず，多数の当事者が関与するような，解決が困難な紛争に対処することが多いため[18]，これらの要素を考慮に入れて評価を行うと，多機能型の活動では 84% の割合で紛争再発の防止の効果がみられるという[19]。

このように評価方法によって結果は異なるものの，冷戦後に登場した多機能型の活動は，紛争再発防止に関して一定の成果をあげていると評価されてきたことがわかる[20]。活動が派遣された地域において停戦が実現していれば，その監視を強化しつつ，難民の帰還や人道支援を促進し，社会の再建機能をも担う活動が一定程度効果を発揮してきたのである。他方ですでに述べたように，冷戦後の平和維持活動のなかには多くの批判を受けることになった活動も存在していた。それらに関して問題となったのは，文民の保護に関する機能不全である。特に被害が深刻であったのは，停戦違反がくり返され

---

17) Bratt (1997) pp. 71-80.
18) Fortna (2004) pp. 273-281.
19) Fortna (2004) pp. 282-286.
20) 国連平和維持活動の評価方法の精緻化，特に評価基準をどう設定するかについては，今後検討を行う必要がある課題である。複数ある任務のうち，何をどの程度達成すれば「成功」と評価することができるのか，定まった学説はないためである。

るなかで数多くの文民に犠牲者を出した旧ユーゴスラヴィアと，大規模なジェノサイドに見舞われたルワンダの事例であった。冷戦後に急速に役割を拡大していた平和維持活動は，同時にその失敗により多くの文民の犠牲を目撃することになったのである。

## 2 「民族浄化」と平和維持活動——国連保護軍（UNPROFOR）

### （1） 安全地域スレブレニッツァにおける文民の保護の失敗

　1991年6月，冷戦後の政治的，経済的，社会的混乱のなかにあったユーゴスラヴィア社会主義連邦共和国において，スロベニア共和国が独立を宣言したことをきっかけに，以降六つの共和国を巻き込んだ内戦は国際的な武力紛争へと発展していった。ヨーロッパ大陸の中央で5年間続くことになったこの戦争をめぐり，国連安全保障体制は対応に追われることになる[21]。国連は関係各国とともに，従来の国家間紛争への対処と同様に紛争当事者の代表との政治的な交渉による事態の打開と停戦合意をめざし，外交努力を重ねていたが，国家機能が破綻している状況での交渉は困難を極めた。その間にも紛争の犠牲者は増え続け，各国のメディアがその実情を伝え始めると，紛争の解決を求める声が国連内外において高まっていった[22]。

---

21) 旧ユーゴスラヴィアはクロアチアとスロベニアの各共和国が独立を宣言したことが大規模な武力紛争へと発展した経緯をもっているため，その紛争の性質は国内的な次元だけでなく国際的な次元をももっていた。
22) 長（2009）96-100頁。
23) 敵となる民族をその土地から追放することを目的とした戦略で，メディアで多く報道されたセルビア人勢力だけでなく，クロアチア，ボスニア各派も同じ戦略をとっていた。その結果，紛争を通じた死者数が20万人と推定されているのに対して，住む家を追われた難民や国内避難民の数は200万人にものぼるとされる。元々の語源は，ナチスドイツの傀儡国家となったクロアチアが，国内のセルビア人絶滅を目指した際に用いた用語であるという。佐原（2008）196-199頁。しかしボスニアでの紛争が深刻化するなかで，ボスニア政府は国際社会の援助を獲得するための広報活動を，米国のルーダー・フィン社（Ruder Fin Inc.）に依頼し，同社がセルビア人勢力による攻撃を描写するキャッチ・フレーズとしてこの「民族浄化」を再三利用したことから，国際的にも知られることになったという。高木（2002）88-105頁。

特に問題となったのは，長引く紛争の結果を受けて文民の被害が深刻化していたことである。各派による民族浄化（ethnic cleansing）[23]戦略が続けられた結果，住民の民族構成が最も複雑になっていたボスニア・ヘルツェゴビナ共和国では，1992年の時点ですでに約100万人が故郷を追われていたという。そのなかには難民として国外に逃れる者もいたが，多くは国内避難民となって同地域内に留まっていた。これらの人々がその生存をほぼ完全に人道支援に依存していたにもかかわらず，国連やNGOが行っていた人道支援活動は各勢力による妨害を受けて滞りがちであった[24]。そのための対応策として安保理が決定したのが，ボスニア・ヘルツェゴビナにおける「安全地域（safe areas）」の設定である。安保理は旧ユーゴスラヴィアの紛争のなかでも特にセルビア人勢力による非セルビア人勢力への迫害や攻撃が増加していたボスニア・ヘルツェゴビナにおいて，被害を受けている非セルビア人を保護し人道支援活動を円滑に行う目的で，武力攻撃およびその他いかなる攻撃的行為も受けない「安全地域」の設置を，第7章を援用した安保理決議によって宣言したのである。

　1993年の4月に決議819でまずスレブレニッツァを，続けて5月には決議824によってその他にサラエヴォ，トゥズラ，ジェパ，ゴラジュデ，ビハチの計六つの都市を指定して，これらの地域からの軍隊の撤退，UNPROFORの軍事監視要員による監視，UNPROFOR要員および人道支援要員の安全と，各都市への妨害を受けないアクセスとが保障されることを全会一致で宣言した[25]。しかしそのうちの一つであるスレブレニッツァは，1995年の7月にセルビア人からなる共和国軍の攻撃を受けて陥落し，市内にいたムスリム人男性約7500人が行方不明となっており，そのうち約6000

---

24) UNHCR, *The State of the World's Refugees 2000: Fifty years of humanitarian action*, Oxford/New York: Oxford University Press, 2000, pp. 217-228. Boulden（2001）pp. 88-90.
25) S/RES/819,（16 April 1993）. S/RES/824,（6 May 1996）. 厳密に言えば，これらを決めた決議の文言は「要求する（demands）」や「宣言する（declares）」であって，憲章第25条が法的な拘束力を認めている「決定する（decides）」という文言ではない。しかし，この後くり返しみられるように，第7章を援用した安保理決議では，「決定する」以外にも「授権する（authorizes）」などの文言を用いて，決定と法的には同質の行為をとるようになっていた。

人がセルビア人勢力によって処刑される事件が起きた[26]。「スレブレニッツアの虐殺」として知られるこの事件は，この内戦中最も大規模な殺害行為であったといわれている。

　問題となったのは，この安全地域を保護するために駐留していたUNPROFORのオランダ軍部隊が，セルビア人勢力による攻撃を防ぐことができずに同都市の陥落を許し，また住民の虐殺を前にして阻止することができなかったことであった。阻止できなかっただけでなく，国連の敷地内外の避難民が移送されるのをオランダ兵部隊は見届けており，さらにセルビア人勢力の捕虜となった国連部隊から奪われた制服や車両などの盗品が，ムスリム人の投降を促すために利用されたという[27]。この事件に関してはその後多くの報告書が出され，平和維持活動による文民の保護の決定的失敗事例として，国連は厳しい批判にさらされることになった。国連自身も活動に由来した多くの問題点を反省し，また教訓を引き出すために，活動を総括する報告書を作成しているが，その一つは，第7代のコフィー・アナン事務総長（Kofi A. Annan）が1999年に提出した『スレブレニッツア報告』として知られている[28]。

　それではなぜ，UNPROFORは文民の保護に失敗したのだろうか。先行研究においてすでに多様な要因が指摘されているが，ここでは特に重要であると思われる活動の任務権限に関する点と，活動に関わる多様な主体の連携に関する問題の二つに大別して検討する。

---

26) 長有紀枝は行方不明者7500人のうちには戦闘員や武装した一般住民も含まれているとし，そのうち約1500人は移動途中の戦闘や地雷による犠牲者であるため，セルビア人勢力による処刑行為の犠牲者数とは区別している。また処刑による犠牲者のなかにも，約2000人の戦闘員もしくは武装した一般住民がいたと推定している。長（2009）224-248頁。

27) 長（2009）154-164, 248, 249頁。

28) この報告書では，虐殺の犠牲者数を4000人から7500人と推定している。Report of the Secretary-General pursuant to General Assembly Resolution 53/35 (1998), *The fall of Srebrenica*, A/54/549, (15 November 1999), (*Srebrenica Report*), paras. 239-393, 467.

(2) 任務権限の不明確さとなし崩し的拡大

UNPROFOR が最初に派遣されたのは，一時的に成立した停戦合意を受けた 1992 年 3 月であった[29]。注意すべきは，それが当初は停戦監視を主要な任務とする伝統的な平和維持活動として展開されたことであり，文民の保護任務等は与えられていなかったことである[30]。しかしその後停戦合意がやぶられ状況の悪化が進むなかで，紛争当事者の合意によらず，軍事的にもより強化された平和維持軍による活動が追求されることになった。すなわちUNPROFOR の任務権限を，その後の安保理決議によって漸次拡大・強化していくという方法がとられたのである。法的には，国連憲章の第 7 章を援用した安保理決議の採択として行われている。それは平和維持活動が長らく「6 章半」活動と形容されたことからもわかるように，安保理による強制措置を規定した第 7 章の機能とは別個のものであると考えられてきた同活動にとって，ほとんど「革命的な変化[31]」と言ってよい現象であった。実際に，これらの活動は伝統的活動の原則から離れ，活動の質も変化していくことになる。

第 7 章に関連して任務権限を拡大した初期の安保理決議としては，人道支援活動が滞り，多くの文民が貧窮する事態を受けて，安保理が 1992 年 9 月 14 日に採択した決議 776 がある。この決議によって UNPROFOR の任務を拡大し，人道支援活動のためにその輸送路を確保する権限を授権 (authorizes) したのである（第 2 段落）[32]。ただし，文面上は直接第 7 章を援用しておらず，間接的に援用する複雑な構造をとっている。というのは，上記の授権を行っている第 2 段落に「決議 770 (1992)[33] の第 2 段落を実施するに当り」という文言が含まれているが，この決議 770 は第 7 章を援用して

---

29) S/RES/743, (21 February 1992).
30) 旧ユーゴスラヴィアでの国連による活動の経緯と関連資料は，それぞれ次の資料および文献を参照した。Lamb (1995) pp. 65–84. Economides and Taylor (1996) pp. 59–93. *Srebrenica Report,* A/54/549, (15 November 1999). Mockaitis (1999). Gray (2000). Wheeler (2000). Boulden (2001).
31) 浅田 (1995) 51 頁。
32) S/RES/776, (14 September 1992).
33) S/RES/770, (13 August 1992).

おり、またその第2段落では加盟国に人道支援活動の促進のために必要なあらゆる手段の行使を要請（calls upon）している、つまり武力行使の授権をしていることから、決議776も間接的に第7章の強制権限に依拠していると解釈されるのである。

UNPROFORの活動に関する安保理決議において、はじめて直接的に第7章を援用したのは、1993年の決議807であった[34]。その内容は、紛争当事者に停戦の尊重と国連保護区内への進軍の禁止、UNPROFORの自由な移動の尊重を要請（demands）するものであった。第7章を援用している前文の直前には、「UNPROFORの安全を確保するために」という文言が挿入されている。さらに先に触れた6カ所の安全地域が、1993年の4月から5月にかけて第7章下の決議819と824によって設置されると、その約1カ月後の6月7日に今度は決議836においてやはり第7章を援用し、UNPROFORの任務を拡大してそれらの安全地域の保護を任務に加えることを決定（decides）した（第5段落）[35]。さらに同決議では、この安全地域の保護任務を実施する権限を授権（authorizes）しているのだが、その文言はつぎのような自衛と強制のどちらの要素も含む、不明確な表現が用いられている。また、ここには文民の保護を任務とするとする明示の表現は含まれていない。

> 自衛行動として、安全地域への砲撃または武力侵入に対して、また、安全地域内やその周辺においてUNPROFORや護衛されている人道支援輸送車の移動の自由が故意に妨害される場合には、武力の行使を含む必要な措置をとる権限をUNPROFORに授権する（authorizes）。（第9段落・途中一部略）

このような武力行使権限に関しては、平和維持活動の慣行上認められてきた自衛の範囲を超えるとする評価が多い[36]。そもそも、自衛原則にとどまる従来型の活動であるならば、第7章の援用は必要ないはずである。実際に、

---

34) S/RES/807, (19 February 1993).
35) S/RES/836, (4 June 1993).

当時の安全地域がおかれていた状況からして、自衛原則にとどまったままそれらの地域の保護を実施するのは困難であった。このような、最終的には武力行使も視野に入れた任務権限を追加しておきながら、なぜ明確な武力行使権限の授権はなされなかったのだろうか。

　その背景には、安保理の理事国の間での意見対立があった。平和維持活動は伝統的な任務権限の範囲内にとどまるべきであると考え、武力行使の授権によって活動が紛争に巻き込まれることを恐れた中国をはじめとする理事国は、決議をめぐる審議の過程で第7章援用の意義を問いただしている[37]。フランスをはじめとする積極派は、任務遂行に際して障害を乗り越えるために必要な権限を与えるべきであると主張しつつも、それらは自衛原則を超えるものではなく、自衛能力を高めるためである、という立論を行っていた[38]。また事務総長も、たとえば間接的に第7章を援用した決議776に関して、必要な場合には武力行使も含む手段によって人道支援活動を保護するために、UNPROFORの任務権限を拡大することを勧告しつつ、同時にその活動は通常の平和維持活動の交戦規則に従うものとするとしていた[39]。このように、状況の悪化にあわせて漸次任務を拡大するという対処療法的な対応が続くなか、理事国も事務総長もUNPROFORの任務権限に関して確固とした戦略を描けないまま、両義的な任務権限の定義を続けていたことがわかる。しかし、このような任務権限のなし崩し的な拡大は、実施段階で多くの問題を引き起こすことになった。

### (3) 非戦略的な任務拡大と同意不在の活動

　UNPROFORを当初は伝統的な平和維持活動として派遣しておきながら、

---

36) 浅田（1995）58-61頁。Corten et Klein（1993）pp. 125-129. また旧ユーゴスラヴィアにおける平和維持活動と自衛原則の関係については、次の論文を主に参照した。酒井（1995）。
37) S/PV. 3174, (19 February 1993), p. 21. Gray (2000) pp. 166, 167.
38) S/PV. 3174, (19 February 1993), pp. 13-15. S/PV. 3189, (30 March 1993), pp. 3-6.
39) Report of the Secretary-General on the situation in Bosnia and Herzegovina, S/24540, (10 September 1992), paras. 3-5.

現地情勢の悪化を受けて任務を拡大していったその弊害は，ボスニア・ヘルツェゴビナにおいて致命的な問題となってあらわれることになった。状況の悪化を受けて，任務権限だけは第7章下の決議によって，最終的には武力行使も含めた強制権限をもって人道支援要員や安全地域を保護することへと拡大されていくが，平和維持活動の要員の規模や装備は，それらに見合ったものが整わないままとなったためである。すなわち要員の規模や指揮命令系統は再編されないまま，既存の組織のまま任務権限のみが，それも安保理理事国の見解の対立を反映した妥協の結果として明確さを欠いたまま，強制的な性格を帯びるようになったのである。こうした非戦略的な任務の拡大ゆえに，スレブレニッツアの事件をはじめとした多くの問題を招くことになった。

具体的には，第7章を援用した決議836によって安全地域の保護の任務が加えられた事例が，その代表例であろう[40]。1993年6月4日に採択された同決議によってUNPROFORは，安全地域や人道支援活動要員に対して攻撃が行われた場合に「武力の行使を含む必要な措置をとる権限を授権」（第9段落）されたものの，6月14日の事務総長による報告のなかでこの任務のために必要であるとされた3万4000人の兵力の提供は見送られ，より「軽い選択肢」として提示された7600人規模の増員にとどまったのである[41]。その背景には，第7章下での決議採択を推進した英，米，仏，露，スペイン，カナダからなる提案国が，大規模な追加派兵には消極的であったこと，また同時に決定された加盟国への武力行使授権によって実施される空軍力による支援への期待があったことが指摘されている[42]。

しかしこの7600人の追加派遣も実際の兵力の増派が遅れて任務遂行の障害となるなど，理事国を中心とする加盟国の介入への消極性を示す事実が少なくない[43]。紛争が引き起こす惨状の報道が続くなかで，欧州を中心に問題解決を迫る世論が高まっていたが，安保理理事国を含む関係各国は，多く

---

40) S/RES/836, (4 June 1993), para. 9.
41) S/RES/844, (18 June 1993), para. 2. Report of the Secretary-General pursuant to Security Council Resolution 836 (1993), S/25939, (14 June 1993), paras. 5, 6.
42) Boulden (2001) pp. 99, 100. *Srebrenica Report,* A/54/549, (15 November 1999), paras. 93-98.

の犠牲と長期的な関与へとつながりかねない地上軍の派兵による強制行動には，消極的であったと言われる。その結果，すでに派遣されていた平和維持活動を平和強制活動へと「流用する」ことで解決をはかろうとしたのが，実情であった。

例としてスレブレニッツアの安全地域の保護の任務にあたったオランダ軍部隊をみてみると，軽装備の約600人の部隊が1995年1月から着任していたが，セルビア人勢力による包囲強化を受けて十分な補給がなされず，また休暇で離れた兵員の帰任も阻まれたため，事件の起きた時点で兵員数は400名に減少していたという。対するセルビア人勢力は約2000人の規模をもって7月6日に攻撃を開始し，7月11日には都市を陥落させ，市内に進攻を開始した。約6000人の処刑が起きたのは，この数日後のことであった[44]。

『スレブレニッツア報告』は，このような加盟国の政治的意思の欠如を批判して，発生しつつあった虐殺を予防するための断固たる行動をとれないなかで選ばれた貧相な代替策が，国連による人道支援であり，平和維持活動であったと表現している。守るべき平和がないにもかかわらず平和維持活動を派遣したが，当事者の協力や停戦がない状況では，その活動は失敗せざるをえない，というのである[45]。

また実際の活動現場においても，当事者の同意を待たないまま第7章下の決議によって拡大された任務の遂行は，困難を極めた。1994年にUNPROFORの司令官を務めた英軍のマイケル・ローズ将軍（Sir Michael Rose）も，紛争当事者の同意を前提に派遣された伝統的な平和維持活動が，平和強制の機能をそのまま果たすことはできないと発言している。当時，米国政府が旧ユーゴスラヴィアにおける空爆作戦を強化すべきだと主張していたことについて，平和維持活動を行うことと戦争をすることは全く異なる任務であることを強調し，空爆作戦の非実効性を次のように指摘していた。

---

43) Report of the Secretary-General pursuant to Resolution 871 (1993), S/1994/300, (16 March 1994), paras. 25, 26.
44) 長 (2009) 118-121, 131-145 頁。
45) *Srebrenica Report*, A/54/549, (15 November 1999), paras. 488-493.

平和維持活動は忍耐，粘り強さ，そして圧力をかけることによって行われます。(中略) もし誰かがここ〔旧ユーゴスラヴィア〕で，道徳的または政治的理由から戦争をしたいというのなら，それは大変結構なことですが，我々は任務から外してもらいます。〔自衛のために〕一台の戦車を狙撃することは，平和維持活動でありえます。しかし，インフラストラクチャーや指揮命令系統，兵站部門を攻撃するのは，戦争です。そして私は白く塗った〔平和維持活動用の〕戦車で戦争をする気はありません[46]。(途中一部省略。〔 〕内引用者)

このように任務の非戦略的な拡大は，紛争当事者の非協力と停戦違反が続くなか，活動の任務遂行を著しく困難にしていた。そして活動の困難性をさらに増幅したのが，多主体による不十分な連携という問題であった。

### (4) 多主体による連携の困難性

スレブレニッツアの陥落に関連して指摘される UNPROFOR のもう一つの問題が，加盟国と国連事務局の間で，また加盟国の間での連携や調整の不足もしくは失敗である。国連の活動として，事務総長の指揮権の下に強制型の活動を行うということは，加盟国だけでなく，国連の現地本部や支部，国連のニューヨーク本部など，多様な主体が協働することを意味している。多主体間主義の国連ならではのこの側面が，同時に主体間の連携や調整の不備によって決定的な失態につながることになった。

『スレブレニッツア報告』によれば，UNPROFOR 内の情報伝達が機能しなかったことが，スレブレニッツア陥落の主要な原因になったという[47]。同都市の陥落直前に，セルビア人勢力による監視地点への攻撃と侵入を受けた UNPROFOR オランダ軍部隊は，NATO 軍戦闘機による近接航空支援

---

46) Roger Cohen, "U. N. General Opposes More Bosnia Force: Criticizes U. S. Call For New Toughness", *The New York Times*, September 29, 1994.
47) この問題の経緯については，次の資料および文献を参照した。*Srebrenica Report*, A/54/549. (15 November 1999), paras. 241–243, 281, 282, 297–306. Boulden (2001) pp. 100–103. Wilson (1995). 千田 (1999) 116，163，164 頁。長 (2009) 141–143 頁。

（close air support）[48]）をトゥズラにある UNPROFOR の北東地区本部に要請していた。この要請が NATO 軍司令部に達するまでには，さらにサラエヴォの UNPROFOR ボスニア司令部司令官，ザグレブの総司令官，同じくザグレブの事務総長特別代表，と三段階を経ることになっていた。しかしその途中のいずれかの地点で要請が伝わらず，すでに待機態勢で飛行していた NATO 軍機が燃料補給のためイタリアの基地に引き上げている最中に，セルビア人勢力による最後の攻撃が始まったのであった。またその後 NATO 軍による支援が開始された後も，セルビア人勢力の人質となっていた要員の安全を危惧したオランダ政府の要請で，中止される事態も起きている。さらに，都市陥落直前の7月10日に開かれた安保理においては，セルビア人側の攻撃は止んでおり，近接航空支援要請もなかった，という事実と異なる報告が事務局から理事国になされていた。このように，UNPROFOR 内部だけでなく，現地本部とニューヨーク本部の間の連携も乏しく，正確な情報の伝達と共有が行われていなかったことが虐殺の悲劇を引き起こす原因の一つとなったのである。

　以上のように，国連の加盟国，安保理，国連事務局，各活動の本部などの関係主体は，第7章の下に付与された強制的な任務権限を含めて，UNPROFOR を実効的に展開する戦略的な体制を整えることができず，主体間の政策は未調整のままに活動していた。その結果，スレブレニッツア陥落時のように，多くの人々の命に危険が迫る危機において機能することができなかった。紛争当事者による停戦違反が続いた結果，任務権限だけが拡大を続けると同時に強制的になったものの，それらを用いる十分な準備がなされないまま，各主体間の連携や調整が問題の進展に付いていけなかったのが実情だったのである。多様な主体が協働する国連の活動だからこそ発生したこの問題は，多主体間主義が抱える問題点をもまた映し出していた。そして国

---

48）ブトロス゠ガーリ事務総長は近接航空支援を空爆（air strike）とは区別して，前者は UNPROFOR が攻撃を受けた場合に，UNPROFOR の保護のために攻撃を行った主体に対して行われる限定的かつ防衛的な作戦であるのに対して，後者は攻撃を受けていない主体に対して行われる，戦略的かつ攻撃的な作戦であると定義している。Boutros-Ghali (1999) pp. 86, 87.

連平和維持活動の決定的な失策により文民の犠牲を出した事例は，旧ユーゴスラヴィアに限られたことではなかったのである。

## 3　ジェノサイドと平和維持活動——国連ルワンダ支援団（UNAMIR）

### (1)　国連ルワンダ支援団（UNAMIR）と限定的な任務権限

1993年10月5日に安保理によって設立された国連ルワンダ支援団（UNAMIR）は，翌年の4月に始まったルワンダ共和国（ルワンダ）におけるジェノサイドを阻止し，多くの犠牲者を救うことができなかったために，国連はまたもや文民の保護に失敗したと批判されることになった[49]。その失敗の第一の要因としては，任務権限，要員数，装備の不足が指摘できる。それらが不足した背景としては，派遣が決定された10月5日の2日前に，内戦の激化するなかで展開していた第二次国連ソマリア活動（UNOSOM II）が，作戦の失敗により多くの犠牲者を出していたことから，安保理は強制権限をもった活動の新設には消極的になっていたことが指摘されている[50]。その結果としてUNAMIRは，任務権限，要員数，装備などあらゆる面で混乱を深めつつある現地情勢に対応するには不十分なまま派遣され，無政府状態において繰り広げられたジェノサイドの只中に置かれることになったのである。

中央アフリカに位置する人口約700万人強の小国ルワンダは，1992年の時点で一人あたりの国内総生産が年間250米ドルという世界の最貧国の一つである。国連開発計画（UNDP）が1995年に公表した「人間開発指数（Human Development Index）」の順位では，174カ国中156位に位置しており，平均寿命が47.3歳，乳児死亡率は約11%，栄養失調の子どもが約45万7000

---

[49] ルワンダにおける国連活動に関しては，以下の資料および文献を参照した。United Nations, *The United Nations and Rwanda 1993-1996*, The United Nations Blue Books Series, Volume X, New York: Department of Public Information, United Nations, 1996. Report of the Independent Inquiry into the actions of the United Nations during the 1994 genocide in Rwanda, S/1999/1257, (15 December 1999), (*Rwanda Report*). Barnett (2002). Dallaire (2003).

[50] Barnett (2002) pp. 68-73. Maogoto (2004) pp. 179-184.

人といった数字が表すように，多くの経済的また社会的な問題を抱えた国であった[51]。1962年まで続いていたベルギーによる植民地支配の間に採用された差別政策の結果，人口の約14%を占めるエスニック集団であるツチによる少数者支配に反発した約85%を占めるフツとの間に生じた対立が独立後も続き，90年代に入ると内戦となって激化した[52]。アフリカ統一機構（OAU：現在のAU）とタンザニアの仲介を経てようやく和平交渉が開始されると，内戦に密接な関わりをもっていた隣国ウガンダとルワンダは，1993年2月，国連安保理に対して国境地帯に軍事監視要員を派遣するよう要請し，同年6月に安保理は決議846によって国連ウガンダ・ルワンダ監視団（UNOMUR）の設置を決定した[53]。その活動は紛争当事者の同意の下に派遣される伝統型の活動とされ，両国国境地帯における軍事的支援や武器密輸行為の監視や検証を主要な任務として，約100人の要員が派遣されることになった[54]。

その後8月に紛争当事者間で締結された「アルーシャ和平合意」は，首都キガリをはじめとする全土の治安維持，非武装地帯の拡張などによる停戦合意の履行，既存の軍の解体と新たな国軍創設までの過程の監視，地雷除去，停戦合意違反の取り調べ，難民帰還のための安全措置など，広範な役割を果たすことを国連に求める内容をもっていた[55]。これらの和平行程の支援をその任務として，安保理は10月5日に決議872によってUNAMIRを設立し，UNOMURをその指揮下に置くことを決定した[56]。決議の第3段落では，

---

51) UNDP, *Human Development Report 1995*, New York/Oxford: Oxford University Press, 1995, pp. 159, 161.
52) United Nations, *The United Nations and Rwanda* (1996) pp. 7-13.
53) S/RES/846, (22 June 1993).
54) S/RES/846, paras. 2, 3. Interim Report of the Secretary-General on Rwanda, recommending the establishment of a United Nations Observer Mission Uganda-Rwanda (UNOMOR), S/25810, (20 May 1993), paras. 12-18.
55) Letter dated 23 December 1993 form the Permanent Representative of the United Republic of Tanzania to the United Nations addressed to the Secretary-General, A/48/824 -S/26915, (23 December 1993).
56) S/RES/872, (5 October 1993).

その任務権限が8項目に分けて決定 (decides) されている。すなわち, (a)首都キガリの治安維持, (b)停戦監視, (c)暫定政府の最終段階における治安状況の監視, (d)訓練プログラムの提供による地雷除去支援, (e)軍の統合に関する協定違反行為の調査と事務総長への報告, (f)難民の帰還及び国内避難民の再定住過程の安全性の監視, (g)人道支援活動間の調整の支援, (h)憲兵隊や警察に関する事件の調査と報告である。いずれの任務も第7章は援用されず, あくまで強制的な権限をもたない伝統的な活動とされていた。また(f)には難民や国内避難民に関する任務が含まれているが, その保護については明示的に既定されていなかった。そして事務総長の事前の報告によって示された, 第1期から第4期までの四段階にわたる活動計画に沿って展開されることになっていたのである。

　暫定政府発足までの準備期間とされた第1期には, 当初1400人規模の要員数が予定されていた[57]。しかし紛争当事者間の対立が続くなかで, 現地では和平合意に定められた暫定政府や国会の樹立が遅れ, 治安も悪化していた[58]。要員数の削減を提案する理事国に対して, 事務総長はあくまで活動の継続と増員を勧告し, 1994年1月には安保理決議893によって2500人規模まで増強することが決定された[59]。その後も事態が改善されなかったことから, 安保理は1994年2月17日の議長声明のなかで,「和平合意が迅速かつ完全に履行された場合にのみ, 安保理によるUNAMIRへの継続的な支援が保障される」と述べ, さらに「合意に定められた暫定政府の樹立をいたずらに遅らせた場合に起こりうる結果を想起すべき」とも指摘し, 紛争当事者に対してUNAMIRの撤退の可能性を示唆するという強い警告を発している[60]。この議長声明からも明らかなように, UNAMIRは紛争当事者による

---

57) Report of the Secretary-General on Rwanda, requesting establishment of a United Nations Assistance Mission for Rwanda (UNAMIR) and the integration of UNOMOR into UNAMIR, S/26488, (24 September 1993), paras. 39-43.

58) Report of the Secretary-General on UNAMIR, S/26927, (30 December 1993).

59) S/26927, para. 30. S/RES/893, (6 January 1994).

60) Statement by the President of the Security Council expressing concern over delays in establishing a transitional Government and the deteriorating security situation in Rwanda, S/PRST/1994/8, (17 February 1994).

和平合意の履行を前提とした活動として編成されていたのである。

(2) ジェノサイドの発生と国連による不十分な対応

　ルワンダの情勢が悪化していた 1993 年末から 1994 年にかけてのこの時期は，ちょうどソマリア共和国（ソマリア）や旧ユーゴスラヴィアでの活動が問題となっていた時期と重なっていた。特にソマリアでの活動において多数の戦死者を出していた米国を中心に，主要な安保理事国はルワンダへの介入回避をめざす動きをますます強めていた[61]。1994 年 4 月 5 日の安保理決議 909 では，さらに 6 カ月間の任期延長を求める事務総長の勧告より短い 4 カ月のみの延長とされ，また 6 週間以内に暫定政府の設置などの進展が見られない場合には，ルワンダにおける国連の役割を見直すことが明記された（第 2 段落）[62]。ところがその翌日 4 月 6 日夜に，ルワンダと隣国ブルンジの両大統領が搭乗した専用機が，キガリ空港近郊でミサイル攻撃を受けて墜落し，両名とも死亡するという事件をきっかけに本格的な内戦が再開され，再び現地は無政府状態となった[63]。

　この飛行機事故を発火点として始まったのが，多数派フツによる少数派であるツチに対するジェノサイドであった。その首謀者は，死亡したジュヴェナル・ハビャリマナ（Juvénal Habyarimana）大統領の政権中枢部にいた幹部らであったが，その多くは和平合意に反対する急進派であった。飛行機撃墜をツチ側武装勢力であるルワンダ愛国戦線（RPF）の犯行と決めつけ，翌日 7 日夜には軍幹部や大統領警護隊に虐殺の命令を出していたという。首都キガリではこれらの国家機関が虐殺行為の遂行者となり，加害行為の対象はツチだけでなく，和平合意を推進したフツのなかの穏健派で，急進派から批判

---

61) *Rwanda Report*, S/1999/1257,（15 December 1999）p. 41.
62) Second progress report of the Secretary-General on UNAMIR for the period from 30 December 1993 to 30 March 1994, requesting an extension of its mandate for a period of six months, S/1994/360,（30 March 1994）, para. 49. S/RES/909,（5 April 1994）.
63) 撃墜をしたのは和平協定に反対していたルワンダ政権内の急進派であるとする説と，現ルワンダ大統領であるポール・カガメ（Paul Kagame）が率いていたルワンダ愛国戦線（RPF）による犯行であるとする説の二つがあるが，真相は明らかにされていない。武内（2009）296-299 頁。

されていた政治家，知識人にも及んだ[64]。そしてフツ出身の暫定首相を警護していた UNAMIR のベルギー人要員 10 人が，暫定首相とともに暴行を受けて殺される事件が発生している[65]。首都で始まった一連の虐殺行為は，この後全国的に拡大していくことになった。

ベルギーによる植民地化以降の社会変容の分析を踏まえて，ジェノサイドが起きた社会的背景を詳細に検討している武内進一によれば，このジェノサイドには犯行主体に関して次のような特徴がみられたという。すなわち，首都における虐殺行為が国家機関によるエスニシティーを問わない犯行であったのに対し，その後地方に拡大した虐殺行為の多くは，州知事をはじめとする地方行政府の長や政党幹部，教師等の地方エリートが中心となり，民兵や一般市民を煽動して，ツチの女性や子どもを含む無差別な文民の殺害を行うものであったという[66]。この多数の市民の参加によるジェノサイドは，初めの一週間だけで約 2 万人の犠牲者を出し，その後約 4 カ月の間にわたって続くことになる。最終的な死者数は確定されていないが，文民だけでも 1994 年の事務総長報告では 25 万人から 50 万人，1999 年の独立調査委員会の報告によれば 80 万人にのぼると推計されているが，その数は全人口の十分の一以上に匹敵する。また騒乱の結果難民や国内避難民となったのは 200 万人以上であったと報告されている[67]。

---

64) 武内（2009）299–305 頁。その他にも，ジェノサイドの経緯については次の資料を参照した。United Nations, *The United Nations and Rwanda 1993–1996*（1996）, Chapter V. Report of the Secretary-General on the situation in Rwanda, reporting on the political mission he sent to Rwanda to move the warring parties towards a cease-fire and recommending that the expanded mandate for UNAMIR be authorized for an initial period of six months, S/1994/640,（31 May 1994）. *Rwanda Report*, S/1999/1257,（15 December 1999）, pp. 15–19.
65) Statement by the Secretary-General condemning all violent acts in Rwanda, particularly the killing of the Prime Minister and of 10 Belgian peace-keepers, UN Press Release SG/SM/5260,（6 April 1994）.
66) 武内はジェノサイドの主導者の職業別の内訳と，ジェノサイドの展開過程を詳細に分析している。武内（2009）305–335 頁。
67) S/1994/640,（31 May 1994）, para. 5. *Rwanda Report*, S/1999/1257,（15 December 1999）, p. 3.

ベルギー政府は自国軍兵士に犠牲者が出たことを受けて，4月15日にUNAMIRの主力を担っていたベルギー軍部隊440人全員の即時撤退を安保理議長に通知したことをきかっけに，同活動の見直しが急務となった[68]。4月20日，事務総長は安保理に対して，1) 停戦を強制し，法と秩序を回復し，殺戮を止めるために数千人規模への増強と第7章下の強制権限の授権，2) 紛争当事者間の交渉と停戦を斡旋する役割を担う司令官と270人規模の要員のみを残して残りの部隊は撤退するという大幅な縮小，3) 完全撤退，の三つの選択肢を提示した[69]。この提案を受けた安保理は，翌日に決議912によって活動を大幅に縮小するという，第二の選択肢を選んだのである[70]。それは事態がまさに悪化の一途をたどっていた時にとられた，致命的な失策となった。そしてその結果，まさにスレブレニッツアで起きたように，UNAMIRの関連施設に避難していた多くのルワンダ市民が，要員の撤退後に虐殺されるという悲劇を招くことになったのである[71]。

　その後もジェノサイドは続けられたが，現地の惨状が報道されるようになり，介入を求める加盟国や世論の声が高まり始めると，決議912の採択から8日後の4月29日に，事務総長は安保理にUNAMIRの増員を再び要請した[72]。安保理は最終的には事務総長の勧告を聞き入れ，5月17日に決議918によって5500人への増員を決定したものの[73]，活動の継続と強制権限

---

68) Letter from the Permanent Representative of Belgium to the United Nations addressed to the President of the Security Council, S/1994/446, (15 April 1994).

69) Special Report of the Secretary-General on UNAMIR, containing a summary of the developing crisis in Rwanda and proposing three options for the role of the United Nations in Rwanda, S/1994/470, (20 April 1994), paras. 12-21.

70) S/RES/912, (21 April 1994), para. 8 (c).

71) その一例として，4月11日に行われたベルギー軍部隊の撤収の結果，同軍の駐屯地となっていた学校敷地内に避難していた約2000人のルワンダ市民ほとんど全員が殺害されたという。Dallaire (2003) pp. 289, 290.

72) Letter from the Secretary-General to the President of the Security Council requesting that the Council re-examine the revised mandate given to UNAMIR in resolution 912 (1994) and consider what action it could take in order to restore law and order in Rwanda and the end the massacres, S/1994/518, (29 April 1994).

73) S/RES/918, (17 May 1994), para. 5.

の授権に反対していた米国への配慮から，決議は第7章への言及を避けることになった[74]。その後も特に米国を中心とした主要な理事国が慎重な姿勢を崩さず，事務総長からの要請を受けてから決議の採択まで20日近くかかり，また採択後も装備の不備や輸送手段の欠如から部隊の展開が大幅に遅れ，決議採択から2カ月が経過した7月末の時点で活動していたのは，予定された人数の十分の一に過ぎない550人のみであったという。結果的に安保理は，迅速な対応が求められていた事態にこたえることができなかったと批判されることになった[75]。事態が収束へと向かったのは，6月になってフランス軍から介入の申し出を受けて，安保理決議の授権の下での介入が実施された後であったが，その時すでにジェノサイドが始まってから2カ月以上が経過していた[76]。

(3) 国際社会の無関心という背景要因

ルワンダでの活動が「過少な介入」であったと形容されているように[77]，UNAMIRが文民の保護機能を果たすうえで最も大きな障害となったのは，安保理による対応の消極性であった。ルワンダで起きていたジェノサイドは，いかなる手段によっても防ぎえないような性質のものではなく，外交的支援と人的および物的資源さえ揃えば十分防ぎうる悲劇であったと，UNAMIRの司令官を務めていたカナダ軍のロメオ・ダレール（Roméo Dallaire）准将は指摘している。彼自身，ジェノサイドが始まってから4日後にあたる4月10日に事務総長補佐官からの電話に答えて，4000人の有能な軍事要員が与えられれば，虐殺を止めることができると告げていた[78]。冷戦中に東西両陣営から供給された大量の武器が出回っていたソマリアとは異なり，ルワン

---

74) 同決議第4段落では，UNAMIRが保護している住民を脅かす勢力に対して自衛行動をとる（take action in self-defense）としている。
75) *Rwanda Report,* S/1999/1257,（15 December 1999），pp. 22-25, 37, 38, 43, 44.
76) S/RES/929,（22 June 1994）. *Rwanda Report,* S/1999/1257,（15 December 1999），pp. 27-29.
77) 最上（2001）62-69頁。
78) Dallaire（2003）p. 289.

ダのジェノサイドの大部分は，地方エリート層や政治的急進派に扇動された市民同士が隣人を襲う騒乱という犯行が多く見られた[79]。初期の素早い対処があれば，虐殺を止めることができたというのである。しかし国連はジェノサイドが発生する半年以上前から駐留していながら，結果的に状況が悪化するのを手をこまねいてみていることしかできなかった。

　ダレール元司令官はルワンダ活動を振り返った回顧録のなかで，国際社会の無関心，各国間の対立，活動の妨害や遅れによって，ジェノサイドを防ぐ多くの機会を失ってしまったと述懐している。UNAMIRの活動への行政上の支援や人的・物的資源，そして予算の面でのより積極的な支援があれば，虐殺を食い止め，犠牲者を守り，ジェノサイドの早期の終結をもたらすことは可能であったというのである。さらに虐殺が始まる以前の予防的措置についても，いくつもの可能な活動があったはずだと指摘している。もし，和平合意締結直後から現地情勢を反映したかたちで軍事要員および文民警察要員を配備していたら，またUNAMIRに紛争当事者についてのより多くの情報があれば，そして政治的外交的手段により強力な圧力が急進派にかかっていれば，扇動者たちを封じ込め，ジェノサイドの勃発を防ぐことができたという[80]。その主要な責任は，まずはジェノサイドを主導し実行した人々にあるとしながらも，自国民の避難に際しては素早く軍隊を送り込んだ先進各国がルワンダ市民の救済には無関心であったこと，また軍事的介入能力がありながら，その早期実現を行わなかったフランスや，UNAMIR活動に常に消極的でその任務遂行の妨げとなった米国の責任は重いというのである[81]。

　国連安全保障体制とは，基本的に理事国を中心とする加盟国がそれを利用しなければ機能しない制度である。しかし多くの犠牲者の発生が伝えられるなかにあっても，関係する諸国は積極的かつ実効的にUNPROFORやUNAMIRの活動を実施することができなかった。それは各国の政治的意思

---

79) Dallaire (2003) pp. 279-282. 武内 (2009) 313-335頁。
80) Dallaire (2003) pp. 513, 514.
81) Dallaire (2003) pp. 281-287, 294, 515-520. 同様の指摘は，次の報告書にもみられる。*Rwanda Report,* A/54/549, S/1999/1257, (15 December 1999). pp. 43, 44, 49, 51.

の問題に関わっており，さらにその意思の形成に影響力を行使できる可能性のある国連事務局の問題にもつながっていく。

## 4 政治的意思という問題――文民の保護と国益の非連続性

### （1） 国益に還元できない任務――加盟国の逡巡

　冷戦直後に急増した平和維持活動の任務権限や，それらが派遣される紛争の状況が，冷戦期とは多くの点で異なっていたことはすでにみたとおりである。1990年代前半の安保理の対応をみていると，そこでは，これまでにない活動や任務権限に安保理の理事国が戸惑いつつ，状況に押されて対応していた様子が浮かび上がってくる。長らく国連事務局において平和維持活動業務に携わってきたグールディング（Marrack Goulding）の表現を借りれば，冷戦後の新たな活動は「強制された発展（forced development）[82]」という性格が強かったという。状況の急激な変化を受けて，必要に迫られるなかで展開されたのが，UNPROFORでありUNAMIRであった。

　特に停戦違反がくり返され，守るべき平和が存在しない地域に軽武装の平和維持活動要員を派遣することには，常任理事国をはじめとした多くの主要国が逡巡していた。派遣された自国民に犠牲者がでることにより，国内世論の反発を招き，政治的立場を危うくする恐れがあるだけでなく，他国の内戦状態に長期間巻き込まれることを警戒していたためである。自国から離れた国における内戦であっても，国際的なメディアの報道対象となれば，人々の関心を掻き立てることはできる。そのことを踏まえて，紛争当事者は積極的に自分たちの側に都合のよいメディアの操作を試みていた[83]。しかし，実際に犠牲を覚悟で現地に自国民を派遣し，武力紛争の下で苦しんでいる他の国の人々を助けることを，個別の主権国家ごとに分かれた国際的な構造のな

---

82) Goulding (1993) p. 451.
83) 紛争当時，クロアチア政府およびボスニア・ヘルツェゴビナ政府は，米国の広告会社ルーダー・フィン社に依頼して，自国政府側に有利な国際世論のための広報活動を依頼していた。高木（2002）。

かでどう説明するのかという問題に、各国指導者は直面することになった。

　EUによって開催された、旧ユーゴスラヴィア紛争解決のための会議の共同議長を務めたデイヴィッド・オーウェン（David Owen）によれば、英仏をはじめとした欧州主要国は当初から要員の派遣をともなう介入に消極的であった。また常任理事国であった英国は米軍の支援なしには介入を望まず、最小限の人道支援活動を代替策にしようとしていたという[84]。その具体的な措置が、安全地域の設置という英仏両理事国が主導した決議であった。常任理事国のなかでは中国とロシアも、国内問題への介入には従来から一貫して反対姿勢をとっていたことから、英仏の政策に同調していた。決議の審議がなされた1993年当時、非常任理事国の大使として安保理に出席していたハンガリー代表のアンドレ・エルドス（André Erdős）は、決議819に書かれた「安全（safe）」という文言の解釈をめぐって、その安全を尊重するように紛争当事者に要請はするが、活動要員を送ってその地域を保護するわけではない、というのが常任理事国の解釈であったと述べている[85]。同決議は賛成13票、棄権2票で採択されたが、エルドス大使とともに棄権票を投じたのは、当時やはり非常任理事国であったベネズエラのディエゴ・アリア（Diego Arria）大使であった。大使は安全地域の保護ができない以上、その危険性を危惧して決議案に棄権票を投じたのであるが、後に当時を振り返って理事国主要国の消極的な関与を批判している[86]。また常任理事国とは異なり、非常任理事国として十分な情報を収集することに苦労していたアリア大使は、自らが安保理の議長を務めていた1992年2月に、紛争地を離れたばかりのクロアチア人司祭からの話を聞く非公式会合を提案した。これが現在にいたるまで続く、非国家主体と安保理をつなぐ会合の場となるのだが、詳しくは第Ⅲ章で述べる。

　また米国政府も慎重な関与を続けていたが、その背景には政権内部における米軍の関与をめぐる議論があった。当時国連大使を務めていたマデレー

---

[84] LeBor（2006）pp. 29, 48.
[85] LeBor（2006）p. 41.
[86] LeBor（2006）pp. 39, 40.

ン・オルブライト（Madeline Albright）は，1993年に発足したばかりのクリントン政権内での議論においてより強力な介入を主張したが，周囲を説得できずにいたという。自らが第二次世界大戦時にチェコスロバキアから難民として逃れた経験をもつ大使は，強力な軍事的介入のための派兵を主張していた。しかし当時統合参謀本部長であったコリン・パウエル（Colin Powell）将軍は，効果的な軍事行動のためには少なくとも5万人，最大50万人規模の兵士が必要であり，期間も数年間を要する可能性があること，そして米軍兵士がもし地雷を踏んで犠牲になったとしたら家族に何と説明すればよいか，とも発言し，軍事介入の選択肢に反対していたという[87]。

こうした主要な理事国による介入への消極姿勢の背景には，自国軍の派遣という人的・財政的負担を含む費用と，紛争解決や文民の保護という効果の比較考量があった。そして国益という尺度を当てはめたとき，費用は効果を上回ると判断されていたのである。その判断が安保理決議に反映された結果，平和維持活動に十分な任務権限や装備を与え，または現地情勢の変化に臨機応変に対応することができなかったのである。この国益と関連付けて平和維持活動を考える方針は，その後米国政府の政策としてさらに顕著に表れることになった。

(2) 国益と平和維持活動の関係──ソマリアでの犠牲と米国大統領指令25号

上述したように，旧ユーゴスラヴィア紛争への介入に消極的であった米国のクリントン政権は，その後国益と平和維持活動を直接結びつけ，米国の国益に結びつかない活動には参加しないという政策を明示的に打ち出したことで知られている。この政策が決定された前年にあたる1993年，ソマリアでのUNOSOM IIの活動を支援するため，米軍の独立した行動として展開された作戦において，18名の米兵が犠牲となる事件が起きていた。この事件が，米国と平和維持活動の関係の再考を促すことになったのである。

長引く内戦の影響で，飢餓に直面している多くのソマリア国民を救うという人道的な目的で始まった第一次国連ソマリア活動（UNOSOM I）を引き継

---

[87] LeBor (2006) pp. 50, 51. Albright (2003) pp. 180-182

いだのが，1993年3月に設立された UNOSOM II であった。この活動も冷戦期の伝統的な活動とは多くの面で異なる性格をもっていたが，その最大の特徴は，紛争当事者の同意なしに展開されたこと[88]，そして強力な武力行使権限を憲章第7章の下で付与されたことである[89]。紛争当事者の同意が条件とされなかった背景には，当時のソマリアにおける無政府状態があった。同国では，1969年以降長期にわたって独裁政治を行ってきたシアド・バーレ（Siad Barre）政権が，内戦の結果1991年末に首都を放棄して以降は無政府状態が続き，氏族を母体として十以上に分かれた武装勢力が割拠した内戦が繰り広げられていた[90]。政治的な正当性が不明確であり，散発的に戦闘を継続しているこれらすべての紛争当事者の同意を得ることは，政治的にもまた実際上も困難であったと指摘されている[91]。

　しかし紛争当事者の合意が不在の活動は，旧ユーゴスラヴィア同様多くの困難に直面し，活動要員に攻撃を加えるモハメド・アイディード（Mohamed Farrah Aidid）将軍派の掃討作戦において武力も行使されるようになった。さらに国連の統制下にない米軍による攻撃が同時進行することで，UNOSOM II の中立性を損なう結果を招いたのである。UNOSOM II による攻撃の結果ソマリアの文民に犠牲者が発生し，また国連自体が紛争当事者とみなされるという問題を抱えるようになっても，ブトロス＝ガーリ事務総長はアイディード将軍の逮捕を国連の活動の前提であるとして，あくまで求め続けていた[92]。またソマリアにおける事務総長特別代表であった退役米海軍大将の

---

88) S/RES/814,（26 March 1993）. 活動は紛争当事者の同意に依拠しないとする事務総長報告の内容を認める形で，設立が決定されている。Further Report of the Secretary-General submitted in pursuance of paragraphs 18 and 19 of resolution 794（1992）, S/25354,（3 March 1993）, para. 97.
89) S/RES/837,（6 June 1993）, para. 5.
90) Lewis and Mayall（1996）pp. 94-106. Patman（1995）pp. 86-88. Boulden（2001）pp. 51-53.
91) Patman（1995）p. 102.
92) Further Report of the Secretary-General submitted in pursuance of paragraph 18 of resolution 814（1993）, with annex on the re-establishment of police, judicial and penal system, S/26317,（17 August 1993）, paras. 72, 73. Boutros Boutros-Ghali（1999）pp. 95, 96.

第Ⅰ章　1990年代の平和維持活動の教訓

ジョナソン・ハウ（Jonathon Howe）は，将軍の首に懸賞金をかけて執拗にその逮捕作戦を続け，ワシントンに支援を要請していた。その結果派遣された米レンジャー部隊は，国連の指揮下に入らず米軍の指揮下に置かれることになった[93]。しかしこの部隊を使って1993年10月3日に行われた大規模な逮捕作戦では，作戦中に部隊が戦闘に巻き込まれ，米兵18名が死亡，73名が負傷し，さらにソマリア人の死者は300から500名になると言われ，負傷者も数百名にのぼったという[94]。

多くの犠牲者を出したこの事件は，ソマリアでの国連と米軍による活動の転換点となった。国内の批判にさらされた米政権は，1994年3月までに米軍を撤退させることを一方的に決定した[95]。後方支援部隊の中心を占めていた米軍が撤退を決めると，UNOSOM Ⅱを構成していたフランス，ベルギー，イタリアをはじめ他国の部隊も年内の引き揚げにむけて準備を始めた[96]。活動の主力を担っていた軍隊の撤退を受けて，UNOSOM Ⅱは1994年2月4日に採択された決議897によって，強制的な権限をもたない伝統型の活動へと縮小を余儀なくされた[97]。その後も紛争当事者の協力および兵力提供国の政治的意思の欠如によって，最終的には1995年3月をもって任務半ばにして全面撤退することになったのである[98]。

こうした事態を受けて，クリントン政権は共和，民主両党の議員や関係各省との検討を重ねた結果，1994年5月3日に，「多国籍平和維持活動の改革に関するクリントン政権の政策」と題する大統領指令第25号を発令した[99]。

---

93) Wheeler (2000) pp. 195-198. Connaughton (2001) pp. 123-131. Boulden (2001) pp. 71, 72.
94) Wheeler (2000) pp. 198. Connaughton (2001) pp. 123-131. Boulden (2001) p. 71.
95) United Nations, *The Unite Nations and Somalia*, (1996) p. 61. Connaughton (2001) pp. 131, 132.
96) Mockaitis (1999) p. 68.
97) S/RES/897, (4 February 1994).
98) Gray (1999) pp. 169-171.
99) Presidential Decision Directives 25, Clinton Administration Policy on Reforming Multilateral Peace Operations, Bureau of International Organizational Affairs, U. S. Department of State, February 22 1996. なお，大統領による署名は1994年5月3日であった。

その要点は，米国が平和維持活動を支援し，また活動に関与するのは，米国の国益に資する場合とする，という国益との直接的な関係の強調にあった。米国にとっての「国益」という単語を 18 回も使ったこの指令は，米国が安保理において活動設立に賛成票を投じる際に，また実際に米軍兵士を要員として派遣する際の両方の局面において，米国政府がどの平和維持活動を支援するべきかについての政策方針とされたのである。

　この指令が出された 1994 年は，米国政権がルワンダでの国連平和維持活動に関して消極的な政策をとっていた時期でもあった。この政策方針からすれば，ルワンダへの派兵は米国の国益に直接資するとは考えられなかったのである。こうした消極姿勢は決議の文言にも表れていた。米国はジェノサイド条約当事国として関与を余儀なくさせることを敬遠していたといわれており，また中国からの反対もあって，1994 年 6 月 8 日の安保理決議 925 では原案にあった「ジェノサイド（genocide）」という表現は「ジェノサイド的な行為（acts of genocide）」へと変更されている（前文第 6 段落）[100]。長は，こうしたジェノサイドを否定する言説が，国連による消極的な関与の背景にあったことを指摘している[101]。

### (3) 事務局の役割と責任

　国益に縛られがちな加盟国に対して，国際公務員からなる国連事務局はこの時期どのような対応をしていたのだろうか。安保理会合における審議，決定，そして措置の実施にいたるまで，事務局は常に多くの役割を果たしている。平和維持活動に関しても，その設立を準備するための事務総長報告書が提出され，紛争の状況，必要な要員数，活動期間，任務権限等が，詳しく提案されるのが一般的である。理事国はこうした事務局の提言を受け，多くの場合はそれらにほぼ即した内容の決議を採択している。また活動開始後も，安保理への活動状況報告を定期的に行うように求められることが一般化しており，その後の任務権限や規模の変更，活動期間の延長なども，これらの事

---

100) S/RES/925, (8 June 1994). S/1999/1257, (16 December 1999), p. 26.
101) 長（2009）305, 306 頁。

## 第Ⅰ章　1990年代の平和維持活動の教訓

務総長による報告にもとづいて行われている。国連憲章上の明文の規定では事務総長の役割は限定されているものの[102]、こうした事務局の役割に注目すれば、平和維持活動の設立や実施に深く関与していることがわかる。また意思決定の場だけでなく、実際に採択された決議にもとづいて任務権限を解釈し、活動を準備し、さらに現場の司令官との調整を行うのは国連PKO局の業務であることから、同部署が活動の計画、準備、実施等の各段階において果たしている役割も大きい。

しかし関係者の証言によれば、主要国の消極姿勢に歩調を合わせるように、国連PKO局をはじめとする国連事務局においても、強力な権限をもって紛争に介入することへの抵抗があり、加盟国による非戦略的な意思決定を助長する傾向がみられたという。機構の中立性にこだわった結果、それ以上国連が介入することのないように、現地の被害に関する十分な情報を理事会に報告していなかったというのである[103]。

その具体的な例としてしばしば引用されるのが、次のUNAMIRに関する事例である。ジェノサイドが始まる前に、ダレール司令官はその前兆について通報を受けていたという。それを受けて同司令官は、集積されつつあった武器庫をUNAMIRが捜査する計画があることを、1994年1月10日にPKO局に連絡していた。この通信によってダレールは、国連本部のあるニューヨークに現地の状況を理解してほしいと考えていたという。当時のPKO局長を務めていたのは、後に第7代事務総長に就任するアナンであったが、彼はUNAMIRは憲章6章下の活動であり、作戦は安保理決議に書かれた任務権限を超えるために認められないとの回答をしただけでなく、その通信内容を安保理に報告することもなかった。もしこの時に武器庫の捜索に許可が下りていたら、その後のジェノサイドを防止できたのではないか、と指摘されている事例である[104]。当時は事務局も、活動要員や現地の文民に多数の被害

---

102) 国連憲章は第99条に事務総長の権限として、国際の平和と安全の維持にとっての脅威と認められる事項について安保理の注意を促すことができる、と規定しているにすぎない。

103) LeBor (2006) pp. 58, 59.

104) Dallaire (2003) pp. 145–148. LeBor (2006) pp. 168–171.

を出した UNOSOM II の失敗を受け，平和維持活動による強制力をともなった作戦行動に慎重になっていた可能性をダレールは指摘している[105]。

こうした介入への消極性に加えて，90 年代初頭の国連事務局は，刻々と変化する現地の情勢に対応できないという，機能面の問題をも抱えていた。ボスニアに駐留していた UNPROFOR 司令官は，ニューヨークの国連本部が週末に対応ができないこと，また本部の職員が紛争現場の状況を理解できないことにいらだちを募らせていたという[106]。平和維持活動の「強制された発展」に付いていくことができなかったのは，加盟国政府だけではなかったのである。

他方で，文民の保護をめぐる問題が続発していたこの 90 年代前半に事務総長を務めたブトロス＝ガーリは，主要国の関心が向きにくい地域紛争に安保理が対応することを強く促そうとしていた。なかでも，ソマリアの内戦とその結果発生していた飢餓の状況について，主要国が全く無関心であったことから，事務総長は加盟国の消極姿勢のなかにもさらなる二重基準が働いていたと指摘している。消極的な関与であるにせよ，メディアや政治的な和平交渉によって国際的な関心が向けられていたユーゴスラヴィアを「金持ちの戦争（rich man's war）」と形容したこの事務総長は，他方でどの国も当初は関心を示そうとしなかったソマリアを「孤児（orphan）」と表現し，「アフリカにおける死は，ヨーロッパにおける死におとらず重大な問題である」との主張をもって行動していた[107]。アフリカ大陸出身の初の事務総長であった彼が安保理の介入を強く促した結果が，ソマリアでの平和維持活動だったのである。しかし『平和への課題』のなかで提案された「平和強制部隊（peace-enforcement units）」の構想[108]に沿って「停戦の強制」のために重武装した強力な活動がソマリアに展開された結果，国連は現地文民を巻き込んだ戦闘当事者となったことは，すでに見た。そしてこの活動は，その後の旧

---

105) Dallaire (2003) p. 147.
106) LeBor (2006) pp. 32, 33.
107) Boutros-Ghali (1999) pp. 54, 55..
108) *An Agenda for Peace*, A/47/277-S/24111, (17 June 1992), para. 44.

ユーゴスラヴィアやルワンダに関する加盟国の消極姿勢の原因を作ることになる，という皮肉な結果をたどったのである。

このように，国連事務局も加盟国と同様に，それぞれの主体が置かれた状況や前後の事件に影響を受けながら，冷戦後の平和維持活動の役割を明確に描き出せずにいた。そしてこの時期に発生していた文民の被害は，加盟国の政治的意思がまとまらないなか，事務局の迷走も手伝って拡大していったのである。

## 5 「新しい戦争」における文民への加害行為

### (1) 「新しい戦争」という背景要因

1990年代の平和維持活動が文民の保護に失敗した経緯から，そこには冷戦後世界における新しい安全保障上の問題に対する不慣れな対応が，加盟国と事務局に共通してみられたことがわかった。この対応をめぐる問題を考えるうえで重要な点は，それが国連安全保障体制が想定していた国家間紛争以外の「平和に対する脅威」の増加という，国連平和維持活動の対象となる紛争の性質の変化である。

前述したように，国連が創設された1945年の世界において最も破壊的な紛争は，二つの世界大戦に代表される国家間の戦争であり，その防止と鎮圧が安全保障上の最大の課題であった。したがって，国連に備えられた安全保障機能も基本的には国家間紛争への対応を想定していた。ところが，1980年代以降，特に冷戦後の世界において広まってきた新しい種類の組織的暴力が，国際社会における安全保障上の課題として認識されるようになる。それらは，民兵組織，犯罪者集団，テロ組織などの非国家主体による武力行使をともなう内戦という形態をとることが多く，国連が想定していた「脅威」とは多くの点で異なる特徴をもっていた。

このような新しい組織的暴力を体系的に検証したカルドー（Mary Kaldor）は，その最大の特徴として，戦争と組織的犯罪と大規模な人権侵害との区別がつかない点をあげている。そして従来みられた国家の正規軍同士の戦争とは区別する意味で，「新しい戦争（new wars）」と名づけた[109]。その代表的

な事例として，旧ユーゴスラヴィアにおける紛争を考察対象としているカルドーは，こうした暴力が広まってきた背景を次のように分析している。すなわち，政治，経済，軍事，文化の地球的規模での相互連携の強化現象としてのグローバリゼーションがあり，その影響を受けて国家による組織的暴力の独占状態が侵食され，民兵組織や犯罪者集団による組織的暴力の私有化が拡大しているというのである。それは近代国家の成立過程を逆行するような現象であり，国家の政治的正当性が失われて暴力の統制が利かなくなるという事態を招く。結果的には，国家機能の破綻や人道的危機の深刻化につながっていくとされる[110]。また戦争目的や戦闘行為も従来の戦争とは異なり，自集団中心的かつ排他的な戦争目標が掲げられる。そして戦闘に際しても，異なるアイデンティティや意見をもつ人々を排除するために，社会を不安定化させ，「恐怖と憎悪」を生み出すことを目的に，集団殺害や強制移住による住民の追放が頻発する傾向がある[111]。

実際に，冷戦時代の機能不全から解放された安保理が旧ユーゴスラヴィアやルワンダにおいて直面した紛争は，これらの「新しい戦争」にみられる特徴をもっていた。そこで何より問題とされたのは，文民が攻撃目標となって犠牲者が急増するという国際人道法の重大な違反であった。安保理は，これらの紛争を解決するために奔走したが，カルドーは従来型の国家間紛争を想定したトップダウン方式の解決方法は，その実効性に限界があると指摘している。戦争犯罪の責任者でもある戦争指導者らを相手にする国連の和平交渉は，犯罪者である紛争当事者の正当化につながるだけでなく，国家の正規軍とは異なり分権化された多様な集団が戦闘に従事している状況にあって，交渉に参加している紛争当事者に和平合意実施能力がどこまであるか，不明確だからである[112]。

また，紛争の原因となるグローバリゼーションによってもたらされる問題

---

109) Kaldor (1999/2001) pp. 1, 2.
110) Kaldor (1999/2001) pp. 3-5. 吉川 (2007) 201-203 頁。
111) Kaldor (1999/2001) pp. 6-8.
112) Kaldor (1999/2001) pp. 119, 120.

は，軍事的問題に限られず，経済的な貧困や地域間，社会階層間の貧富の格差の拡大など，経済社会的問題が深く関係しているといわれている。冷戦後に新たに発生している紛争の多くは，アフリカ大陸を中心に社会的発展に取り残された地域や，社会主義経済から市場経済への移行にともなう社会的混乱がみられる地域で起きている[113]。また，内戦を継続することで利益を得る勢力が中心となって「戦争経済」が国境を越えて構造化される問題も，「新しい戦争」の特徴とされている。麻薬，ダイヤモンド，金，プラチナ，石油，天然ガス，ゴム，木材など，国際的な売買で利益をあげることができる産品の生産地域の支配権をめぐる争いは，取り引きの前提となる内戦の継続が不可欠とされ，紛争が長期化する原因ともなる[114]。これらの経済社会的問題を抱える現代の紛争に対処するためには，従来型の国家間紛争を念頭に置いた，軍事的安全保障中心的な国連の体制では対処しきれないという問題が生じているのである。

こうした特徴をもつ「新しい戦争」への対応を安保理が模索している間にも，紛争現場では多くの文民に被害が発生することになった。

### (2) 安保理による法的対応——国際刑事裁判所の設立

旧ユーゴスラヴィアやルワンダの状況が悪化をたどるなか，新しい安全保障上の脅威に直面した安保理においても，少しずつではあるが変化が起き始めていた。具体的には安保理決議のなかで，文民への攻撃について言及するようになったのである。紛争地の状況について述べる決議の前文において，国際人道法ならびに国際人権法の深刻な違反行為を詳細に列挙して非難すると同時に，それらの状況が「国際の平和と安全に対する脅威」を構成すると述べている。それは安保理が，文民に対する攻撃を国際的な安全保障上の問題として認識し始めたことを示していたと言えよう。

この認識の変化を最も端的に示す例が，旧ユーゴスラヴィアおよびルワンダでの紛争中に起きた人道法違反を裁くために設立された国際刑事裁判所で

---

113) 遠藤（2003）47-65頁。
114) Kaldor（1999/2001）pp. 90-111. 遠藤（2003）63-65頁。

ある。どちらの裁判所も第7章下の安保理決議によって設立されたということは，それらが国際の平和と安全の維持のための手段として安保理において位置づけられたことを意味する。言い換えれば，「国際の平和と安全に対する脅威」への対処方法として国際刑事裁判所の設立という，これまでにない新たな安全保障上の機能が作りだされたと言えるだろう。さらにまた，安保理において国際人道法の大規模かつ深刻な違反が「脅威」と認識されるようになったことは，国連安全保障体制における安全保障観の変化を反映していたと考えられる。

1993年に旧ユーゴスラヴィア国際刑事裁判所（ICTY）の設立を決定した安保理決議827には，国際人道法違反の責任者の訴追を行うことがさらなる違反を抑止し，結果的に「平和の回復および維持に貢献する」として（決議前文），人道法違反の裁判と安全保障をはっきりと結び付けている。冷戦中の多くの紛争において実現できなかった人道法違反を国際裁判によって裁く体制を実現したこの画期的な裁判所は，安全保障機能のひとつとして安保理に採用されることで初めて実現したのである。オランダのハーグに置かれた裁判所では，2010年10月までに161名が起訴され，うち124名の審理が終了している[115]。

他方でタンザニアのアルーシャに置かれたルワンダ国際刑事裁判所（ICTR）は，ICTYと同様にその直接的な目的としては国際人道法違反の責任者の訴追が目指されたが，同時にその間接的な目的として，平和の回復および維持とあわせて，紛争後社会の国民的和解に貢献することが，1994年に採択された設立決議955に盛り込まれた（前文）。それは刑事裁判所に期待された安全保障機能が，紛争後社会の平和構築まで含めた長期的なものであったことを示している。この裁判所では現在までに起訴された80件のうち，2010年12月までに36件が審理を終えて結審している[116]。

---

[115] S/RES/827, (25 May 1993). 起訴・審理に関する情報は，裁判所のホームページを参照した。(http://www.un.org/icty/ENGLISH/cases/completed.htm)

[116] S/RES/955, (8 November 1994). 起訴・審理に関する情報は，裁判所のホームページを参照した。(http://www.ictr.org/ENGLISH/cases/completed.htm)

これら二つの国際刑事裁判所は、多くの点で安保理が決定した措置としての性格を色濃く残している。そもそも両裁判所の規程は加盟国間の条約によるのではなく、ICTY の場合には設立決議のなかで事務総長報告に付属する裁判諸規程[117]の採択を安保理決議 827 によって決定することで（第 2 段落）、また ICTR の場合にはその裁判所規程は安保理決議 955 の付属文書（Annex）として採択されている。裁判所における適用法についても、慣習法とみなされている既存の国際人道法を適用することが安保理によって決定された[118]。いずれの裁判所も国内裁判所に優越するものとされ（ICTY 規程第 9 条・ICTR 規程第 8 条）、また裁判所長は安保理と総会に裁判所の年次報告書を提出するとされている（ICTY 規程第 34 条・ICTR 規程第 32 条）。さらに裁判所規程に定められた協力義務を怠る国に関して、裁判所長は安保理に報告するものとされているが、その手続きは、各国の協力が確保できない場合に、第 7 章にもとづく決議の採択によって裁判所の命令に従うよう強制できると解釈されている[119]。このように、両裁判所の法的枠組みからその強制的管轄権の行使にいたるまで機関の要となる権限は、これらの安保理による前例のない広範かつ強大な権限の行使に裏づけられていたのである。

　その後どちらの裁判所も、勝者の裁きではない、真に国際的な裁判を国際法の歴史上初めて実現したというその歴史的意義が強調されると同時に、国際人道法の発展に大きく貢献したとの評価がなされている。特に ICTY では「民族浄化」の手段として戦略的に実施された強かんが初めて「人道に対す

---

117) S/RES/827,（25 May 1993）, para. 2. Report of the Secretary-General under Security Council Resolution 808, S/25704,（3 May 1993）, Annex.
118) S/RES/955,（8 November 1994）, para. 1.
119) ICTY Rules of Procedure and Evidence, Rule 7*bis*, ICTR Rules of Procedure and Evidence, Rule 7*bis*. 具体的には、以下の非協力行為が対象となる（Y は ICTY 規程を、R は ICTR 規程を表している）。
　―捜査や訴追延期要請への非協力（Y: Rule 11, R: Rule 11）
　―各国国内裁判所による一事不再理違反（Y: Rule 13, R: Rule 13）
　―逮捕状執行・移送命令への非協力（Y: Rule 59, R: Rule 59）
　また、安保理が第 7 章下の手続きによって協力義務を強制できると指摘している例としては、次の文献がある。Kirsch, Holems and Johnson（2004）pp. 285, 286.

る罪」に含まれ（ICTY 規程第 5 条(g)）[120]、また国内紛争が対象となる ICTR 規程では、従来は普遍的管轄権の基礎を構成するとは考えられていなかったジュネーブ条約共通第 3 条および第二追加議定書の重大な違反が事項管轄に含まれるなど（同規程第 4 条），非国際的武力紛争に適用される法規の確定や判例の蓄積が進むことになった[121]。さらに個人責任の明確化に関しても「ニュルンベルク原則」の継承と発展がみられ、上官命令は免責事由として認められず、また命令した上官も責任を免れないこと、加えて国家元首を含めた公的地位を理由とした裁判免除を認めないことなども明確にされた（ICTY 規程第 7 条・ICTR 規程第 4 条）。実際にその後ユーゴスラヴィア連邦の元大統領スロボダン・ミロシェビッチ（Slobodan Milošević）およびルワンダ共和国元首相のジャン・カンバンダ（Jean Kambanda）の逮捕、起訴、そして裁判が実現している[122]。

　こうした肯定的評価がみられる一方で、安保理がどこまでこれらの裁判所の設立と人道法違反への対処に積極的な意思をもっていたのかについては、疑問も呈されてきた。旧ユーゴスラヴィア、ルワンダとも安保理による有効な対応が実施されないなか、メディアの報道によって高まった世論の圧力を受けて「何かをしなくてはならない」状況にはあったものの、ソマリアの二の舞を避けるために地上軍の派兵という費用は払えないといったディレンマのなかでとられた代償的な措置であり、その後の活動も常に政治的背景に大きく左右されてきたと指摘されている。

　たとえば、ICTY 設立に向けた準備の一環として 1992 年に安保理決議 780 によって設置された専門家委員会は[123]、旧ユーゴスラヴィア領域内でのジュネーブ条約の重大な違反およびその他の国際人道法の違反についての調査、情報収集および分析が任務とされたが、その後十分な資金が与えられず、1993 年 4 月 30 日に国連法務部（OLA）の決定で活動を打ち切られるという

---

120) Meron (1993) pp. 424–425. Murphy (1993) pp. 88, 89.
121) Meron (1995) pp. 558–562.
122) *Prosecutor v. Milošević*, IT-02-54, 12 February 2002. *Prosecutor v. Kambanda*, ICTR-97-23, 4 September 1998.

事態が起きていた。その原因としては，当時国連が関与していた和平交渉の最中であり，裁判所が設立されたあかつきには訴えられる可能性が高い人々が交渉相手であったために，政治的配慮が法的正義に優先されたのではないかと指摘された。また1993年5月に裁判所の設立を決定した決議が採択された後も，検察官指名や裁判所立ち上がりの遅れがみられ，検察官の就任は1994年8月にずれ込んでいる。その後も安保理理事国を中心に容疑者逮捕への協力も消極的なまま多くの責任者が野放しにされたのも，ミロシェビッチ大統領（当時）の譲歩を失いデイトン合意の崩壊を恐れたためと指摘された[124]。

またICTRについても，やはり地上軍の派兵による介入に消極的だった安保理が「何かをする」ために設立されたにすぎず，ICTYのほとんど付け足しのような機関であると評された。というのも，検察官（ICTR規程第15条3項）・上級裁判部（同第12条2項）はICTYと共有するとされたからである。ハーグとアルーシャの距離を考慮すれば，その非実効性は当初から明らかであった[125]。

これらの批判があるものの，これまで実現できなかった国際人道法の執行ならびに遵守確保が安全保障の問題として認識され，それらの実現のために安保理が行動し，制度構築を行ったことの意義はやはり認められてよいと思

---

123) S/RES/780,（6 October 1992）.
124) これらの旧ユーゴスラヴィア国際刑事裁判所についての安保理の積極的な意思の欠如は，以下の文献で指摘されている。Bassiouni（1997）pp. 39-49. Maogoto（2004）pp. 151-159, p. 154, note 71. また，ICTYのマクドナルド裁判官（Gabrielle Kirk McDonald）も新聞のインタビューのなかで，セルビア政府に重要犯罪人の引渡しを求めるよう安保理に要請したが，何もしてもらえなかったと加盟国の非協力を批判している。Colum Lynch, "Departing War Crimes Tribunals Chief Assails UN Inaction," *Washington Post*, 9 November 1999.
125) Bassiouni（1997）pp. 11, 49. Maogoto（2004）pp. 185-200. また当初は安保理による裁判所の設立を要請していたにもかかわらず（S/1994/1115, 29 September. 1994），採決に際しては反対票を投じたルワンダ政府（当時安保理の非常任理事国であった）は，「このように非実効的な国際裁判所の設立は，ルワンダ国民，特にジェノサイドの犠牲者の期待に応えるためというよりも，国際社会の良心の呵責を和らげるためである」と批判した。S/PV. 3453,（8 November 1994）, p. 15.

われる[126]。それは国際人道法の大規模かつ深刻な違反が各地の紛争において問題化するなかで，安保理が法的な機能を発揮することで対処した事例であった。国際裁判所の活動によって実現される国際人道法の法規範の重みを考えても，その重要性は説明できよう[127]。平和維持活動が展開中であるにもかかわらず，旧ユーゴスラヴィアとルワンダにおいて発生した文民への攻撃は，事後的にではあるが裁判所に持ち込まれることで，その被害の内容が明らかにされることになったのである。

(3) 文民の受けた被害——戦争犯罪・ジェノサイド罪・人道に対する罪

両地域で行われた犯罪を裁くための国際刑事裁判所の事項管轄としては，戦争犯罪，ジェノサイド罪と人道に対する罪の三つの犯罪が共通して含まれている。以下，この三つの犯罪の構成要件を明らかにすることで，文民の受けた被害の内容を検証する。

はじめに戦争犯罪であるが，国際的な武力紛争としての性質を有していた旧ユーゴスラヴィアに関しては，まず裁判所規程の第2条で1949年のジュネーブ諸条約に対する重大な違反と，戦争の法規または慣例に対する違反行為が事項管轄とされている。そのなかでも文民への攻撃に関係する項目は以下のとおりである[128]。

> 1949年8月12日のジュネーブ諸条約に対する重大な違反行為，すなわち，関連するジュネーブ条約に基づいて保護される人又は財産に対して行われる次の行為を行い又は行うことを命令した者を訴追する権限を有

---

126) O'Brien (1993) p. 658. Meron (1995) p. 555.
127) 問題は，そのための制度づくりに関わる政治性であり，地域限定性という意味での選択性である。さらには安保理決議によって国際裁判所が設立できるのか，というその設立に際しての法的根拠をめぐっても議論は多い。法的に妥当性の高い条約によって，より普遍的な制度を求める声が高まるなか1998年に実現したのが国際刑事裁判所（International Criminal Court: ICC）であった。そしてこの普遍的な裁判所に関しても，再び安保理は強い影響力を行使していくことになった。Bassiouni (1997). Crawford (1995). Cassese (2002) pp. 13, 14.
128) ICTY規程第2条及び第3条。

する。
- (a) 殺人。
- (b) 拷問又は非人道的な待遇（生物学的な実験を含む。）
- (c) 身体又は健康に対して故意に重い苦痛を与え，又は重大な傷害を加えること。
- (d) 軍事上の必要性によって正当化されない不法かつ恣意的な財産の広範な破壊又は徴発。
- (e) 捕虜又は文民を強制して敵対する勢力の軍隊において服務させること。
- (f) 捕虜又は文民からの公正かつ正式な裁判を受ける権利を奪うこと。
- (g) 文民を不法に追放し，移送し又は拘禁すること。
- (h) 文民を人質にすること。

国際裁判所は，戦争の法規又は慣例に違反した者を訴追する権限を有する。その違反には次のことが含まれるが，これらに限定されるものではない。
- (a) 無用に苦痛を与えることを目的とする毒性の兵器その他の兵器を使用すること。
- (b) 都市又は町村の恣意的な破壊を行うこと又は軍事上の必要によって正当化されない惨害をもたらすこと。
- (c) 手段のいかんを問わず，無防備の町村，住宅又は建物を攻撃し又は砲撃すること。
- ((d)以下は文民への攻撃に直接関係がないので省略する。)

非国際的な武力紛争であったルワンダに関しては，裁判所規程は第4条において，ジュネーブ諸条約共通第3条および第二追加議定書の違反を事項管轄として規定している。

国際裁判所は，1949年8月12日のジュネーヴ諸条約に共通する第3条の重大な違反，ならびに1977年6月8日の第二追加議定書の重大な違

反となる行為を行い又は行うことを命令した者を訴追する権限を有する。その違反には次のことが含まれるが、これらに限定されるものではない。
- (a) 生命及び身体に対する暴行、特に、あらゆる種類の殺人、拷問、身体の切断、虐待等の残虐な取扱い。
- (b) 集団的な処罰。
- (c) 人質。
- (d) テロ行為。
- (e) 個人の尊厳に対する侵害、特に、侮辱的で品位を傷付ける取扱い、強かん、強制売春、あらゆる不品行な行為。
- (f) 略奪。
- (g) 正規に構成された裁判所で一般に不可欠と認められるすべての裁判上の保障を与えるものの裁判によらない判決の言渡し及び刑の執行。
- (h) これらの行為を行うとする脅迫。

次にジェノサイド（集団殺害）罪であるが、どちらの裁判所規程も1948年に採択された「ジェノサイド条約」第2条の以下の定義を踏襲している[129]。

集団殺害とは、国民的、人種的、民族的又は宗教的集団を全部又は一部破壊する意図をもって行われた次の行為のいずれをも意味する。
- (a) 集団構成員を殺すこと。
- (b) 集団構成員に対して重大な肉体的又は精神的な危害を加えること。
- (c) 全部又は一部に肉体の破壊をもたらすために意図された生活条件を集団に対して故意に課すること。
- (d) 集団内における出生を防止することを意図する措置を課すること。
- (e) 集団の児童を他の集団に強制的に移すこと。

---

[129] ICTY規程第4条。ICTR規程第2条。ジェノサイド罪を規定した裁判所規程の邦訳の多くは、ジェノサイドを集団殺害と訳しているので、条文上はこの集団殺害という用語を充てるが、本書のなかで用いている「ジェノサイド」と同じ行為を指す。

次の行為は，処罰する。
- (a) 集団殺害。
- (b) 集団殺害を犯すための共謀。
- (c) 集団殺害を犯すことの直接且つ公然の教唆。
- (d) 集団殺害の未遂。
- (e) 集団殺害の共犯。

　最後に人道に対する罪は，ニュルンベルグ国際軍事裁判所憲章（1945年）第6条(c)ならびに極東国際軍事裁判所憲章（1946年）第5条（ハ）によって規定された犯罪である。それが90年代に両裁判所の規程に取り入れられるなかで，新たに(e)項の拘禁，(f)項の拷問ならびに(g)項の強かんが付け加えられることになった[130]。

　国際裁判所は，武力紛争（国際的な性質のものであるかないかを問わない）において文民に対して直接行われた次の犯罪について責任を有する者を訴追する権限を有する。
- (a) 殺人。
- (b) 殲滅。
- (c) 奴隷の状態に置くこと。
- (d) 追放。
- (e) 拘禁。
- (f) 拷問。
- (g) 強かん。
- (h) 政治的，人種的及び宗教的理由による迫害。
- (i) その他の非人道的行為。

(4) 裁判所による犯行の認定
　これらの三つに分類された犯罪は，上記の構成要件からも明らかなように，

---

130) ICTY規程第5条。ICTR規程第3条。

同じ行為に複数の犯罪が当てはまりうるものである。実際に現在も続くそれぞれの裁判所における審理において，重複する犯罪行為が文民に対して向けられてきたことが明らかにされてきた。

まず旧ユーゴスラヴィアについては，オランダ軍本部のあったスレブレニッツァのポトチャリで起きた犯行に関する「スレブレニッツァ事件」（ポポビッチ他事件）の判決が，2010年6月10日に第一審裁判部において言い渡された[131]。2006年8月から2009年7月までの間に，315人の証言者からの情報をもとに審理が続けられた結果，判決文のなかでボスニア・ヘルツェゴビナ・セルビア共和国軍のドリナ軍団諜報担当副司令官であったポポビッチ（Vujadin Popović）他計5名の被告は，ジェノサイド罪に関してはその実行と共謀について，人道に対する罪に関しては殲滅，殺人，迫害，非人道的行為（強制移送），追放について，そして戦争犯罪に関しては殺人に関して，有罪とされている。また共和国軍の作戦部長を務めたミレティッチ（Radivoje Miletić）と副司令官のグベーロ（Milan Gvero）ら2名には，人道に対する罪に関しては殺人，迫害，非人道的行為（強制移送），追放について，また戦争の法規慣例違反に関しては殺人に関して，有罪判決を受けた。

判決文の事実認定によれば，スレブレニッツァ陥落後の1995年7月12日，2日間をかけてムスリム人男性のうち15歳から65歳までの人々が女性，子ども，老人から強制的に分離され，ポトチャリ地域の施設に食料や飲料水を提供されることもなく拘禁され，その後ブラトゥナッツ地区へと移送された。その過程で，UNPROFORオランダ軍部隊による同伴や氏名の確認は拒否されたという。これらの男性はその後，ルカにある小学校，ヤダル河畔，ブラトゥナッツ旅団本部，サンディッチ牧草地などで処刑されており，これらがジェノサイド罪や人道に対する罪と認定されている。また戦争の法規慣例違反に当たる犯罪としては，同時にクラヴィッツア倉庫近くで行われたムスリム人捕虜の大量処刑があった。これらの処刑の犠牲となったのは，戦闘員，文民を含めて8000人近くにのぼると結論づけている。

---

[131] *Prosecutor v. Vujadin Popović, Ljubiša Beara, Drago Nilkolić, Ljubomir Borovčanin, Radivoje Miletić, Milan Grevo, Vinko Pandurević*, IT-05-88-PT, Judgement, 10 June 2010.

第Ⅰ章　1990年代の平和維持活動の教訓

　さらにルワンダに関しては，1998年9月に第一審裁判部での判決が下されたアカィエス（Akayesu）事件が判例として有名である。元教師であり，ギダラマ州のタバ・コミューン長を務めていた被告は，ジェノサイド罪に関しては犯行の直接かつ公然の教唆と共犯について，人道に対する罪に関しては，殺人，拷問，強かん，その他の非人道的行為，殲滅について，またジュネーブ諸条約共通第3条の重大な違反に関しては，殺人と残虐な扱い，また共通第3条および第二追加議定書の重大な違反に関しては，個人の尊厳に対する侵害，特に強かんについて，有罪判決が言い渡されている[132]。

　この判決が有名となったのは，強かんが初めて国際法上定義され，ジェノサイド罪ならびに人道に対する罪として認定された点にあった[133]。証言によれば，1994年の4月7日から6月末までの間に，コミューン事務所に避難していた6歳の少女を含む複数のツチの女性たちがフツの民兵組織インテラハムウェ（Interahamwe）の構成員によって強かんされ，また強打され，殺される事件が続いていた。被告は犯行現場にいながら，またその事実を知りながら，それらの犯行を阻止しようとしなかった不作為によって，これらの行為を幇助したと判決は述べている[134]。こうした組織的な性的暴力は旧ユーゴスラヴィアにおいても広範に実行されており[135]，平和維持活動による文民の保護の任務にとって，その後も重要な課題となっている。

　こうして紛争中に文民が被った惨害が明らかになるなかで，平和維持活動の見直しが国連において急務となっていった。文民が被害を受け続けるなかで，国連の活動は伝統的な同意，中立，自衛の三原則にとどまることしかで

---

132) *The Prosecutor v. Jean-Paul Akayesu*, Case No. ICTR-96-4-T, Judgement, 2 September 1998.
133) *The Prosecutor v. Jean-Paul Akayesu*, Case No. ICTR-96-4-T, Judgement, 2 September 1998. paras.688, 731. MacKinnon（2006）pp. 942, 943.
134) *The Prosecutor v. Jean-Paul Akayesu*, Case No. ICTR-96-4-T, Judgement, 2 September 1998. paras. 449-460.
135) ICTYで強かん（人道に対する罪）が訴因として提起された裁判としては，1996年に起訴され，2001年に第一審裁判部で判決が出たクナリッチ他事件がある。*Prosecutor v. Dragoljub Kunarac, Radomir Kovać acnd Zoran Vuković*, IT-96-23-T & IT-96-23/1-T, Judgement, 22 February 2001.

きないのか。加盟国の意思がまとまらないなか,国連安全保障体制には何ができるのか。90年代前半の活動における文民の保護の失敗は,伝統的な平和維持活動に回帰すれば済むわけではない問題を,国連に突きつけることになったのである。

## 6 平和維持と平和強制との関係の見直し——武力行使の授権と文民の保護

### (1) 『ブラヒミ報告』による問題提起

度重なる文民の保護の失敗を受けて,安全保障分野における国連活動への疑問が呈されるようになっていくなか[136],1997年にブトロス=ガーリの後を継いで事務総長に就任したアナンは,平和維持活動の見直しと改革のための提言を積極的に行ってきた。特に伝統的な平和維持活動が対処できない状況の悪化に直面した際,平和維持と武力行使を含む平和強制との間の関係をどう捉えるべきかについて,事務総長報告書等を用いて検討を重ねている。それらの提言に共通しているのは,平和維持と平和強制は混同できない機能であるが,文民に対する組織的な虐殺や追放行為を止めさせるためには,断固とした武力行使が必要であるとする立場である[137]。

1999年の『スレブレニッツァ報告』ではUNPROFORが直面した問題を踏まえて,平和維持活動と戦争は混同することのできない異質な活動であり,休戦や和平合意がない環境に二度と派遣されてはならないと指摘している[138]。他方で,組織的な暴力に直面した際には,平和維持活動がもっとされてきた象徴的な抑止の効果は期待できず,中立や非暴力という原則も不適切であったという批判的検討を行っている点が特徴的である。国連内部にある,平和を達成しようとする際に武力が果たす役割への慎重さ,そしてジェ

---

136) その一例としてRuggie (1993) p. 26 を参照のこと。この時期も含めて90年代に国連活動が抱えた問題性については,次の文献を参照した。Fleitz, Jr. (2002).
137) *Srebrenica Report,* A/54/549, (15 November 1999), paras. 501, 502.
138) *Srebrenica Report,* A/54/549, (15 November 1999), para. 498.

第Ⅰ章　1990年代の平和維持活動の教訓

ノサイドに直面してさえ保とうとした国連の中立性を問題視するこの指摘が，UNAMIRがジェノサイドを前に無力さをさらけ出していた当時，事務次長として国連PKO局を率いていたアナン自身によってなされたことは象徴的な意味をもっていた。そして意図的かつ組織的な犯罪行為には，武力行使を含めた必要なあらゆる手段によって断固として対処すべきであると結論づけている[139]。

さらに，2000年3月に事務総長によって設置された「国連平和活動の検討パネル」は，同年8月にそれまでの活動実績を踏まえた包括的な報告書を提出した。議長の名前をとって『ブラヒミ報告』とよばれるこの報告書は，平和維持活動の三原則は基本原則であることを確認しつつも，活動を取り巻く環境の変化をも踏まえた提言を行っている[140]。すなわち，活動への同意が時間稼ぎのためになされて途中で撤回される，または紛争当事者組織内の指揮命令系統が整っておらず，実際には停戦違反行為が絶えないなど，いわゆる「新しい戦争」特有の問題性を指摘したうえで，今後の活動が「より強力な交戦規則（robust rules of engagement）」を用いることを提案している。

具体的には，武力を用いて保護するのは要員自身の自衛の場合だけでなく，他の要員や活動に与えられた任務をも含めること，また保護する義務のある人々への攻撃に対しては，相手に主導権をとらせないためにその攻撃能力を削減するまで十分な反撃を行うことなどが例示されている[141]。同時に活動の不偏性（impartiality）についても，その意味を国連憲章の目的と任務の目的に従うことであると再定義し，常にすべての当事者を同じように扱う中立性（neutrality）とは異なる原則として解釈し直している。さらにルワンダでの活動の反省から，最悪の事態に際しての平和維持活動による武力行使を想定し，任務権限を定める際に武力行使権限を明記しておくようにも勧告している。それは伝統的活動が軍事的な脅威にならない程度の象徴としての介在

---

139) *Srebrenica Report,* A/54/549,（15 November 1999），paras.499–505.

140) Report of the Panel on United Nations Peace Operations: A far-reaching report by an independent panel,（*Brahimi Report*），A/55/305–S/2000/809,（21 August 2000），pp. v–xv, 1–58.

141) *Brahimi Report,* A/55/305–S/2000/809,（21 August 2000），paras. 48–54.

者であったのとは対象的に，より大規模で，適切な装備をもち，十分な抑止効果をもつ存在となることを想定している[142]。

こうした内容をもつ『ブラヒミ報告』は，平和維持と平和強制の機能を連続的に捉えているのだろうか。上記のような平和維持活動による武力行使を容認している段落のすぐ後には，しかし次のように述べられている。

> 国連は戦争を行わない，というのがパネルの認識である。強制行動が必要な場合には，それは憲章第7章のもとに安保理からの授権を受けた意思ある国家の連合に，これまで一貫して委託されてきた。（第53段落）（傍点引用者）

これだけの短い記述で終わっているこの段落は，その後の国連と平和強制機能の関係を要約していると言えよう。すなわち90年代以降軍事的な強制措置が必要な場合には，それは装備も資源も不十分な国連の平和維持活動が遂行するのではなく，第7章を援用した安保理決議によって，関与する意思のある国家に安保理が武力行使権限を授権するようになっていったのである。平和維持活動には必要な範囲で武力行使を行う可能性を残しつつ，大規模な軍事作戦は意思と能力のある加盟国に委託する方向で，問題の解決がはかられることになった。無辜の人々が苦境にあるとき，国連は何ができるのか。それは旧ユーゴスラヴィア，そしてルワンダでの苦い経験が問いかけるこの重い課題に，90年代を通して国連が向き合うなかで編み出された対処方法であった。

(2) 多国籍軍への武力行使授権方式の始まり

安保理決議によって多国籍軍に武力行使権限を授権するという実行の端緒となったのは，湾岸戦争時の多国籍軍による軍事行動である。1990年11月に採択された安保理決議678は，第7章下で加盟国政府に，当該地域の国際の平和と安全を回復するために「必要なあらゆる手段（all necessary means）」

---

[142] *Brahimi Report*, A/55/305-S/2000/809, (21 August 2000), paras. 50, 51.

を用いる権限を授権（authorize）した。この「必要なあらゆる手段」という決議の文言は，武力行使権限という重い権限を表現するにはいかにも曖昧だが，それは決議のなかに「武力行使（use of force）」という文言を挿入することを渋るソ連に対して，当時の米国務長官ジェームズ・ベーカー（James Baker）が提案した五つの婉曲表現のうちの一つであったと言われている[143]。この漠然とした文言は，その後安保理による武力行使授権の際の定型句として定着することになった[144]。

　その後現在に至るまで積み重ねられてきた実行によって，授権決議に関する法的な要件が次第に形成されつつあると思われる。その要点としてはまず，憲章第39条に規定された「平和に対する脅威」の認定が，授権決議の前文のなかで行われることである。この認定は，憲章の第42条に定められた軍事的強制措置の発動を決定する際の要件であると考えられている。ただ湾岸戦争に関連する1990年の決議660を除いて第39条が明示的に引用された例はなく，「脅威」の内容が記されるだけとなっている[145]。次に，基本的には前文において第7章が援用された後で，「必要なあらゆる手段」をとる権限を授権することが本文中に記される。原則的にこの授権の手続きは措置の発動前に行われるが，1997年の中央アフリカにおける和平協定の実施監視をフランスとアフリカ諸国に授権した決議1125のように，事後の承認という形をとる場合も例外的に見られる。これらの授権方式にみられる慣行の法的根拠については，国連憲章に明示に規定された手続きではないことから，今

---

143) S/RES/678,（29 November 1990), para. 2. 米国と異なり，ソ連は最後まで武力行使回避の可能性を探っていたといわれる。David Hoffman, "Six weeks of Intense Consultations Led to UN Resolution," *Washington Post*, 2 December 1991. Freudenschuß (1994) p. 497.

144) しかしこの文言が授権内容を曖昧化し，授権を受けた国家の裁量を広げる役割を果たしているとの指摘もある Chesterman (2001) p. 164.

145) この決議660の前文では第39条および第40条が明示に援用されたが，その後の決議ではただ第7章を援用するのみとなった。S/RES/660,（3 August 1990). また脅威を認定する文言にもばらつきがみられ，統一性は乏しい。「国際の平和と安全に対する脅威」(S/RES/794, 3 December 1992, S/RES/836, 4 June 1993, etc.)「当該地域における平和と安全に対する脅威」(S/RES/929, 22 June 1994, S/RES/940, 31 July 1994, etc.)「当該地域における国際の平和と安全に対する脅威」(S/RES/1125, 6 August 1997, S/RES/1464, 4 February 2003, etc.) 藤田（1998a）315, 322–326頁。

日に至っても議論が分かれている。肯定的な立場からは，第42条または地域的機構による強制措置を定めた第53条根拠説を参照しつつ，黙示の権限説が有力な根拠として主張されている[146]。

これらの要件をそろえた安保理決議によって授権される活動の最大の特徴は，その指揮命令権限が派兵国たる加盟国に属しており，安保理の統制下に入らない点である。その結果，軍事行動の開始および終了時期や，作戦の内容，任務の遂行手段の選択などに関して，加盟国に多くの裁量が与えられることになった[147]。このように多国籍軍への授権方式は，多くの点で国連憲章が想定していた国連軍の方式とは異なっている。国連軍は憲章第42条以下の手続きに則って措置発動の事前に設立が決定され，軍事参謀委員会の戦略的指導の下に置かれ（第47条），安保理による統制を受ける（第46および47条）ことになっていたからである。国連憲章が予定していた安全保障体制とは，その「集団安全保障」という名が示すように，軍事的強制措置があくまで集団的に共同で決定され，実施されることにあった。ところが授権方式においては，指揮命令権限が加盟国に属しているために，強制措置の決定までは安保理決議によって集団的に行われるが，その実施は個別的，分権的に行われることになった。

このような授権方式の特徴をとらえて，クウィグレイ（John Quigley）は強制行動の「外注化」または「民営化（privatization）」と呼んでいるが，国連安保理が設立した主体ではない個別国家に行動を委ねている現状を的確に反映した表現だといえるだろう[148]。チェスターマン（Simon Chesterman）はさらに，授権された加盟国の裁量が大きいことから，それはある特定の機能を果たすために限られた権限を与える意味での「授権（authorize）」ではなく，委託された者の幅広い裁量を認める「委託（delegate）」を意味するのではないかと指摘している[149]。これらの指摘は，安保理による個別国家への

---

146) S/RES/1125, (6 August 1997), paras. 1-3. Sarooshi (1999) pp. 142-153. Blokker (2000) pp. 547-555. Chesterman (2001) pp. 165-169.
147) Chesterman (2001) pp. 185-187.
148) Quigley (1996) p. 250.

授権方式が国連の安全保障体制の個別化，分権化への道を開くことになり，それはもはや国連体制の外での行動となる問題性を示唆していると思われる。この問題は，1999年に行われたNATO軍による空爆に際して注目されることになるが，そうした懸念が示される一方で，授権方式の実行は積み重ねられていくことになった。

### (3) 実行の蓄積

湾岸戦争から今日までの約20年の間に，この授権方式が採用されたのは16の地域において主なものだけで20件以上にのぼる。実行が積み重ねられてきた背景にはルワンダの事例でもみられたように，ソマリアや旧ユーゴスラヴィアでの国連の活動による平和強制の非実効性と犠牲の多さをみて，国連指揮下への部隊の提供について加盟国が消極的になったことがあった[150]。平和維持活動が実効的に遂行できないために空いていた軍事的強制措置の発動という機能の隙間を，多国籍軍への武力行使権限の授権によって埋めようとしたのである。

授権を受ける主体は，即時に大規模な軍事作戦を展開できる能力をもつ先進国が主となっている。たとえばフランスの関与は，植民地支配という歴史的経緯も手伝って，1994年のルワンダ，1997年の中央アフリカ，2003年のコートジボワールとコンゴなどアフリカ地域に多い。米国は1992年に始まったソマリアへの介入の結果多くの犠牲を出したことから，その後は1994年のハイチを除いて消極的になっていたが，2003年になってリベリアとハイチにそれぞれ授権を受けて派兵している。その他ではイタリアがアルバニアに，そしてオーストラリアが東ティモールにおいて武力行使をする権限を授権されてきた。また個別国家だけでなく，NATOや西アフリカ諸国経済共同体（ECOWAS）など，地域機構への授権も，ボスニア・ヘルツェゴビナやリベリアなどの事例に関して行われている。

---

149) Chesterman (2001) p. 165. 同様の指摘は次の論文にもみられる。西浦（2009）139-143頁。
150) Freudenschuß (1994) pp. 527, 528.

初めのうちこそ，その法的根拠や手続きをめぐって批判がみられたものの，これらの実行の蓄積を受けて多国籍軍への授権方式は，今日では安保理が採用する選択肢のひとつとして一般的に受容されるようになったといわれる。それらは憲章を柔軟に解釈することによって，国連の安全保障機能の実効性の向上に資すると評価されたからである[151]。安保理における投票行動を見ても，1995年以降の14件の事例では，2003年のリベリアの例を除けば，全会一致が11件，14カ国が賛成し中国1カ国のみが棄権した例が2件となっており，反対票を投じた国はなかった。またリベリアに関する決議も賛成12カ国，棄権が3カ国であり，棄権したこれらの国々も，多国籍軍の派遣には賛意を表明している[152]。

　こうした授権方式の定着と密接に関連していると思われるのが，授権された活動が達成しようとしていた平和の内容である。授権決議の文言や，決議採択にいたる審議過程を検証すると，憲章の規定にはない手続きを用いてでも達成しなければならない新しい安全保障上の課題が，国際の平和と安全に対する「脅威」として認識されるようになってきたことがわかる。

### (4)　「平和に対する脅威」の多様化——国内問題および人道問題への言及

　第7章を援用した多国籍軍への授権決議では，必ずその前文において「国際の平和と安全に対する脅威」の認定が行われていることはすでにみた。この「脅威」の認定は，安保理によって何が安全保障上の問題とみなされているかを端的に示していると考えられる。それは言い換えれば，武力行使権限の授権という，憲章手続きから離れる措置を講じてでも達成しようとしている平和の内容を明らかにするものでもあると言えよう[153]。特に注目されるのは，1990年代以降頻繁に認定されるようになった「平和に対する脅威」

---

151) Blokker (2000) pp. 567, 568. Chesterman (2001) p. 169.
152) リベリアへの米軍を中心とした多国籍軍への授権決議に棄権した仏，独，ブラジルは，その理由として，授権決議となったS/RES/1497, (1 August 2003) の第7項に挿入された，ICC規程の締約国ではない国の兵士が活動に関連して犯した犯罪に関しては，派兵国が排他的な裁判管轄権をもつとした内容への批判であると説明した。S/PV. 4803, (1 August 2003), pp. 1–4, 6, 7.

第Ⅰ章　1990年代の平和維持活動の教訓

の内容の多様性である[154]。この安保理による多様な「脅威」認定は，第7章の下に軍事的措置を授権するものが増え，またその採択数も増加していった。そして武力行使権限の授権を導いた「脅威」として，国内的な問題および人道上の危機の認定が定着していくことになったのである[155]。

まず国内問題を認定する傾向は，ソマリア，旧ユーゴスラヴィア，ルワンダ，ハイチをはじめ，その後多国籍軍が派遣されたほとんどの事例が国内紛争であったことからも明らかである。判例のなかでも，たとえば1995年に

---

[153] そもそも国連が創設された当時，第7章下の軍事的強制措置は，もっぱら国家間の侵略戦争を前提として設計されたものであった。したがって憲章の第39条では，強制措置を発動する前提として安保理は「平和に対する脅威」と「平和の破壊」にならんで，「侵略行為」の存在を決定すると規定されている。しかし安保理の実行においては「侵略行為」が認定されたことはなく，「平和の破壊」も1950年の朝鮮戦争に関連して採択された安保理決議82と1990年の湾岸危機の際の決議660の二回のみである。最も多くの認定がなされてきたのは，より柔軟な解釈が可能な「平和に対する脅威」概念であった。S/1501, (25 June 1950). S/RES/660, (2 August 1990). その他安保理の実行に関しては藤田 (1998a) 320, 321頁を参照した。

[154] 冷戦中に「平和に対する脅威」が認定されたのは2件だけであるが，この時期からすでにこのような「脅威」内容の多様化が始まっていた。最初の事例は，1965年11月11日に人種差別的な白人少数政権が一方的な独立宣言を行った南ローデシア問題に関する決議232である。このなかで安保理は「南ローデシアにおける現在の事態が国際の平和と安全に対する脅威を構成する」と認定し，加盟国に第41条にもとづく部分的な経済的措置（いわゆる経済制裁）をとることを義務づけた。S/RES/232, (16 December 1966), paras. 1, 2. その後1968年5月には，決議253によって，包括的な措置へと拡大されている。S/RES/253, (29 May 1968), paras. 3-10. 二つ目の事例は，南アフリカのアパルトヘイトに関する決議418である。同決議は，南アフリカ政府による軍備の増強と近隣諸国に対する執拗な侵略行為を非難し，第7章の下で「南アフリカ政府の政策および行為に鑑み，南アフリカによる武器および関連機材の取得が，国際の平和と安全の維持に対する脅威を構成する」と認定し，同国に対する武器禁輸措置の発動を決定している。S/RES/418, (4 November 1977), paras. 1-4. この決議では国家間関係を問題にしているように見えるが，その前文のなかでは，南アフリカ政府によるアフリカ人大衆に対する甚だしい暴力と殺害を非難するとともに，同政府に暴力の停止とアパルトヘイトを廃止するために緊急措置をとることを要請していることから，脅威として認定された対象にはこれらの国内的な要因も含まれると考えられている。いずれの事例も，国内での大規模な人権侵害もまた「国際の平和と安全に対する脅威」として認定され始めていたことを示していたと考えられるのである。森川 (1994) 20-23頁。Cryer (1996) pp. 178-181. 佐藤 (2002) 27頁。

は，ICTY 上訴裁判部がタジッチ（Tadić）事件の判決が，「国内武力紛争も第 39 条の平和に対する脅威に含まれる」と述べるなど，「脅威」の内容に関する法的な認識の変化がみられるようになった[156]。その後の安保理の実行においても，中央アフリカ，アルバニア，コートジボワール，コンゴ民主共和国，リベリア，スーダン等における事態が認定されているが，それらはすべて国内紛争である。

また，武力紛争などの軍事的な問題にとどまらず，人道上の危機が脅威として認定される傾向も冷戦後一貫してみられる。その初期の代表的な事例が，1992 年のソマリアへの多国籍軍派遣を導いた決議 794 であった。その前文には，「ソマリアにおける紛争の結果もたらされた・人・間・の・悲・劇・の・深・刻・さ・は，人道支援の提供に対する妨害のためさらに悪化しており，国際の平和および安全に対する脅威を構成する」（傍点引用者）と明記された。この決議は安保理による「脅威」認識が人道問題へと拡大することを決定づけ，その後も安保理が国家の次元の問題だけでなく人間の次元の問題に関与する，それも武力行使権限の授権という手段を用いてでも積極的に関わるさきがけとなったと評価されている[157]。以降「脅威」の認定に際しては，旧ユーゴスラヴィア，ルワンダをはじめとしてほとんどの事例において人道的危機への言及がみられるようになり，その結果授権される任務権限にも，人道支援活動の保護に加えて，差し迫った身体的暴力にさらされるおそれのある文民の保護が規定され始めるにようになった。この文民の保護任務については続く第 II 章

---

155) 「脅威」内容の多様化との関連では，民主主義政権の転覆を「脅威」とする安保理決議もみられるが，武力行使の授権に至ったのは 1994 年のハイチ（S/RES/940, 31 July 1994）のみである。またその後の実行も一貫せず，ギニアビサウ，コモロス，ニジェールでの軍事クーデターは非難されず，ブルンジやシエラレオネに関しては経済制裁が課されたのみであった。このように一貫した実行が少ないことから，民主主義政権の転覆を「脅威」と認識することが一般化したとはいえないとする評価が多い。Gray (2000) pp. 196, 197. Chesterman (2001) pp. 151-156. Wellens (2003) pp. 46, 47.

156) *Prosecutor v. Tadić* IT-94-1-AR72 (Oct 1995), para. 30.

157) すでに安保理はイラク北部のクルド人が直面した人道上の危機を決議 688（5 April 1991）のなかで「脅威」として扱っていたが，第 7 章は援用されず，したがって武力行使の授権も行われていない。人道上の問題ゆえに第 7 章下で武力行使が授権されたのは，ソマリアが初めてであった。Wheeler (2000) pp. 141-146, 182-187.

において詳しくみるが、90年代の実行において、人道支援要員や援助物資の輸送を護衛し、さらには紛争犠牲者を保護するという冷戦中にはみられなかった機能が、一般化していったのである。

ここで注目すべきは、紛争犠牲者の苦境が安保理において「国際の平和と安全に対する脅威」と認定されていった結果、活動の任務権限として紛争の鎮圧にとどまらず、人道的な活動への支援や文民の保護をも含むようになった点であろう。紛争犠牲者の保護と救済という、国連における新たな安全保障機能の出現は、このように何が「脅威」を構成するのか、という認識の変化を反映していた。こうした安保理による「脅威」認識の多様化が90年代を通して続くなかで、前述したように、文民が被る苦難を国際人道法および人権法という法的枠組みを用いて認定しようとする傾向も強まっていったのである。

### (5) 国際人道法および人権法違反への注目

「平和に対する脅威」の認定が90年代以降急激に増えた理由の一つは、この概念の「無限定性」にあると言われる。「脅威」概念の多様化が示すように、何が「脅威」を構成するかは安保理の裁量によって決定されうるからである。藤田久一はこの安保理の裁量を、「『国際の平和と安全に対する脅威』と見られる事態があるから、安保理が行動するのではなくて、安保理が行動する限りにおいて、国際の平和と安全にとって危険な事態が確認される」と表現しているように、安保理の認定は政策上の判断としての政治的な行為であると言えるだろう[158]。しかし第7章下の安保理決議という法的拘束力を有する決定をともなう実行が蓄積されるにつれて、その慣行から法的な指針がうまれる可能性は否定できない。特に決議が認定する「脅威」の構成要素として、法的義務の違反が含まれるとき、それはもはや単なる政治的判断にとどまらない法的な意味をもちうると考えられる。

このような「脅威」の構成要素として90年代以降認められるようになっ

---

158) 藤田 (1998a) 316, 319 頁。藤田 (1998b) 1215 頁。同様の指摘は、次の文献にもみられる。Wellens (2003) p. 47.

た法的義務の違反が，国際人道法および人権法の重大な違反である。その嚆矢となったのは，文民の間に甚大な被害をもたらしていた旧ユーゴスラヴィア紛争に関連する安保理決議であった。一連の決議において初めて国際人道法の違反が問題とされたのは，1992年に採択された安保理決議764においてである。このなかで，すべての紛争当事者は国際人道法，特に1949年のジュネーブ諸条約の義務を遵守することを確認し，あわせてそれらの条約の重大な違反を犯した個人の責任を確認している（第10段落）。その後も事態の改善がみられなかったことから，安保理は前例のない決定として，すでにみたように1991年以降に旧ユーゴスラヴィアで行われた人道法違反を裁く国際刑事裁判所の設立を決定したのである。この裁判所を設立した決議808および第7章を援用した決議827において初めて，国際人道法の重大な違反が「国際の平和と安全に対する脅威」として認定されることになった。すなわち決議の前文において安保理は，ジェノサイド，大規模で計画的かつ組織的な女性の拘禁および強かん，ならびに「民族浄化」の実行の継続を含む，国際人道法に対する広範かつ明白な違反が続いている状況が，引き続き国際の平和と安全に対する脅威を構成していることを決定し，さらに国際裁判所の設立と人道法の重大な違反の責任者を訴追することは「平和の回復と維持に貢献するであろうことを確信」すると明記したのである[159]。

　旧ユーゴスラヴィア以降も，人道法および人権法の違反を脅威として認定する傾向は続いた。ルワンダに関しても，1994年の決議955によって国際刑事裁判所の設立が決定されたことは前述したとおりである。また東ティモールに関する1999年の決議1264では，国際人道法および人権法の組織的で広範かつ悪質な違反を，東ティモール市民に対する継続的な暴力や大量移動，女性や子ども，弱者を中心とした人道的な状況の悪化とともに，「脅威」を構成する状況として明記している（前文）。さらに最近の事例では，

---

159) S/RES/764, (13 July 1992), para. 10. S/RES/808, (22 February 1993), preamble. S/RES/827, (25 May 1993), preamble. 冷戦中にも，1967年以来続くイスラエルによるパレスチナ占領（S/RES/459, 19 December 1979 etc.,）やイラン・イラク戦争（S/RES/540, 31 October 1983）などに際して，紛争当事者による国際人道法の違反が安保理決議によって非難されることはあったが，「脅威」を構成すると認定された事例はなかった。

第Ⅰ章　1990年代の平和維持活動の教訓

ECOWASおよびフランスに授権をした2003年のコートジボワールに関する決議1464がある。また近年復活した平和維持活動への第7章下の武力行使権限授権の事例においては，実際に犯されている違反行為を細かく列挙している決議もみられ，2003年のコンゴに関する決議1493では「虐殺，および女性や少女への性的暴力を含む文民に対して組織的に行われている暴力行為」（第8段落）が，また2004年のブルンジに関する決議1545では「あらゆる形態の暴力，人権及び国際人道法違反，特に集団強かんを含む強かん事件の増加」（前文）などが「脅威」を構成する要素として記されている。さらにスーダンに関する決議1590と1769においても，性的暴力に特に言及しつつ，国際人道法・人権法違反を非難している[160]。また国際人道法および人権法への具体的な言及がない場合でも，「脅威」を構成する状況として性的暴力や残虐行為などの文民に対する人権侵害，難民や避難民の苦境，文民の大規模な移送，女性や子ども，弱者の人道的状況の悪化が明記されている決議が大半であり，重大な違反行為が問題とされているのである[161]。

これらの実行が示しているように，今日国際人道法および人権法の違反は，第7章下の強制的な措置を発動する際の根拠となる「脅威」の中心的な内容となりつつある。この現象は，法的にみても大きな変化であると言える。というのも，それが国際法上のもう一つの潮流，すなわち国際人道法の性質変化と共鳴していると考えられるからである。戦争が違法化される以前，国際人道法を含む武力紛争に関する法が「戦争法」と呼ばれていた時代には，戦争法の違反は交戦国間の関心事項であり，違反の責任者は交戦国の裁判所で裁き，平和条約等で国家による賠償という方法で解決がはかられていた。しかしいわゆる「ニュルンベルグ原則」が打ち出されて以降は，人道法の少な

---

160) 東ティモール：S/RES/1264,（15 September 1999），preamble. コートジボワール：S/RES/1464,（4 February 2003），preamble. コンゴ：S/RES/1493,（28 July 2003），para. 8. ブルンジ：S/RES/1545,（21 May 2004），preamble. スーダン：S/RES/1590,（24 March 2005），preamble. S/RES/1769,（31 July 2007），preamble.
161) こうした一連の動向を，「『平和に対する脅威』の創造的展開」として分析している佐藤哲夫によれば，2001年の米国の9.11同時多発テロ事件以降はさらに国際テロリズムも，「脅威」として安保理に認定され始めているという。佐藤（2005）346-348頁。

くとも基本原則は「強行規範（*jus cogens*）」と認識されるようになったことを受けて，人道法の重大な違反は，当事国間の問題に限られない国際関心事項へと変化していったのである。こうした近年の安保理の実行を捉えて藤田は「国連法と人道法の相互浸透」と表現しているが，国連安全保障体制が目指す「国際の平和と安全」概念に，人道法や人権法が保障しようとする規範的な価値が含まれるようになったことを示していると言えよう[162]。しかし90年代を通して常に問題とされたのは，紛争において文民に犠牲が発生している事態を前にして，国連安全保障体制が常に実効的に機能できるのか，という規範的価値の実現をめぐる困難性であった。この問題を浮き上がらせたのが，1999年にNATO軍によって実行されたユーゴスラヴィア連邦共和国（新ユーゴスラヴィア）[163]への空爆である。

(6)　1999年NATO軍空爆と国連安全保障体制への挑戦

1999年3月24日から6月10日まで，新ユーゴスラヴィアに対して78日間続けられたNATO軍による空爆は，国連安全保障体制にその文民の保護機能をめぐる問題を再度提起した事件であった。コソヴォ自治州における独立運動が武力紛争へと発展するなかで，コソヴォ住民の多数を占めるアルバニア人に対するセルビア人を中心とする連邦軍，治安部隊，民兵組織等による無差別な攻撃が行われ，1998年以降文民にも多くの犠牲が発生しているとの報告が安保理に寄せられていた。1998年9月23日に採択された安保理決議1199によれば，コソヴォにおいて23万人が家を追われ，難民もしくは国内避難民となっており，国際人道法および人権法の違反が非難されている[164]。その後欧州安全保障協力機構（OSCE）の停戦監視団がコソヴォに派

---

162)　藤田（2001）67頁，73頁。
163)　ユーゴスラヴィア社会主義連邦共和国の崩壊を受けて，連邦に残ったセルビア共和国とモンテネグロ共和国によって構成された新たな連邦国家。その後2003年には「セルビア・モンテネグロ」に改称し，さらに2006年のモンテネグロ共和国の独立を受けて，セルビア側も「セルビア共和国」となった。セルビア共和国外務省ホームページより（http://www.mfa.rs/YugFrameset.htm）。
164)　S/RES/1199,（23 September 1998）, preamble, paras. 6, 10.

第 I 章　1990 年代の平和維持活動の教訓

遣されることになり，翌 1999 年 2 月からは和平交渉が開始されたが難航し，その間も被害の発生が報告されていた。NATO 軍はセルビア側への空爆を警告していたが，安保理ではロシアや中国による拒否権が予想されたために，安保理による武力行使の授権を得ることなく，単独での武力行使に踏み切ったのである[165]。

　他方で，多くの論争を巻き起こしたこの空爆によって文民の保護がどの程度達成されたかについては，批判的な見解が多くみられる。その後設立された独立委員会による調査では，この空爆によってかえってアルバニア人に対する攻撃は激化し，空爆後に約 86 万 3000 人がコソヴォの外に逃れ，59 万人あまりがコソヴォ内で避難民化することになったとしている。これはコソヴォにおけるアルバニア人人口の約 9 割に当たる数である。さらに問題となったのは，空爆が長引くにつれて，新ユーゴスラヴィア内の橋梁，高速道路，メディア関連施設も攻撃対象となり，さらにその攻撃の巻き添えとして 500 人近くの文民が死亡し，800 人以上が負傷したことであった[166]。それは NATO 軍側に犠牲が生じることを恐れた NATO 加盟諸国が，地上軍の派遣を見送り，空爆のみによる解決を優先した結果でもあった[167]。

　国連安全保障体制にとってみれば，それは以下二つの点に関して深刻な問題を提起した事件であった。第一は，ボスニアのスレブレニッツアやルワンダの時のように，文民の被害を目の前にして国連はその保護機能を十分に果たせないという，意思決定の問題である。そして第二は，文民の保護機能を実施するために，安保理の授権を受けない国家群による単独的な武力が行使されたという，手段の問題である。常任理事国の意思がまとまらないかぎり，国連は平和維持活動を送る等の意思決定ができず，その隙間を埋めるように NATO 軍による国連安全保障体制の外での武力行使が行われたのである。そしてその手段は，文民の保護機能とは直接的には結びつかない空爆であっ

---

165）松井（2001）39, 40 頁。最上（2001）96-128 頁。Daalder and O'Hanlon（2000）pp. 27-89.
166）Independent International Commission on Kosovo（2000）pp. 89-94.
167）Daalder and O'Hanlon（2000）pp. 96-100.

た。この事件を受けてアナン事務総長は，空爆直後の第54回国連総会において次のように述べ，安保理が直面する挑戦を明らかにしている。

> ルワンダにおけるジェノサイドが，大量虐殺を目の前にしながら行動を起こさなかったことの結果を現代世界に示し続ける一方で，より最近発生したコソヴォの紛争は，国際共同体に完全なる一致がみられなかった結果生じた行為について，重要な問題を提起しました。それは人道的介入と呼ばれるディレンマを，鮮明に浮かび上がらせるものでした。一方では，国連の授権なしに地域的な国際機構がとった行為の正当性をめぐる問題であり，他方では，重大な人道的結果をもたらす大規模で組織的な人権侵害を効果的に阻止するという，普遍的に認められた至上命題です。（中略）この問題は，21世紀の安全保障理事会と国連全体にとっての主要な挑戦を示しています。すなわち，それがどこで行われようとも，大規模かつ組織的な人権侵害が決して行われてはならないという原則のもとに一致団結する，という課題です[168]。

事務総長によって提起された問題は，90年代に安保理が再三直面した，文民の保護をめぐる解決課題を要約していた。紛争で犠牲になっている文民の保護を，どの主体が，いかなる手段によって，積極的な意思と能力をもって実施するのか。これが21世紀に持ち越された90年代の教訓であった。

---

168) Secretary-General presents his annual report to General Assembly, Press Release, SG/SM/7136, GA/9596, (20 September 1999).

# 第Ⅱ章

# 文民の保護任務の一般化と加盟国の規範意識

　第Ⅰ章でみたように，冷戦後の国連安全保障体制が直面した最も深刻な問題は，武力紛争下にある文民を実効的に保護することの困難性であった。保護機能を実施できなかった要因としては，意思決定，組織運営，活動の展開と任務の実施，保護のための手段や装備などいくつもの側面において，加盟国，事務局，活動要員など多様な主体が関与する問題が存在していた。そして，90年代を締めくくる最後の年にNATO軍によって実施された新ユーゴスラヴィアへの空爆は，国連安全保障体制の存在意義を揺るがしかねない事件として立ち現われた。これら一連の出来事によって，同体制が果たすべき機能として文民の保護という課題が注目されることになったのである。人々が差し迫った身体的暴力にさらされているときに，国連には何ができるのか。20世紀の終わりに提起された国連安全保障体制による文民の保護をめぐる問いかけは，その後の平和維持活動をはじめとする安保理の実行に，大きな影響を与えることになった。文民の保護に関する問題がくり返し安保理において議題とされるようになっただけでなく，安保理決議のなかで平和維持活動の任務としても文民の保護が1999年に初めて明記され，その後一般化するに至ったのである。

　本章では，国連安全保障体制のなかの意思決定機関である安保理に注目し，1999年以降活発になった保護についての議論を検証しながら，平和維持活動の任務として文民の保護が一般化していった経緯を明らかにする。まず第1節では，安保理において文民の保護に関する一般的な議題が増加している傾向に注目し，理事国をはじめとする加盟国が，いかなる問題意識を共有し

ていったのかを検討する。続く第2節では，文民の保護が初めて明示的な任務とされたUNAMSIL以降，任務として一般化していったことを，各活動の設立決議を参照しながら明らかにする。こうした任務としての保護機能が一般化した背景には，安保理会合での審議をとおした理事国間における問題意識の共有に加えて，同じ時期に国連内外で議論されていた「保護する責任（responsibility to protect）」論の影響があった。第3節では，この「保護する責任」を取り入れた2005年の国連総会での「世界サミット成果文書」採択に至るまでの議論を検証することで，安保理理事国にとどまらない他の加盟国が，国連安全保障体制と文民の保護の関係について，どのような規範意識を表明していたのかについて検討する。

こうして文民の保護を目指す規範意識の次元では，総会決議を用いた一般化への試みが続けられていたが，実際に紛争現場において保護機能を遂行するという実行の次元では，安保理の対応には遅れが目立っていた。第4節では，2000年代中盤に多数の文民犠牲者を出していた，スーダン共和国（スーダン）におけるダルフール危機への安保理の対応の遅れについて検証し，文民の保護をめぐる規範意識と実行の間の齟齬についても検討を行う。以上の議論をとおして，文民の保護任務が平和維持活動の主要な任務として規定されるようになった経緯と，保護に関する加盟国の規範意識を検証することが，本章の目的である。

## 1 安保理における議題化

### (1) 国連におけるテーマ別審議と文民の保護

国連システムにおいて，安保理は安全保障分野の主要な責任を負う意思決定機関であるため，その議題として何を取り上げるかによって，国連安全保障体制が取り組む課題も決まってくる構造になっている。議題として審議されたのち，決議が採択されて具体的な措置が決定される場合もあれば，議長声明によって安保理の意思が示される場合もある。

また通常安保理の公式会合は，特定の事態や紛争を取り上げて審議するため，その議題としては「シエラレオネ」や「コソヴォ」などのように，個々

第Ⅱ章　文民の保護任務の一般化と加盟国の規範意識

の事態や紛争の発生地域名が記されている。しかし90年代後半以降の大きな変化として，このような特定地域の事態や紛争に限定されない，より一般的な安全保障上のテーマが議題として設定され，審議されるようになったことが指摘できる[1]。そして公式会合において審議されるだけでなく，議長声明や決議が採択されることもめずらしくない。90年代後半以降，今日に至るまでの安保理公式会合の議題を概観してみると，こうした一般的なテーマとして取り上げられる頻度の高い議題が，文民の保護に関するテーマであった。

その最も象徴的な事例としては，1999年の2月12日に開催された，文字どおり「武力紛争下の文民の保護（Protection of civilians in armed conflict）」というテーマによる初の公式会合がある[2]。同年だけでも，2月22日と9月16日の合計3回の公式会合が同テーマの下で開かれて以降，毎年議題として取り上げられるようになっており，2010年12月まで公式会合における審議だけでも合計23回を数えている。またこの流れと並行して，被害を受ける文民のなかでも女性や子どもなど，個別の集団ごとの問題についても，安保理においてやはり一般的なテーマを扱う議題として設定されるようになった。1998年6月29日の安保理公式会合では，初めて「子どもと武力紛争（Children and armed conflict）」が議題とされており[3]，さらに2000年には10月24日に「女性と平和，安全保障（Women and peace and security）」をテーマとした初の公式会合が開催されたが[4]，前述した文民の保護テーマと同様に，いずれのテーマも今日までくり返し議題として取り上げられている。さらに，これらの会合は公開討論とされることが多いため，安保理の仮手続規則37に従い，理事国だけでなく他の加盟国の出席を認めて広く意見を交換する場として設定されている[5]。1990年後半以降のこれらの会合の積み重ねをみても，安保理における文民の保護への高い関心を読み取ることができ

---

1） 松浦（2009）213, 214頁。
2） S/PV. 3977,（12 February 1999）.
3） S/PV. 3896,（29 June 1998）.
4） S/PV. 4208,（24 October 2000）.

よう。

　この文民の保護に注目した議題の設定は，第Ⅰ章でもみたように，安保理が関与する紛争において多くの文民が被害に遭っており，それらはもはや人道問題に収まらず，安全保障上の問題として安保理が認識するようになったことを反映していたと解釈できる。こうした問題認識の生成を促したのは，すでに90年代の前半から，旧ユーゴスラヴィア等の紛争に関する安保理会合において報告されるようになっていた，多数の文民の被害状況であった。それらの会合で文民の被害についての情報を理事国に提供したのは，事務総長をはじめ，国連システム内において紛争地での人道支援に携わっている国連難民高等弁務官事務所（UNHCR）等の現業活動を行う機関や，文民の保護に関する問題を専門的に扱う事務総長特別代表や事務次長などの国連職員であった。詳しくは第Ⅲ章において扱うが，それらの主体に加えて，実際に紛争現場で活動をしているNGOなども関与する場を開拓しつつあった。注意喚起や情報提供などを通した多様な主体の協働としての多主体間主義が，冷戦後の安保理においてすでに始まっていたのである。

(2)　国連機関による文民の被害状況の報告

　国連機関による情報提供の最も初期の例は，1992年11月13日に開かれた安保理会合への緒方貞子難民高等弁務官の出席であった。それは旧ユーゴスラヴィア紛争によって生じている難民および国内避難民が直面している人道上の問題について説明するためであったが，難民高等弁務官が安保理会合に出席するのはこれが初めてであった。その発言のなかで緒方弁務官は，紛争の結果引き起こされる難民の移動は，もはや紛争の副産物ではなく，「民族浄化」と称する紛争の目的と戦略の中心となっていることを指摘してい

---

5）例として，1999年2月22日に開催された「武力紛争下の文民の保護」をテーマとした第2回目の公式会合では，議長国カナダは事前の理事会による同意にもとづき，関連する憲章規定ならびに理事会の仮手続規則37により，日本政府を含む25カ国の加盟国政府と，オブザーバーであるスイスとパレスチナの代表を，投票権はもたずに議論に参加する資格を与えて会合に招致している。S/PV. 3980,（22 February 1999）, p. 2. その後も同様の方法により，公開討論が数多く開催されている。

第Ⅱ章　文民の保護任務の一般化と加盟国の規範意識

る[6]。こうした個別の紛争についての審議において，文民の被害状況に関する情報の共有が進められた結果，文民の保護に関する問題を安全保障上の一般的なテーマとして議題に設定する流れにつながっていったと考えられるのである。

たとえば1997年5月21日には，「紛争状況における難民等への人道支援活動の保護（Protection for humanitarian assistance to refugees and others in conflict situations）」という一般的なテーマが議題とされ，UNHCRを代表してソレン・イェッセン=ペーターセン（Soren Jessen-Petersen）高等弁務官補，国連児童基金（UNICEF）を代表してステファン・ルイス（Stephen Lewis）事務局長補，また人道問題・緊急支援調整担当の明石康事務次長，そして赤十字国際委員会（ICRC）を代表してピーター・クン（Peter Küng）氏の4名を招致して，紛争地域における難民をはじめとした文民の保護についての発言を求めた[7]。これら4名の発言内容は，人道支援活動を行う要員の保護に議論を限定することなく，むしろ文民の被害状況を詳細に説明している。なかでも明石事務次長は以下の数字をあげて，現代の紛争において文民に集中する被害の実態を訴えた。

> 第一次世界大戦時には非戦闘員の犠牲者は約10％であったものが，今日では文民が犠牲者の約90％を占めています。保護を必要としている人々の約80％が，女性と子どもです。UNICEFの推計によれば，過去2年の間に200万人の子どもが戦闘によって死亡しており，約1200万人の子どもが住む家を失いました。1995年に人道支援に依存している世界の人口は4200万人と言われており，この数字は10年前と比較すると60％増加しているのです[8]。

---

6) S/PV. 3134,（13 November 1992), pp. 31-38.
7) S/PV. 3778,（21 May 1997), pp. 2, 3. なお，加盟国の代表ではないこれらの出席者は，理事会の仮手続規則39に従って招致されている。
8) S/PV. 3778,（21 May 1997), p. 3.

同時に明石事務次長は，文民の保護の問題が安全保障上の主要な課題となりつつあることは，従来の国家中心的な安全保障観の転換を促すことになるとの指摘も行っている。

> 避難民となり，戦闘によって被害を受ける人々の数が増加し続けている現状は，保護の必要性に関するわれわれの認識を再構成することの重要性を示唆すると同時に，本日のこの議論が時宜に適っていることをも示しています。今日の紛争現場において人道支援関係者が立ち向かっている最も困難な挑戦とは，文民が直接的な標的とされ，支援機関が意図的に攻撃されるという過酷な環境において支援を提供することの困難さなのです。人々が故郷から強制的に追放され，最大限の苦痛を引き起こすことが戦闘の目的である状況においては，より伝統的な人道支援活動において求められていたものとは全く異なる保護の必要性が生まれます。

> このように保護の必要性を再定義することは，実際には平和に対する脅威を再定義することを意味しています。安全保障とは何よりもまず，人々の福祉（well-being of people）の問題であり，それは国家安全保障と比較しても劣らぬ価値をもつものであるとする認識が，醸成されつつあります[9]。

これらの文民の保護を強調する発言のなかには，90年代前半における安保理の実行への批判と反省があった。1995年のスレブレニッツア危機に際して，自ら事務総長特別代表としてセルビア人勢力との交渉にあたっていた経験をもつ明石氏は，この発言のなかでボスニア，ルワンダ，ソマリアでの平和維持活動の失敗の経験から，安保理による活動への適切な任務権限の付与，紛争地で必要な手段の提供の必要性についても指摘している[10]。またUNHCRのイェッセン=ペーターセン弁務官補も，1990年代の深刻な危機に

---

9) S/PV. 3778, (21 May 1997), p. 3.
10) S/PV. 3778, (21 May 1997), pp. 3, 4.

第Ⅱ章　文民の保護任務の一般化と加盟国の規範意識

おける対応はアドホックな間に合わせであり，政治的な関与はしばしば選択的であったと批判的な発言を行っている[11]。

こうした発言を受けて，議長国の韓国をはじめ，スウェーデンなどが平和維持活動の積極的な活用による文民の保護の必要性を指摘する発言を行っている。その一方で注目されるのは，この議題の扱いに慎重な意見が，すべての常任理事国によってそれぞれ別の観点から示されていたことである。発言の順にみれば，まずフランスは，議題を人道支援活動の保護に限定すべきであり，難民等へのより広範な保護の問題は今回の議題には含まれないとする立場を表明している[12]。次に英国は，保護活動の重要性を指摘しつつも，人道支援機関がしばしば平和維持活動に対して過度に楽観的な期待を寄せていると発言している[13]。またロシアは，平和維持活動は戦闘が継続するなかで，戦闘に巻き込まれることなく人道支援活動を保護することが果たしてできるのかと問題提起をしたうえで，平和維持活動と人道支援活動は異なる原則にもとづく活動であるために連続的には捉えられない，と指摘した[14]。

そして中国は，人道支援活動はそれに関係する諸機関が行うべきであり，安保理は主に政治的かつ安全保障に関連する問題の解決に関わるべきであって，両者は議論においても実行においても区別されるべきである，と発言している。さらに平和維持活動や人道支援活動に際して，しばしば憲章第7章が引用され，武力行使権限の授権が行われる傾向がみられることを指摘し，それらは問題をかえって複雑化させるがゆえに反対する立場を示し，武力行使は自衛の場合に限定するべきとの立場を表明している[15]。最後に米国は，人道支援活動要員の保護の重要性を認識しつつも，国連は危機的状況の全てに平和維持活動を派遣できるわけではなく，軍事要員である場合には国連の活動であっても中立な介入者とはみなされないため，人道支援活動の安全提供に効果的な活動ができるのかを疑問視する発言を行っている[16]。

---

11) S/PV. 3778, (21 May 1997), p. 5.
12) S/PV. 3778, (21 May 1997), p. 12.
13) S/PV. 3778, (21 May 1997), p. 15.
14) S/PV. 3778, (21 May 1997), pp. 15, 16.
15) S/PV. 3778, (21 May 1997), p. 23.

しかし興味深いのは，これらの常任理事国による慎重な意見表明にもかかわらず，安保理は同年6月19日には議長声明を採択し，事務総長に対して，保護の提供に関する改善策について，さらなる検討を行うように依頼していることである[17]。この声明を受けて提出された事務総長報告を審議するために，翌1998年9月29日には再び「紛争状況における難民等への人道支援活動の保護」をテーマとした公開討論が開催され[18]，さらに11月10日には同じ議題のもとに，緒方難民高等弁務官を再度招致してその発言を聴く公式会合を開催している。その席で緒方弁務官は，すでに悪化しつつあったコソヴォ情勢に言及したのち，紛争への断固たる国際的な関与が原則化していない現実を指摘し，政治的解決のための意思が欠落している紛争において，人道支援活動は機能しないと述べていた[19]。これら一連の人道支援機関関係者からの発言を受けた安保理は，1999年以降，「武力紛争下の文民の保護」を正面から議題に掲げた審議を本格的に開始するに至ったのである。

(3)　1999年という起点――「武力紛争下の文民の保護」をめぐる議論の開始
　1999年は，国連安全保障体制と文民の保護の関係を考えるうえで，大きな転換点となった年であった。前述したように，初めて「武力紛争下の文民の保護」が2月12日に公式会合の議題として設定されただけでなく，3月24日からはNATO軍によるコソヴォ関連の空爆が実施され，それを受けて9月20日には第Ⅰ章第6節でみたアナン事務総長による国連総会での演説が行われている。さらに同年9月8日には事務総長から提出された文民の保護を主題とした初めての報告書の提出を受けて，9月17日には武力紛争下の文民の保護という一般的なテーマについての最初の決議1265を採択している。そして10月22日には文民の保護を明示的な任務とする初の平和維持活動としてUNAMSILを設立する決議1270が採択されたのである。

---

16) S/PV. 3778, (21 May 1997), p. 28.
17) S/PRST/1997/34, (19 June 1997).
18) S/PV. 3932, (29 September 1998).
19) S/PV. 3942, (10 November 1998), pp. 3-5.

第Ⅱ章　文民の保護任務の一般化と加盟国の規範意識

表 2-1　1999 年に起きた文民の保護に関連する主要な出来事

| 月日 | 関係主体 | 出来事 |
| --- | --- | --- |
| 1 月 21 日 | 安全保障理事会<br>デメロ事務次長 | 公式会合「平和と安全の促進：安全保障理事会に関係する人道的活動」 |
| 2 月 12 日 | 安全保障理事会<br>ソマルガ ICRC 委員長<br>ベラミー UNICEF 事務局長<br>オトゥヌ事務総長特別代表 | 公式会合「武力紛争下の文民の保護」<br>議長声明（S/PRST/1999/6）を採択 |
| 2 月 22 日 | 安全保障理事会 | 公式会合「武力紛争下の文民の保護」（公開討論） |
| 3 月 24 日<br>～ 6 月 10 日 | NATO 軍<br>ユーゴスラヴィア連邦共和国 | NATO 軍によるユーゴスラヴィア連邦共和国への空爆 |
| 8 月 25 日 | 安全保障理事会<br>オトゥヌ事務総長特別代表 | 公式会合「子どもと武力紛争」（公開討論）<br>決議 1261 を採択 |
| 9 月 8 日 | アナン事務総長 | 事務総長報告書「武力紛争下の文民の保護」（S/1999/957） |
| 9 月 16 日<br>～ 17 日 | 安全保障理事会<br>アナン事務総長<br>ロビンソン人権高等弁務官 | 公式会合「武力紛争下の文民の保護」（公開討論）<br>安保理決議 1265 を採択 |
| 9 月 20 日 | アナン事務総長 | 国連総会演説で文民の保護に関する国連の役割について問題提起（第Ⅰ章第 6 節） |
| 10 月 22 日 | 安全保障理事会 | UNAMSIL の任務権限として文民の保護を明記 |

出典）筆者作成。

　1999 年の 1 年間に集中して武力紛争下の文民の保護が取り上げられた要因としては、それまでのテーマ別会合での議論の積み重ねや NATO 軍による空爆という国際的に大きく取り上げられた事件の影響に加えて、この年が 1949 年のジュネーブ諸条約をはじめ、多くの国際人道法や国際人権法にとって記念すべき年にあたっており、その一環として文民の保護への関心を高めようとする動きがみられたことも関係していた。この国際人道法と人権法への注目は安保理でも話題とされているが、その代表的な事例が 1999 年 1 月 21 日に開催された「平和と安全の促進：安全保障理事会に関係する人道的活動（Promoting peace and security: Humanitarian activities relevant to Security Council）」という一般的なテーマを議題とする公式会合であった。

　発言者として招致された人道問題・緊急支援調整担当のセルジオ・ヴィエイラ・デメロ（Sergio Vieira de Mello）事務次長は、1999 年がジュネーブ諸条

約採択から50周年にあたると同時に，ハーグ法成立から100周年，児童の権利に関する条約の10周年，アフリカ統一機構（OAU）によって採択された難民条約の30周年でもあると述べ，さらにサンクト・ペテルブルク宣言やジェノサイド条約などの関連する代表的な条約にも触れながら，国際人道法および人権法が蓄積されてきたことの重みを指摘している。しかしながら，現代の紛争においてこれらの条約は無視され，尊重されていない問題を指摘し，安保理に対して，平和と安全の維持というその国際的な責任の一環として，これらの法規範の履行確保のために活動するよう要請したのである[20]。そして発言を締めくくるにあたって，国際法規範の実現を意味する文民の保護が，今日の安保理にとって重要な任務となっていることを次のように強調していた。

> 世界中の人々の心を占めている最重要の課題とは，武力紛争下の文民の扱いという，私が本日理事会に対して簡潔ながら提起したあらゆる問題の核心部分をなす問題です。人道支援機関は，武力紛争下の文民を一層確実に保護することを可能にする実際的な手段について，安保理が検討することを歓迎します。この問題が，安保理の担う責任の中核に直接関わるものであると，信じているからです。これは急を要する任務であります。われわれは，国際的な法と原則を現実のものへと，そしてまた基本的な道徳の基準であり，人類の普遍的な関心事項を行動へと移していく一助となることによって，この千年紀の最後の年を祝うことができるのです[21]。

2009年に刊行された国連PKO局と人道問題調整局（OCHA）による文民保護に関する共同研究も，文民の保護の問題を安保理会合で初めて取り上げた事例として，この1月の会合を挙げている[22]。それはデメロ事務次長が，

---

20) S/PV. 3968, (21 January 1999), pp. 2, 3.
21) S/PV. 3968, (21 January 1999), p. 5.
22) Holt, Taylor and Kelly (2009) p. 52.

第Ⅱ章　文民の保護任務の一般化と加盟国の規範意識

文民の保護という国際人道法および人権法の実施を，安保理の中核的任務と明確に結びづけた発言が注目されたためであると考えられよう。

そしてこの審議の約2週間後にあたる2月12日には，「武力紛争下の文民の保護」という議題の下の初の公式会合が開催されることになった。この会合にも関係者として，ICRCからコーネリオ・ソマルガ（Cornelio Sommaruga）委員長，UNICEFからキャロル・ベラミー（Carol Bellamy）事務局長，子どもと武力紛争に関する事務総長特別代表を務めるオララ・オトゥヌ（Olala Otunnu）の3名が招致され，発言を行っている。ソマルガ委員長は，国際人道法にもとづいてすべての国家と紛争当事者が，戦争の影響から文民を保護する責任をもつことを指摘したうえで，デメロ事務次長同様に，この問題分野において安保理は主要な責任を負っていると発言した。またベラミーUNICEF事務局長とオトゥヌ特別代表は，武力紛争が子どもに与える影響について，子どもの犠牲者が増えていることに加えて，子ども兵の採用が広範にみられる問題を指摘するとともに，戦後の社会復帰に際しても元子ども兵のための特別な対応が必要であるとし，具体的な政策についても発言している[23]。

前述した2年前の会合と異なる点は，米，英，仏の常任理事国を含む加盟国の多くがこれらの発言を踏まえて，国際人道法の記念すべき年であることを覚える発言を行うとともに，安保理において文民の保護が重要な課題となっていることを認めていることである。それはこの会合が，コソヴォ危機の解決を目指す和平交渉がランブイエで行われている時期に重なっており，NATO軍による空爆開始の約1カ月前であったことが関係していた。他方で，空爆に反対していたロシアと中国の代表は，この2月の会合の時点でも慎重な姿勢を崩していない。ロシアは，単独主義的な武力行使を正当化するために人道的な関心が利用されることを批判し，ソマリアの事例を挙げて武力行使が文民の保護にとって効果的ではなく，紛争状況を悪化させる可能性があることに言及している[24]。また中国も，内政不干渉原則の確認と人道

---

23) S/PV. 3977,（12 February 1999), pp. 4–11.
24) S/PV. 3977,（12 February 1999), p. 15.

問題の政治化を批判し,文民の保護の問題は総会もしくは経済社会理事会の議題とするほうが適切であると発言している[25]。

以上のように,コソヴォ情勢の緊迫化を受けて常任理事国の間では対立する意見が表明されたものの,最後に発言した議長国カナダは,再度文民の保護を安保理の主要な任務として位置づける発言を行っている。

> この会合の要点は,安保理がこれらの脅威に立ち向かううえで重要な役割を果たすという点にあり,この点は疑いようのないことです。武力紛争下の文民の保護を促進することは,国際の平和と安全を確保するという安保理の任務において周辺的なものではなく,むしろその中心部分をなすものです。安保理の任務の究極的な目的は,世界中の人々の安全を保障することであり,それらの人々が住んでいる国家の安全を保障することだけではないのです。現代の紛争が文民に釣り合わない犠牲をもたらしている現在,個人の保護が安保理の活動において主要な関心事項たるべきことは,明らかなのです[26]。

この議長国カナダの積極的な姿勢は,会合の結果採択された安保理議長声明として文書化された[27]。そのなかでは文民や人道支援要員の犠牲の増加に懸念が示され,文民に対する意図的な攻撃への非難が表明されている。さらに国際人道法や人権法の遵守が要請され,国際法上の規則とその適用の間の齟齬の問題にも懸念が示されている。そして最後に事務総長に対して,武力紛争下の文民の身体的ならびに法的保護に関する報告書の提出を要請することになったのである。

### (4) 幅広い保護内容——事務総長報告と安保理決議1265

こうして開始された「武力紛争下の文民の保護」を議題とする公式会合は,

---

[25] S/PV. 3977, (12 February 1999), p. 30.
[26] S/PV. 3977, (12 February 1999), p. 31.
[27] S/PRST/1999/6, (12 February 1999).

10日後の2月22日に今度は理事国以外の加盟国にも開かれた公開討論として開催され、日本を含む25の加盟国とともにオブザーバーの立場にあるスイスとパレスチナも参加することで、熱心な議論が行われることになった。この流れを継いで、同年9月8日に提出された事務総長報告書に関する公開討論が9月16日から17日にかけて開催され、再び日本を含む18カ国とスイス、パレスチナを加えて議論が行われることになった。提出された事務総長報告書では、文民に対する攻撃の問題から、難民や国内避難民のキャンプの軍事化の問題、小火器や地雷の広範な使用、安保理による経済制裁が文民に与える影響に至るまで、文民の保護に関する幅広い問題を指摘している。そのうえで、政治・外交的な手段から憲章第7章下での強制措置を含めて、安保理がとるべき措置を勧告したのである[28]。

この報告書を受けて同会合では、これらの提案事項を取り入れた安保理決議1265を採択している。それは文民の保護に特化した、一般的なテーマにもとづく初めての決議の採択であった。その内容は事務総長の報告書と同じく幅広い保護の問題を扱っているが、その概要は以下のとおりである[29]。

　　安保理決議1265（1999年9月17日採択）の概要
　　〈国際人道法関連〉
　　・国際人道法の遵守と違反者の不処罰を終わらせる国家の責任
　　〈犠牲者へのアクセス権〉
　　・人道支援要員の文民被害者へのアクセス権と要員の安全性
　　・文民の標的化と人道支援に対する意図的な妨害への安保理の対応
　　〈平和維持活動関連〉
　　・紛争を予防するための軍事要員もしくは文民要員の予防展開
　　・文民が受ける被害へのより適切な対応のための任務権限の検討

---

28) Report of the Secretary-General to the Security Council on the Protection of Civilians in Armed Conflict, *S*/1999/957, (8 September 1999). 特に第7章の措置を勧告しているのは、旧ユーゴスラヴィアやルワンダの国際刑事裁判所による、起訴された人物の逮捕等に関する命令および要請への遵守を促す手段としてである (pp. 9, 10)。
29) S/RES/1265, (17 September 1999).

表 2-2 「武力紛争下の文民の保護」に関する安保理文書と平和維持活動への言及（2010年12月現在）

| 文書 | 採択年月日 | 平和維持活動に関する記述 |
|---|---|---|
| 議長声明<br>(S/PRST/1999/6) | 1999年2月12日 | なし |
| 安保理決議<br>(S/RES/1265) | 1999年9月17日 | 紛争を予防するための軍事要員もしくは文民要員の予防展開／武力紛争が文民に与える被害に対応するための任務の検討／武装解除・動員解除・社会復帰における子ども兵への特別な配慮／女性や子どもへの特別な保護と支援の任務化／要員への国際人道法・人権法・難民法についての適切な訓練／文民警察の重要性 |
| 安保理決議<br>(S/RES/1296) | 2000年4月19日 | 女性や子どもへの特別な保護と支援の任務化／保護任務のための適切な任務権限と装備／国連待機部隊の活用／武装解除・動員解除・社会復帰における子ども兵への特別な配慮／国際人道法・人権法・平和教育・子どもの保護に関する情報を提供するためのマスメディア部門の導入／要員への国際人道法・人権法・難民法・交渉とコミュニケーション・文化的な配慮・民軍間調整・HIV／AIDS等についての適切な訓練 |
| 議長声明<br>(S/PRST/2002/41)<br>と覚書 | 2002年12月20日 | 文民の保護に関する任務の詳細を覚書に明記 |
| 議長声明<br>(S/PRST/2003/27)<br>と覚書（改訂） | 2003年12月15日 | 文民の保護に関する任務の詳細を明記した覚書の改訂 |
| 議長声明<br>(S/PRST/2004/46) | 2004年12月14日 | 性的・ジェンダーにもとづいた暴力の予防と対応のための活動計画の改善／保護任務のための適切な任務権限と装備／国連待機部隊の活用／武装解除・動員解除・社会復帰・リハビリテーションにおける子どもや女性への配慮 |
| 議長声明<br>(S/PRST/2005/25) | 2005年6月21日 | 脆弱な立場にある人々のための安全な環境の創出が活動の主要な目的であると認識 |
| 安保理決議<br>(S/RES/1674) | 2006年4月28日 | 関連決議実施のための協力／難民・避難民キャンプの安全保障と非軍事化／展開地域のなかで差し迫った身体的な脅威にさらされている文民の保護／人道支援の提供の促進／難民や避難民の帰還時の安全な環境の確保／活動内容と達成目標に関する明確な指針／活動能力や装備の利用に際する文民の保護の優先化／国際人道法・人権法・難民法・関連安保理決議の実施についての情報提供／武装解除・動員解除・社会復帰の任務化／要員による支援対象者の性的搾取や違反行為への厳正な処分 |

第Ⅱ章　文民の保護任務の一般化と加盟国の規範意識

| 安保理決議<br>(S/RES/1738) | 2006年12月23日 | なし |
|---|---|---|
| 議長声明<br>(S/PRST/2008/18) | 2008年5月27日 | なし |
| 議長声明<br>(S/PRST/2009/1)<br>と覚書（改訂） | 2009年1月14日 | 文民の保護に関する任務の詳細を明記した覚書の改訂 |
| 安保理決議<br>(S/RES/1894) | 2009年11月11日 | 安全で妨害されることのない人道支援活動のための環境作りの支援任務／文民の保護における重要な役割に関する包括的戦略の改善／文民の保護を任務として明示的に規定／そのために必要な能力・資源の提供／明確で達成可能な保護任務の設定／女性や子どもを含む文民の保護に関するニーズに対する任務起草段階から活動全期間にわたる配慮／保護任務実施のための包括的な活動指針の必要性／要員による性的搾取問題を含めた文民の保護に関する訓練の実施／展開中の活動における文民の保護機能の強化／保護任務に関する報告のための指針作成を要請 |
| 議長声明<br>(S/PRST/2010/25)<br>と覚書（改訂） | 2010年11月22日 | 文民の保護に関する要員派遣前の訓練の改善の重要性を強調／文民の保護に関する任務の詳細を明記した覚書の改訂 |

出典）筆者作成。

・任務権限のなかでの女性や子どもへの特別な配慮
・活動要員に対する文民の保護任務に必要な訓練の実施
・活動の構成要素としての文民警察の重要性
〈経済制裁関連〉
・経済制裁が文民に与える影響への配慮
〈軍縮関連〉
・小火器や地雷などの文民に多大な被害を与える兵器の問題性
〈他機関との協力〉
・ICRCや地域的国際機構との協議と協力

　まず，2月の議長声明と同様に，国際人道法違反にあたる文民への意図的な攻撃を非難するとともに，紛争当事者に対してハーグ法やジュネーブ法等の主要な国際人道法の遵守を求めている（第2, 4, 5段落）。またジェノサイ

ド罪，人道に対する罪，そしてその他の国際人道法の重大な違反行為の責任者の不処罰を終わらせる加盟国の責任にも言及している（第6段落）。これらの国際人道法上の問題に加えて，人道支援要員の文民被害者へのアクセス権や要員の安全の重要性も確認されている（第7から9段落）。さらに文民が標的になり，もしくは文民への人道支援が意図的に妨害される武力紛争状況に対応する安保理の意思をも示しているが，事務総長報告書に含まれていた憲章第7章への言及はなく，「国連憲章に従って理事会が利用することのできる適切な措置」という表現が代わりに用いられている（第10段落）。

そして平和維持活動に関しては，紛争を予防するために軍事要員もしくは文民要員の予防展開の重要性を強調している（第3段落）。また活動の任務として，武力紛争によって文民が受ける被害により適切に対応するための方策を検討し（第11段落），任務権限のなかに女性や子どもへの特別な配慮を盛り込むこと（第12，13段落），さらに活動要員に対して，国際人道法の教育を含む文民の保護に必要な訓練を実施することの必要性（第14段落）が指摘されている。また，文民の安全と福祉を保障するうえでの文民警察が果たす役割を確認し，文民警察が平和維持活動の重要な構成要素となることを強調している（第15段落）。さらに安保理による憲章第41条にもとづいた制裁が文民に与える影響への配慮（第16段落）や，小火器や地雷などの文民に深刻な被害をもたらす兵器の問題の指摘（第17，18段落）など，その保護内容の幅広さは事務総長報告書を反映していた。そして最後に，2000年4月までに報告書に含まれている勧告を再検討することが決定されている（第22段落）。

これらの決議内容を見ても明らかなように，安保理の場で1999年から始まった文民の保護をめぐる議論では，平和維持活動の保護任務の問題に限定されることなく，国際法規範の遵守から犯罪者の訴追，経済制裁の影響から軍縮まで，文民の保護に関する幅広い問題が扱われている。1999年以降，「武力紛争下の文民の保護」に関して出された一連の安保理文書について，本書が注目する平和維持活動の任務に関わる部分の整理を試みたのが，表2-2（94，95頁）である。文民の保護を任務とするうえで特に重視されている点は，①適切な任務権限や資源ならびに装備の確保，②武装解除・動員解

第Ⅱ章　文民の保護任務の一般化と加盟国の規範意識

除・社会復帰（DDR）の任務化，③国際人道法・人権法等に関する情報提供，④人道支援活動や難民・避難民の帰還支援などであり，さらに活動要員にむけての適切な訓練や性的搾取への厳正な処分なども，くり返し明記されている。そしてこれらの保護任務に関連して必ず言及されるのが，子どもや女性など，紛争の結果，特に脆弱な立場に置かれる文民への特別な配慮である。こうした子どもや女性が紛争によって受ける被害については，やはり90年代終わりの時期から一般的なテーマの議題として，安保理において取り上げられるようになっていた。それは文民の保護をめぐる課題が，この時期集中的に注目を集めていたことを証明する出来事であったと評価できよう。

(5)　「子どもと武力紛争」

　武力紛争下で被害を受ける文民のなかの特定の集団に絞って議論された最初の例は，1998年6月29日に「子どもと武力紛争」が安保理公式会合のテーマ別議題として初めて設定されたときであった。理事国以外にはカナダをはじめとする18カ国の加盟国が参加し，1999年の会合にも出席していた，子どもと武力紛争を担当するオトゥヌ事務総長特別代表が招致されて発言を行っている[30]。この会合の後には議長声明が出され，子どもが武力紛争において直接の攻撃対象となることで多くの犠牲が出ているだけでなく，子ども兵として採用され，和平合意後もトラウマによって社会復帰が困難である問題が指摘された。そして多くの加盟国が，この問題への懸念と対処の必要性を表明している[31]。「武力紛争下の文民の保護」と同様に，この「子どもと武力紛争」という議題もその後安保理においてくり返し審議の対象となり，1999年8月25日に決議1261が採択されて以降，2010年12月までの11年間に，7本の決議と1998年を含めて6件の議長声明が出され，保護内容や保護の実施手段をめぐって議論が重ねられてきた。その主要な論点は，①子どもやその関連施設（学校や病院施設など）を対象とした意図的な攻撃，②子ども兵としての採用，③子どもを対象とした殺人，身体の切断，強かんな

---

30) S/PV. 3896, (29 June 1998).
31) S/PRST/1998/18, (29 June 1998).

表 2-3 「子どもと武力紛争」に関する安保理文書と平和維持活動への言及（2010 年 12 月現在）

| 文書 | 採択年月日 | 平和維持活動に関する記述 |
| --- | --- | --- |
| 議長声明<br>(S/PRST/1998/18) | 1998 年 6 月 29 日 | 子どものニーズ，利益，権利，待遇，保護に関する特別な訓練を活動要員に行うことの重要性 |
| 決議 1261<br>(S/RES/1261) | 1999 年 8 月 25 日 | 子どもの保護と権利，福祉に関する訓練を活動要員に対して行うよう事務総長に要請 |
| 決議 1314<br>(S/RES/1314) | 2000 年 8 月 11 日 | 平和維持活動に子どもの保護アドヴァイザーを配置することを確認 |
| 決議 1379<br>(S/RES/1379) | 2001 年 11 月 20 日 | アドヴァイザーの配置／活動の任務として子どもの保護を明示的に規定 |
| 決議 1460<br>(S/RES/1460) | 2003 年 1 月 30 日 | 任務としての明示的な規定／保護アドヴァイザーの配置／要員への訓練実施 |
| 決議 1539<br>(S/RES/1539) | 2004 年 4 月 22 日 | 関連する安保理決議の実効的な実施について監視 |
| 決議 1612<br>(S/RES/1612) | 2005 年 7 月 25 日 | 任務としての明示的な規定／保護アドヴァイザーの適切な配置について活動の準備段階から考慮 |
| 議長声明<br>(S/PRST/2006/48) | 2006 年 11 月 28 日 | 平和維持活動における子どもと武力紛争の主流化についての情報を事務総長報告書に含むことを要請 |
| 議長声明<br>(S/PRST/2008/6) | 2008 年 2 月 12 日 | 同上 |
| 議長声明<br>(S/PRST/2008/28) | 2008 年 7 月 17 日 | 保護アドヴァイザーの配置と役割拡大を検討 |
| 議長声明<br>(S/PRST/2009/9) | 2009 年 4 月 29 日 | PKO 局における主流化を奨励／保護アドヴァイザーの配置を奨励／加盟国や国連の国別チームとの情報交換の奨励 |
| 決議 1882<br>(S/RES/1882) | 2009 年 8 月 4 日 | PKO 局における主流化を奨励／保護アドヴァイザーの配置を奨励／任務としての明示的な規定 |
| 議長声明<br>(S/PRST/2010/10) | 2010 年 6 月 16 日 | 任務としての明示的な規定／保護アドヴァイザーの配置を奨励／活動要員への訓練教材の PKO 局による作成を歓迎／加盟国や国連の国別チームとの情報交換の奨励 |

出典）筆者作成。

らびにその他の性的暴力，誘拐などの非人道的な取扱いであり，いずれもジュネーブ諸条約や追加議定書をはじめとする国際人道法，そして児童の権利に関する条約をはじめとする子どもの権利を定めた国際人権法の重大な違反行為である。

特に平和維持活動の任務との関係では表 2-3 に示したように，活動の任務権限として子どもの保護を含むとする立場が一貫して表明されている。まず決議 1261 において，子どもの保護と権利，福祉に関する訓練を平和維持活動要員に対して行うよう要請して以降[32]，2000 年の決議 1314 ではその後の平和維持活動に子どもの保護アドヴァイザーを配置することを確認し[33]，2001 年の決議 1379 の採択以降は，アドヴァイザーの配置とあわせて活動の任務として子どもの保護を明示的に規定する用意があることを表明するようになったのである[34]。そしてこれらの文書でくり返された提案は，その後創設された活動の任務権限に実際に反映されていくことになった。

(6) 「女性と平和，安全保障」

次に文民のなかの特定の集団として議題に取り上げられたのは，女性である。2000 年 10 月 24 日に，「女性と平和，安全保障」を議題とした初の安保理公式会合が開催され，理事国以外にも日本を含む 26 カ国が参加した公開討論が行われた[35]。またジェンダーと女性問題担当の事務次長補兼特別アドヴァイザーであるアンゲラ・キング（Angela King）と，国連女性開発基金（UNIFEM）のノエリーン・ヘイザー（Noeleen Heyzer）事務局長が招致され，女性をめぐる問題を平和と安全保障の課題として位置づける発言が行われている。この会合を受けて 10 月 31 日に採択された決議 1325 では，平和構築における女性の役割の重要性が強調されるとともに（第 1 から 4，8 段落），性的暴力を含む紛争中のジェンダーにもとづく暴力への対応や，責任者の処罰の必要性が強調されている（第 10，11 段落）[36]。

以降 2010 年 12 月までに同テーマのもとでの会合がくり返され，5 本の決議と 10 件の議長声明が採択されているが，そのなかでは常に，平和維持活動に関連した問題が言及されてきた。表 2-4 に示したように，一貫して強調

---

32) S/RES/1261, (30 August 1999), para. 16.
33) S/RES/1314, (11 August 2000), para. 12.
34) S/RES/1379, (20 November 2001), para. 2.
35) S/PV. 4208, (24 October 2000).
36) S/RES/1325, (31 October 2000).

表2-4 「女性と平和，安全保障」に関する安保理文書と平和維持活動への言及（2010年12月現在）

| 文書 | 採択年月日 | 平和維持活動に関する記述 |
| --- | --- | --- |
| 決議 1325<br>(S/RES/1325) | 2000年10月31日 | ジェンダーの観点の導入／すべての活動への女性の参加／ジェンダーの主流化 |
| 議長声明<br>(S/PRST/2001/31) | 2001年10月31日 | ジェンダーの主流化／ジェンダー部門創設／女性の保護，権利，特別なニーズに関する訓練への支持／PKO局ベスト・プラクティス部門におけるジェンダー・アドヴァイザー任用を歓迎 |
| 議長声明<br>(S/PRST/2002/32) | 2002年10月31日 | ジェンダーの主流化／すべての活動任務へのジェンダーの観点の導入／すべての要員にジェンダーの観点についての訓練実施を要請／手続・マニュアル・指針へのジェンダーの観点の導入／ジェンダー部門やジェンダー・アドヴァイザーの設置／活動要員による性的搾取への非難と問題行為の監視・調査・起訴を奨励 |
| 議長声明<br>(S/PRST/2004/40) | 2004年10月28日 | ジェンダーの主流化／すべての活動任務へのジェンダーの観点の導入／決議1325実施のためのPKO局におけるジェンダー・アドヴァイザーによる貢献を認識／軍事および警察要員，また上級職への女性の参加の拡大 |
| 議長声明<br>(S/PRST/2005/52) | 2005年10月27日 | 活動要員による性的な問題行為への非難 |
| 議長声明<br>(S/PRST/2006/42) | 2006年11月8日 | 活動要員による性的な問題行為への非難／要員による性的搾取や違法行為の予防・監視・厳正な処分／ジェンダーの主流化／ジェンダー部門創設／軍事および警察要員としての女性の参加の拡大 |
| 議長声明<br>(S/PRST/2007/5) | 2007年3月7日 | ジェンダーの主流化／ジェンダー部門創設 |
| 議長声明<br>(S/PRST/2007/40) | 2007年10月24日 | ジェンダーの主流化 |
| 決議 1820<br>(S/RES/1820) | 2008年6月19日 | 活動要員に対して性的暴力を予防・認識・対応するための適切な訓練プログラムの開発と実施／要員による性的搾取や違反行為に対する厳正な処分と予防措置／性的暴力の予防のための女性要員の配置／性的な暴力から保護する能力を向上させるために実効的なガイドラインと戦略の開発 |
| 議長声明<br>(S/PRST/2008/39) | 2008年10月29日 | なし |
| 決議 1888<br>(S/RES/1888) | 2009年9月30日 | 活動を創設または延長する際に性的暴力の予防と対応についての任務の明示的な規定／性的暴力からの保護任務の明示的な規定／活動準備段階を含めた女性の保 |

第Ⅱ章　文民の保護任務の一般化と加盟国の規範意識

| | | 護アドヴァイザーの任用・配置／軍事および警察要員としての女性の参加の拡大／要員による性的搾取や違反行為に対する厳正な処分と予防措置 |
|---|---|---|
| 決議 1889<br>（S/RES/1889） | 2009 年 10 月 5 日 | 要員としての女性の参加の拡大 |
| 議長声明<br>（S/PRST/2010/8） | 2010 年 4 月 27 日 | なし |
| 議長声明<br>（S/PRST/2010/22） | 2010 年 10 月 26 日 | 軍事および警察要員としての女性の参加の拡大／要員による性的搾取や違反行為に対する厳正な処分／要員派遣前の時期を含めた性的暴力への対応の訓練／ジェンダーと女性保護アドヴァイザーの任命を歓迎 |
| 決議 1960<br>（S/RES/1960） | 2010 年 12 月 16 日 | 他の国連機関との性的暴力に関する情報の共有／より多くの女性保護アドヴァイザーの任用を期待／軍事および警察要員としての女性の参加の拡大／性的およびジェンダーにもとづく暴力についての適切な訓練／要員による性的搾取や違反行為に対する厳正な処分 |

出典）筆者作成。

されているのは平和維持活動におけるジェンダーの主流化（mainstreaming）であるが，より具体的には①任務へのジェンダーの観点の導入，②要員への女性の権利や保護に関する訓練の実施，③女性要員の増員，④ジェンダー部門の設置やジェンダー・アドヴァイザーの任用，⑤任務として性的暴力の予防と対応を含めた女性の保護の明示的な規定等を意味していることがわかる。また詳しくは第Ⅲ章で扱うが，平和維持活動や人道支援活動要員による支援対象者の性的搾取問題が発覚したことを受けて，2002 年以降の文書では問題となる行為への非難と，加盟国に対して厳正な処分（zero-tolerance）を要求することも，これらの文書によって行われてきた。こうした安保理における議論と文書の積み重ねによって示されたジェンダーや女性の観点の導入もまた，その後の平和維持活動の任務権限に反映されるようになっていったのである。

## 2　初めての任務化と一般化

### (1)　国連シエラレオネ・ミッション（UNAMSIL）の設立

　安保理が派遣する平和維持活動として，文民の保護任務が初めて明示的に

規定されたのは，1999年10月22日の決議1270によって設立されたUNAMSILであった[37]。1999年7月7日に締結されたロメ和平協定（Lomé Peace Accord）の成立を受けて，1998年から展開していた国連シエラレオネ監視団（UNOMSIL）の文民要員に加えて，260人の軍事監視要員を含む6000人の軍事要員を派遣し，ECOWASからの監視団（ECOMOG）とともに，和平協定の実施を支援することがその目的であった。

その設立決議の第8段落には，和平協定の実施のためにシエラレオネ政府を含む紛争当事者との協力，武装解除・動員解除・社会復帰（DDR）実施の支援，停戦監視など，主要な任務として9項目が掲げられているが，このなかには文民の保護は含まれていない。文民の保護任務は，そのあとにある第14段落に他の任務とは別に規定されているが，注目されるのは唯一この14段落のみが，憲章第7章に言及していることである。

> 国連憲章第7章の下で行動し，UNAMSILの任務を遂行するにあたって，その要員の安全と移動の自由を確保するために，またその活動能力と展開地域の範囲内において，差し迫った身体的暴力の脅威にさらされている文民の保護を提供するために，シエラレオネ政府とECOMOGの責任を考慮しながら，必要な行動（take the necessary action）をとることを決定する[38]。

初めて文民の保護を平和維持活動の任務としたこの段落には，以上のように対象となる地域や状況について細かい条件が付されている。それは文民の保護のための強化された任務権限が必要であるとする意見がある一方で，実施可能な保護任務の範囲を限定する必要性を唱える意見との間で，調整がはかられた結果を反映するものであった。

強化された権限についてはカナダ，オランダ，マレーシアによって主張されたが，それはシエラレオネにおける文民の深刻な被害状況に対応する必要

---

37) S/RES/1270, (22 October 1999).
38) S/RES/1270, (22 October 1999), para. 14.

性から導き出されていた。この決議を採択した安保理の公式会合には，シエラレオネを訪問したばかりのオトゥヌ事務総長特別代表が招致され，特に子どものおかれた悲惨な状況について具体的に証言している。紛争によって家を追われた300万人のうちの60%を子どもが占め，約1万人の子どもが親と離れ離れになったこと，1999年1月だけで4000人の子どもが誘拐され，そのうちの60%を少女が占め，性的な搾取の対象となっていること，また数千人が子ども兵として戦闘に参加させられ，さらに数カ月の乳児を含めた子どもの身体の切断が一部の武装勢力によって行われていることなどが語られた[39]。こうした証言を受けて，これらの被害を受けている子どもをはじめとする文民を保護するためには，強力な権限が必要であるとする議論が一部の理事国によって展開されたのである[40]。

他方で，米国はUNAMSILが「平和強制部隊」となることを警戒しており，英国も究極的にはECOMOGとシエラレオネ政府が和平協定のもとで治安維持の責任を負うことを強調していた[41]。また非常任理事国であったアルゼンチンは，第7章下での任務権限の付与に賛成しながらも，その目的の達成のためには，地理的にも機能的にも限定する必要があると指摘している。

　　第7章の下での文民の保護は，平和維持活動の任務として適切な展開であると信じています。この決議案は，政治的，法的，そして道徳的に新しく基本的な次元を導入する点において意義深いものであります。それは安保理の信頼性に関わるものであり，安保理がその経験から学んでいることを，さらには文民たる住民に対する無差別な攻撃に対して，無関心なままではいないことを示すものです。ただ同時に，われわれは現実的であるべきです。達成されるべき目的は，提供される手段に見合うものでなくてはなりません。それゆえに，決議案の本文第14段落が

---

39) S/PV. 4054, (22 October 1999), pp. 2-5 15.
40) S/PV. 4054, (22 October 1999), pp. 11, 13.
41) S/PV. 4054, (22 October 1999), pp. 11, 13. Holt, Taylor and Kelly (2009) p. 38.

UNAMSILの行動に課している限界について，賛意を表明します[42]。

これらの慎重な意見を受けて，決議では文民の保護任務を規定するにあたり，次の3点の限定を付することになった。第一に，保護の内容は「差し迫った身体的暴力の脅威にさらされている文民の保護」に限定すること，第二に，機能的にも地理的にも「その活動能力と展開地域の範囲内」に限定すること，そして第三に，実施主体に関しても「シエラレオネ政府とECOMOGの責任を考慮」することで，領域国家を含めた他の主体との協働が目指されたのである。これらの限定を付す文言の採用により，平和強制部隊のように強力な権限を利用した戦闘行為につながることを避けると同時に，活動に対する過剰な期待を牽制することも目指されていた[43]。

以上でみたように，初めて平和維持活動に与えられた文民の保護任務は，安保理における積極論と慎重論を折衷する文言によって規定されることになった。しかしこの任務は例外とはならず，その後設立された活動において一般化していくことになったのである。

(2) その後の活動における一般化

UNAMSILの設立に際して文民の保護が任務化されて以降，2010年12月までの11年間に，UNAMSILを含めて11の平和維持活動において明示的な任務とされ，一般化が進んでいる。その内訳は表2-5に示したとおりである。活動の展開地域としては，アフリカ大陸が9活動と多数を占めていること，そして要員数については，数千人から1万人を超える大規模な活動が多いことが主な特徴である。国連レバノン暫定軍（UNIFIL）の事例以外は，すべての活動の任務付与決議が憲章第7章に言及しているが，湾岸戦争時に武力行使を授権した際に使われた「必要なすべての手段を用いる（use all necessary means）」という表現以外にも，「必要な行動をとる（take the necessary action）」，「必要なすべての行動をとる（take all the necessary actions）」などの

---

42) S/PV. 4054, (22 October 1999), p. 16.
43) 香西（2003）230, 231頁。Holt, Taylor and Kelly (2009) p. 40.

## 表2-5 文民の保護任務が明示的に規定されている活動一覧（2010年12月現在）

| 活動名と展開地域 | 任務付与決議注1)と活動期間 | 第7章への言及の有無 | 決定された軍事要員数注2) |
|---|---|---|---|
| UNAMSIL（シエラレオネ） | S/RES/1270（1999/10/22）<br>1999/10/22-2005/12/31 | 有<br>「必要な行動をとる」 | 6,000人 |
| MONUC（コンゴ民主共和国） | S/RES/1291（2000/2/24）<br>1999/11/30-2010/6/30 | 有<br>「必要な行動をとる」 | 5,537人 |
| UNMIL（リベリア） | S/RES/1509（2003/9/19）<br>2003/9/19- | 有 | 15,000人 |
| UNOCI（コートジボワール） | S/RES/1528（2004/2/27）<br>2004/4/4- | 有<br>「必要なすべての手段を用いて」 | 6,240人 |
| MINUSTAH（ハイチ） | S/RES/1542（2004/4/30）<br>2004/4/30- | 有 | 6,700人 |
| ONUB（ブルンジ） | S/RES/1545（2004/5/21）<br>2004/5/21-2007/1/1 | 有<br>「必要なすべての手段を用いて」 | 5,650人 |
| UNMIS（スーダン） | S/RES/1590（2005/3/24）<br>2005/3/24- | 有<br>「必要な行動をとる」 | 10,000人 |
| UNIFIL（レバノン） | S/RES/1701（2006/8/16）<br>1978/3/19- | 無<br>「必要なすべて行動をとる」 | 15,000人 |
| UNAMID（スーダン） | S/RES/1769（2007/7/31）<br>2007/7/31- | 有<br>「必要な行動をとる」 | 19,555人 |
| MINURCAT（チャド・中央アフリカ） | S/RES/1778（2007/9/25）<br>2007/9/25-2010/12/31 | 有<br>「必要なすべての手段を用いて」 | 350人 |
| MONUSCO（コンゴ民主共和国） | S/RES/1925（2010/5/28）<br>2010/7/1- | 有<br>「必要なすべての手段を用いて」 | 22,016人 |

注1) 活動の設立決議と任務付与決議は，MONUCとUNIFIL以外は同一のものである。
注2) ここで示しているのは任務付与決議で定められた要員数であり，実際に展開している要員数とは異なることがある。これらの軍事要員とは別に，文民要員も活動要員に含まれるが，決議でその人数が明示されないことが多い。
出典) 国連ホームページをもとに筆者作成。

　文言が使われる場合や，それらの文言が含まれない場合もあるなど，文言は統一されていない。なお，すべての任務付与決議は全会一致で採択されている。そして2010年12月の時点で展開中の15のすべての国連平和維持活動

表2-6 活動設立決議における子どもと女性の問題への言及 (2010年12月現在)

| 活動名と展開地域 | 子どもへの言及 | 女性・ジェンダーへの言及 |
|---|---|---|
| UNAMSIL<br>(シエラレオネ)<br>S/RES/1270 (1999/10/22) | 子ども兵を含めた武装解除・動員解除・社会復帰／子ども兵の長期的なリハビリテーション | ジェンダーに関する規範を含めた国際人道法・人権法についての要員への訓練 |
| MONUC<br>(コンゴ民主共和国)<br>S/RES/1291 (2000/2/24) | 子どもの保護担当の文民要員／人道支援と人権監視における子どもおよび子ども兵への配慮 | 人道支援と人権監視における女性への配慮 |
| UNMIL<br>(リベリア)<br>S/RES/1509 (2003/9/19) | 武装解除・動員解除・社会復帰・帰還時の子ども兵への配慮／武力紛争下の子どもの保護／子ども兵の使用の終了 | 武装解除・動員解除・社会復帰・帰還時の女性への配慮／決議1325への言及と女性や少女に対する暴力の戦闘手段化への対応 |
| UNOCI<br>(コートジボワール)<br>S/RES/1528 (2004/2/27) | 武装解除・動員解除・社会復帰時の子ども兵への配慮／子どもの保護担当者への注目 | 決議1325への言及／女性と少女に対する暴力への特別な配慮と人権の促進と保障／ジェンダー問題担当者への注目 |
| MINUSTAH<br>(ハイチ)<br>S/RES/1542 (2004/4/30) | 武装解除・動員解除・社会復帰時の子ども兵への配慮／子どもの人権保障 | 国家警察の訓練にジェンダーの要素を導入／女性の人権保障／人道支援時の女性への配慮 |
| ONUB<br>(ブルンジ)<br>S/RES/1545 (2004/5/21) | 武装解除・動員解除・社会復帰時の子ども兵への配慮／子どもの人権保障 | 決議1325への言及／武装解除・動員解除・社会復帰時の女性への配慮／女性の人権保障 |
| UNMIS<br>(スーダン)<br>S/RES/1590 (2005/3/24) | 武装解除・動員解除・社会復帰時の子ども兵への配慮／子どもの人権保障 | 和解と平和構築における女性の役割／武装解除・動員解除・社会復帰時の女性への配慮／決議1325への言及と女性や少女に対する暴力の戦闘手段化への対応 |
| UNIFIL<br>(レバノン)<br>S/RES/1701 (2006/8/16) | なし | なし |
| UNAMID<br>(スーダン)<br>S/RES/1769 (2007/7/31) | 子ども兵の採用と使用の終了 | 決議1325への言及 |
| MINURCAT<br>(チャド・中央アフリカ)<br>S/RES/1778 (2007/9/25) | 子ども兵の採用と使用の終了 | 性的暴力を含むジェンダーにもとづく暴力への注意 |
| MONUSCO<br>(コンゴ民主共和国)<br>S/RES/1925 (2010/5/28) | 子ども兵の解放と新たな採用に対する予防 | 性的暴力を含むジェンダーにもとづく暴力からの保護／女性保護アドヴァイザーを含めたシステム横断的な保護戦略の実施 |

出典) 筆者作成。

第Ⅱ章　文民の保護任務の一般化と加盟国の規範意識

のうち，この文民保護の任務が明記されているのは8活動と，半数以上にのぼっていることからも，今日任務として一般化したと評価できる。

### (3) 子どもと女性の問題への言及

文民の保護任務を規定しているこれらの決議においては，UNIFILの事例を除けば，表2-6に示したように，必ず子どもや女性に関する問題への言及がみられることも，その特徴である。子どもに関しては，子ども兵の問題がほぼすべての決議で言及されており，武装解除・動員解除・社会復帰などの過程における特別な配慮が要請されている。また女性に関しては，多くの決議が決議1325に言及しており，多数の紛争地において問題となっている性的暴力への対応を求めているものが多い。これらの問題は，いずれも先にみた安保理での公開討論や，関連する議長声明，決議のなかで取り上げられてきた子どもや女性の保護に関わる課題であった。こうして，文民のなかでも特別な配慮を必要とする集団の保護に関する任務権限が，平和維持活動の設立決議に含まれるようになったのである。

## 3　「保護する責任」論と加盟国の規範意識

### (1)　「保護する責任」と文民の保護

安保理において文民の保護が議題として活発な議論の対象となり，実際の平和維持活動の設立に際しても保護任務が規定されるようになった経緯をここまで整理してきたが，こうした文民の保護任務の一般化について，理事国に含まれない多数の国連加盟国は，どのような見解をもっていたのであろうか。積極的な関心をもつ加盟国は，安保理における公開討論の場に出席して発言をしているが，これらの参加国はやはり加盟国の一部でしかない。安保理では文民の保護が，国際の平和と安全に関するいわば普遍的な問題として認識されるようになったが，192にのぼる加盟国の規範意識のうえで，文民の保護はいかなる位置を占めているのだろうか。

この問題を考察するうえで示唆的なのが，「保護する責任 (responsibility to protect)」をめぐる国連内外での議論である。90年代が残した文民の保護を

めぐる課題に対処するために考案されたこの概念は，2001年に提案されて以来，国連においても活発に議論されるようになった。その後 2005 年の国連総会で採択された世界サミット成果文書[44]にこの概念が取り入れられるまでの議論をたどっていくと，文民の保護に関する加盟国の規範意識をうかがい知ることができるのである。議論の経緯を振り返るまえに，この成果文書における「保護する責任」の定義を確認すると，それは二つの段落に分けて以下のように記されていた。

集団殺害（ジェノサイド），戦争犯罪，民族浄化および人道に対する罪から人々を保護する責任

138. 各々の国家は，集団殺害，戦争犯罪，民族浄化および人道に対する罪からその国の住民を保護する責任を負う。この責任は，適切かつ必要な手段を通じ，扇動を含むこのような犯罪を予防することをともなう。われわれは，この責任を受け入れ，それに則って行動する。国際共同体（international community）は，適切な場合に，国家がその責任を果たすことを奨励し助けるべきであり，国連が早期警戒能力を確立することを支援すべきである。

139. 国際共同体もまた，国連を通じ，集団殺害，戦争犯罪，民族浄化および人道に対する罪から人々を保護することを支援するために，憲章第6章および8章に従って，適切な外交的，人道的およびその他の平和的手段を用いる責任を負う。この文脈で，われわれは，仮に平和的手段が不十分であり，国家当局が集団殺害，戦争犯罪，民族浄化および人道に対する罪から自国民を保護することに明らかに失敗している場合は，時宜にかなった断固とした方法で，安全保障理事会を通じ，第7章を含む国連憲章に則り，個々の状況に応じ，適宜関係する地域的機関とも協力しつつ，集団的行動をとる用意がある。われわれは，総会が，集団殺

---

44) A/RES/60/1, (24 October 2005), paras. 138, 139.

害，戦争犯罪，民族浄化および人道に対する罪から人々を保護する責任及びその影響について，国連憲章および国際法の諸原則に留意しつつ，検討を継続する必要性を強調する。われわれはまた，必要に応じかつ適切に，集団殺害，戦争犯罪，民族浄化および人道に対する罪から人々を保護する国家の能力を構築することを助け，また，危機や紛争が勃発する緊張にさらされている国家を支援することに努める。

この定義からも明らかなように，「保護する責任」の目的は，ジェノサイドや戦争犯罪などの重大な国際人道法の違反行為からの文民の保護を目的としている。そしてこの責任を担う主体としては，第138段落にあるようにまず主権国家が想定されており，自国領域内の住民をこれらの犯罪から保護する責任を有するとされている。そして続く第139段落では，国際共同体が国連を通じて，まず憲章の第6章と第8章に従って平和的手段を用いて，主権国家が実施する保護を支援する（help）責任が想定されている。さらに第一義的な責任を有する領域国家がその責任の遂行に失敗した場合には，今度は国際共同体が安保理を通じて，憲章第7章下の措置の利用も含めて責任を果たすことが明記されているのである。

それは国家がその住民を重大な国際人道法および人権法の違反から保護するという，一見当たり前に思われる内容の責任概念である。しかしながら，総会決議であるこの世界サミット成果文書への取り込みをめぐっては，加盟国間において鋭い見解の対立がみられたことが知られている。それは，国連を通した文民の保護に関して加盟国が抱く警戒感の表れでもあったのである。

(2) 国連における議論への取り込み――連続と不連続

そもそもこの「保護する責任」概念を打ち出したのは国連システムの機関ではなく，「人間の安全保障」や文民の保護機能の強化に積極的に取り組んできたカナダ政府によって設立された，介入と国家主権に関する国際委員会（ICISS）であった。この報告書のまえがきには，文民の保護をめぐる90年代の課題について，ソマリア，ボスニア，コソヴォそしてルワンダを挙げながら指摘したうえで，1999年9月の国連総会演説でアナン事務総長が提起

した，文民の実効的な保護をめぐる問題にも言及している。特に NATO 軍によるコソヴォ関連の空爆のように，理事国間の対立などによって安保理が迅速に対応することができない場合に，個別国家が武力を行使してでも文民の保護を目的に他国に武力介入することは果たして許されるのかという，いわゆる人道的介入として知られる問題[45]を，正面から検討するために委員会が創設されたと記されている。

　国連の安全保障体制にとって，この人道的介入は次の意味で，特に法的な難しさを抱えた問題であった。すなわち，個別国家による武力行使は，たとえ人道的な目的であるとしても，伝統的な国際法の枠組みからすれば，被介入国の同意を得ずに行われる個別国家の介入であるがゆえに国家主権の侵害にあたり，また国連安保理決議にもとづかない武力行使であるがゆえに武力行使禁止規範（国連憲章第2条4項）に違反することになるのである。国家主権のコロラリーとしての不干渉原則と，武力行使禁止規範という，国際関係の根幹をなす二つの規範を揺るがすこの問題は，当然国連の場においても議論の対象となってきた。

　国際委員会が打ち出した「保護する責任」概念は，法的に入り組んだ文脈のなかで，問題の切り口を介入する「権利」から，人道危機の下にある人々を保護する国家と国際共同体の「責任」の問題に置き換えることによって，その対立点を乗り越えようとしたものであった。しかし，人道危機が発生している地域の管轄権を有する国家がその保護責任を果たさない場合には，国連安保理が，さらには安保理が責任を果たさない場合には個別国家がその責任を果たすことも排除しなかったこの報告書の提言は[46]，国連にとって両義的な意味合いをもっていたのである。

　一方においては，この「保護する責任」が提起する課題は，まさに国連体制がその安全保障機能の重要な一部として取り込もうとしていた文民の保護を，国際的な原則として確立しようとする点において，積極的に評価できるものであった。しかし他方では，安保理の不作為の場合には個別国家に武力

---

45) 最上（2001）。Chesterman（2001）．
46) ICISS（2001），paras. 2. 23.

行使をともなった他国への介入を認めることにつながる点において，安保理を中心とした国連安全保障体制を浸食する可能性をも併せもつ議論だったのである。

　この保護する責任を実施する主体と手段をめぐる問題について，国連はその後「保護する責任」概念を，安保理を中心とした国連の安全保障体制の仕組みに沿った形で取り込んでいくことで対応していった。まず国連事務総長によって設置されたハイレベル委員会が2004年に発表した『より安全な世界のために（A More Secure World）』と題する報告書において，究極的には安保理を中心とする国連体制が人々を保護する集団的責任を有するという解釈を提示した[47]。「保護する責任」概念を「生成しつつある規範」として位置づけた同報告書を受けて，翌2005年3月に提出された事務総長報告においても，やはり安保理を中心とした国連安全保障体制が，最終的には強制措置も含む手段によって責任を担うことが改めて確認された[48]。そして国連体制への「保護する責任」概念の取り込みを決定づけたとされるのが，先にみた2005年9月に開催された世界サミットの成果文書における取り込みである。同文書においても，国家が「保護する責任」を果たせない場合には「断固とした方法で」国際共同体が集団的行動をとることが記されたが，具体的には安保理を通じて憲章第7章の下に行動するとして，国連安全保障体制の枠組み内で実施されることを明確に示している。

　このように保護する責任は，国連における議論に取り込まれる過程において，責任の実施主体と手段については国連憲章と矛盾のない概念として再定義されていった。それは国連安全保障体制の有意性を担保することが目的であったが，同時に多くの加盟国が抱いていた懸念に応えるためでもあったのである。

---

47) High Level Panel on Threats, Challenges and Change, *A More Secure World: Our Shared Responsibility*, A/59/565, (2004), paras. 202, 203.
48) Report of the Secretary-General, *In Larger Freedom: Towards development, security and human rights for all*, A/59/2005, (21 March 2005), paras.126, 135.

(3) 世界サミット成果文書をめぐる攻防

国際委員会の報告書が刊行された2001年は，米国で9.11同時多発テロ事件が発生した年でもあった。その後の安保理における議論も，イラクにおける大量破壊兵器の査察問題等で理事国の見解が分かれ，2003年3月からは安保理の授権を受けないまま，米国を中心とした同盟軍によるイラク侵攻が開始された。常任理事国でもある大国が実施した単独主義的な武力行使への批判が高まるなかで，「保護する責任」もまた大国による武力介入を正当化する根拠となることを警戒する論調が，国連のなかで強まっていったのである[49]。

特に植民地化された経験をもつ多くの発展途上国は，「保護する責任」概念を当初から牽制してきた。非同盟運動の陣営からはインドやマレーシアが，国際法上に根拠のない人道的介入に道を開く可能性があり，これまで文民の保護に失敗してきた原因は介入のための権限の不足ではなく，政治的意思の欠落によるものだと主張して反対の立場を表明している。また77カ国グループ（G77）も，領土と主権の尊重原則を報告書に書き加えることを主張していたという[50]。他方で，常任理事国である五大国からも，それぞれ異なる立場から同概念に対する慎重な意見が表明されていた。米国は，同概念を積極的に取り上げようとするカナダ政府が目指していた，保護する責任を実施するための基準づくりが行われることで，いつ武力を用いて介入するかを決定する自国の裁量を失うことを懸念していた。またロシアや中国も，同概念が国家主権を軽視し，憲章に違反する単独主義的な武力行使の可能性をひらくことを警戒していた。英国やフランスは保護する責任への支持を表明していたものの，責任を実施するための基準づくりが，人道的危機の対応に必要な政治的意思やコンセンサスをもたらすとは考えていなかったという[51]。

このように加盟国の見解が分かれていたうえに，イラク戦争の開始によって一方的な武力介入への警戒感が高まったことで，同概念が加盟国によって

---

49) Evans (2008) pp. 69–71.
50) Bellamy (2009) p. 68.
51) Bellamy (2009) pp. 67, 68.

第Ⅱ章　文民の保護任務の一般化と加盟国の規範意識

受け入れられる可能性は一時的に弱まっていた。しかしベラミー（Alex J. Bellamy）によれば，カナダ政府や関係する NGO による推進活動の継続や，事務総長による報告書での採用，米国内における国連改革政策の変化，AU における人道危機への対応の重視など，多様な主体の働きかけを通して，世界サミットの成果文書への取り込みが実現することになったという[52]。その過程で，多くの加盟国が抵抗を示していた，安保理による授権を受けない武力行使を認めていた国際委員会による報告書の当初の立場も変更を余儀なくされ，事務総長報告書が打ち出した国連安全保障体制の枠組み内での実施が前提とされるようになっていった。

しかし実際の世界サミットの場においても，同概念をいかなる文言によって成果文書に取り入れるかをめぐり，各国間の駆け引きが引き続き展開されることになった。推進派は，カナダ，フランス，アイルランド，韓国，ニュージーランド，スウェーデン，英国等に加えて，アルゼンチン，チリ，ガーナ，グアテマラ，メキシコ，ルワンダ，南アフリカ，ザンビアをはじめとする非同盟運動や G77 の参加国をも含む，多様な広がりをみせていた。他方で消極的な立場をとったのは，ベラルーシ，キューバ，インド，パキスタン，ベネズエラなどであったが，その理由として，概念の取り込みが人道的介入の権利を認めることになることへの警戒が，改めて表明されている。こうした消極的な国々の論調にあわせて，ロシアや中国も最終的な交渉のなかで，国家主権を浸食し内政干渉を導く可能性があるとして，抵抗をみせる場面がみられたという[53]。米国もまた自国の行動が制約をうけることを懸念して，アナン事務総長が当初提案していた「国際共同体は……義務（obligation）を負う」とする決議案の文言を「国際共同体は……責任（responsibility）を負

---

[52] Bellamy（2009）pp. 71-82. 特に AU のなかの南アフリカ共和国やルワンダによる保護する責任への支持の表明が，他のアフリカ諸国にも影響を与え，総会の多数が支持にまわることを可能にしたという。AU は 2000 年に採択した設立規約第 4 条(h)に「重大な状況，すなわち戦争犯罪，ジェノサイド及び人道に対する罪に関して，会議の決定に従って，連合が加盟国に介入する権利」を，また同条(j)に，「平和と及び安全を回復するために，加盟国が連合の介入を要請する権利」を定めている。

[53] Bellamy（2009）pp. 87, 88.

う」へと変更するように働きかけたという[54]。

　交渉の最終段階まで続いた成果文書をめぐる攻防からみえてくるのは，犯罪行為から文民を保護する必要性については正面から反対する意見がみられない一方で，保護の実施主体や手段についての問題に多くの関心が払われ，主要な反対国の論拠とされたことである。すなわち，国連安全保障体制の枠組内に限定したとしても，その中核で意思決定権を握るのは常任理事国であり，それらの大国に都合のよい「介入主義」の根拠とされるのではないか，という懸念である。これはその大国中心性が抱える問題から派生する，安保理の構造と意思決定の正当性をめぐる問題である。文民の保護という目的は，規範意識のうえでは普遍的に共有されうる価値を体現しているのだとしても，その実施主体や手段の決定に安保理が関与するゆえに，多くの加盟国は懐疑的な見解を抱いていたのである。この安保理の正当性への批判を背景にした対立は，その後の議論にも引き続き表れることになった。

### (4) 安保理決議1674と2009年事務総長報告書——対立の継続

　9月の総会での成果文書採択を受けて，2005年11月に安保理に提出された「武力紛争下の文民の保護」に関する事務総長報告書では，平和維持活動の保護任務等によって，安保理が保護する責任の実施を促進するように勧告している[55]。この報告書を審議するために，公開討論の形式で開催された同年12月9日の「武力紛争下の文民の保護」に関する安保理公式会合では，「保護する責任」概念を安保理において議論することについて，再び加盟国の意見が鋭く対立することになった。事務総長報告書のなかで，文民の保護と保護する責任が結びつけられていただけでなく，議長国の英国が世界サミット成果文書のなかの保護する責任の重要性を強調する決議案を用意していたことから[56]，懐疑的な加盟国は批判的な見解を明確に示したのである。

---

54) Pace and Deller (2005) pp. 25–28. Bolton (2005). Bellamy (2009) p. 85.
55) Report of the Secretary-General on the protection of civilians in armed conflict S/2005/740, (28 November 2005).
56) Bellamy (2009) pp. 135, 136.

第Ⅱ章　文民の保護任務の一般化と加盟国の規範意識

常任理事国ではロシアが，保護する責任は総会において議論を継続することになっており，安保理でその実施について取り上げることは時期尚早であると主張した[57]。中国や非常任理事国であったアルジェリア，フィリピン，ブラジルも同様の立場を示していた。また非常任理事国であったエジプトも，安保理が保護する責任を立法化し，実際の行動に移す可能性について次のように牽制している。

　　第一に，安保理はその議題として定められている武力紛争下の文民の保護の事例に，議論を限定するべきです。安保理は人道問題や人権に関わる一般的な政策を立案することで，その権限を拡張するべきではありません。このような一般的な政策の策定は，総会とその主要な委員会の権限に属するものです。それゆえに，〔事務総長〕報告書および決議案がいわゆる保護する責任を立法化し (legislating)，そのための行動をとるという安保理に期待される役割について言及していることについて，懸念を抱いています[58]。(〔　〕内引用者加筆)

他方で英仏をはじめとする欧州諸国や，非常任理事国であった日本，そして公開討論に参加していたベニン，カナダ，韓国，ネパール，ペルー，ルワンダ，南アフリカ，タンザニア等の諸国は，決議案への積極的な支持を表明している。これらの支持派諸国の勢いは，2005年末に非常任理事国が交代し，最も強硬な反対国であったアルジェリアやブラジルが非常任理事国の席を離れ，保護する責任への支持を表明していたコンゴ，ガーナ，ペルー，カタール，スロバキア等の諸国が新たに非常任理事国になったことで，採択に向けた流れを形成していった。翌2006年の4月に提出された新決議案は中国等の反対意見に配慮して，本文第4段落において「集団殺害，戦争犯罪，民族浄化，人道に対する罪から住民を保護する責任に関する2005年世界サミット成果文書の第138ならびに139段落の条項を再確認する」と短く言及

---

57) S/PV. 5319 (Resumption 1), (9 December 2005), p . 3.
58) S/PV. 5319 (Resumption 1), (9 December 2005), p. 6.

するにとどめている[59]。この決議 1674 の採択をめぐる加盟国間の意見対立を踏まえて，その後の安保理においては決議のなかで「保護する責任」概念に言及することは避けたまま，「武力紛争下の文民の保護」の議論を継続することになっていった[60]。

その一方で，安保理以外の国連の場で「保護する責任」の議論を続けたのは，アナン事務総長の後を継いだ潘基文第 8 代事務総長であった。2008 年には保護する責任に関する特別アドヴァイザーとして米国の国連研究者であるエドワード・ラック（Edward C. Luck）を任命し，その主導のもとに作成した事務総長報告書『保護する責任の実施』は，成果文書採択後も一部の加盟国から続いた批判を乗り越えて，いかに「保護する責任」を実際に政策化していくかを提言する内容となっている。2009 年 1 月に提出されたこの報告書の最大の特徴は，「保護する責任」が国家主権に対立的であるわけではなく，また国連憲章の武力行使禁止規範を変更するものでもないことを，くり返し強調している点にある[61]。現行の国連憲章体制と矛盾しないように最大限配慮したこの報告書は，結果として主権国家による保護責任の遂行を支援し，そのための加盟国の実施能力をいかに開発していくかという問題について，多くの頁を割くことになった。しかしこのような批判的な立場への配慮にもかかわらず，「保護する責任」に対する批判が一部の加盟国において根強く残っていることを示したのが，2009 年 7 月の総会におけるテーマ別対話であった。

潘事務総長による報告書の提出を受けて，2009 年 7 月 21 日から断続的に 4 日間にわたって開催された国連総会におけるテーマ別対話では「保護する責任」が取り上げられることになった。全体会議において各国家代表が発言し，そのなかには熱心な支持の表明がなされる一方で，批判を展開する国も少なからずみられた。その批判内容を大別すると，内政不干渉原則の侵害，

---

59) S/RES/1674,（28 April 2006），para. 4.
60) Bellamy（2009）pp. 138, 139.
61) Report of the Secretary-General, *Implementing the responsibility to protect*, A/63/677,（12 January 2009），para. 10（a）. 清水（2009）47-50 頁。

武力行使の問題性,実施における二重基準,不十分な実施など,これまでにも表明されてきた批判と大きく変わっていない[62]。

そこで継続してみられるのは先に述べたように,保護する責任が実現しようとする規範的な価値が直接批判されているのではなく,その実施主体と実施手段に対する批判である。国連安全保障体制を通して保護する責任が実施される以上,常任理事国自身はもちろんのこと,その拒否権によって「守られている」同盟国がたとえ保護する責任を果たさないことがあっても,それらは不問に付されるという,一貫性と平等性の欠如が問題とされたのである。同時にこのような例外的な立場にある常任理事国が,安保理の中心となって法的拘束力のある決定を安保理において行い,憲章第7章を用いれば他の加盟国の内政にも関与できるだけの権力をもっており,この権力は他のどの主体によっても制度的に監視されていないという,安保理の集権性をめぐる問題にも関係している[63]。

目指される価値自体は普遍的な正当性をもって主張されるものの,その実施主体は普遍的かつ客観的な「世界政府」ではなく,一部の大国を中心とした安保理であり,実施のための手段についても一般的な合意が形成されていない。これらの「保護する責任」をめぐる議論が明らかにした諸問題は,文民の保護に関する規範意識とその実行の齟齬を説明する要因でもあった。保護する責任についての議論が活発化していたまさにその時期に,安保理が直面していたダルフールにおける人道危機は,この規範意識と実行をつなげることの困難性を象徴的に示すことになったのである。

## 4 規範意識と実行の不連続性——ダルフール危機

### (1) AU スーダン・ミッション (AMIS) の展開と安保理の経済制裁

安保理において文民の保護について審議が重ねられ,また保護する責任をめぐる議論が始まったころ,多くの文民犠牲者の発生によって注目を集めて

---

62) GA/10846, (23 July 2009). GA/10849, (24 July 2009). GA/10850, (28 July 2009).
63) 最上 (2006) 133-136 頁。石田 (2007) 29, 30 頁。

いたのがスーダン共和国西部のダルフール地域で発生した人道危機であった。危機を引き起こす原因となったダルフール紛争は，北東アフリカ地域の内戦の典型的な形態，すなわち複数の重複し合う紛争として説明されてきた[64]。紛争の対立構造をみても，スーダン政府軍とジャンジャウィードと呼ばれる政府軍に協力するアラブ系遊牧民の武装集団と，これらに対抗する農耕民を中心とするアフリカ系反政府武装集団という二項対立としてしばしば説明されるが，現地の民族構成はより複雑であり，単純な二分化ができないがゆえの困難が紛争を複雑化させてきた。

ダルフールに居住しているアラブ系住民はいくつもの氏族に分かれており，13世紀頃からダルフール地方に暮らす人々の他に，近年領土的な野心からダルフールに住み着くようになった隣国チャドやリビア，モーリタニア出身者まで，その構成は多様である。アフリカ系とされる住民も，農耕民を中心とするフール人，マサリート人と，遊牧民を中心とするザガワ人などやはり多様な民族や氏族によって構成されている。宗教的には，ダルフール地方の住民はアラブ，アフリカ系を問わずムスリムであり，スーダンの南北内戦にみられるような宗教上の対立ではない[65]。むしろ紛争の根幹に横たわっているのは，1970年代以降に進行した砂漠化と干ばつによって，従来からみられた土地や水資源をめぐる争いであり，さらにはダルフール地方が長年首都ハルツームにある中央政府から見放されてきたという政治的な「周辺化」の問題であった[66]。

紛争の直接的なきっかけは，2002年以降，アフリカ系の住民を中心に組織された反政府武装集団のスーダン解放運動（軍）（SLM/A）や，正義と平等運動（JEM）による政府関連施設への攻撃であった。スーダン人民解放軍（SPLM）との南北内戦に手を焼いていたスーダン政府は，政府軍に代わって反政府勢力への攻撃を行う勢力としてアラブ系住民を登用したことで，紛争

---

64) de Waal (2007a) p. 1039. Daly (2007), pp. 248–316.
65) de Waal (2007b).
66) Report of the High-Level Mission on the Situation of Human Rights in Darfur pursuant to Human Rights Council decision S-4/101, A/HRC/4/80, (9 March 2007), paras. 24–26.

は一気に大規模化し,未曾有の人道危機を招くことになるのである。

　政府の陸軍および空軍の支援を受けながら実行されたジャンジャウィードによる攻撃の主な対象は,反政府武装集団の出身民族が住む村落であり,その住民たちであった。男女,子どもの区別なく無差別殺戮が遂行され,女性に対する性的暴力が広範かつ組織的に行われた。たとえ生き延びたとしても,家畜は奪われるか殺され,農作物は破壊された住民たちは,強制的に移動を余儀なくされることになった[67]。それはまさに殺戮と暴行によってかつての隣人であった人々からなる共同体を恐怖に陥れ,他民族の強制的な移住を目指した旧ユーゴスラヴィアの「民族浄化」に酷似していた。スーダン政府が「保護する責任」を果たすことが望めないこの状況は,同政府に代わって「国際共同体」が紛争下の苦境にある人々の保護を引き受けることを必要としたのである。

　事態が深刻化するなかで,紛争勃発当初からダルフール紛争下の文民の保護のために積極的な役割を果たしたのは国連ではなく,2002年にOAUから改組されたAUであった。AUはアフリカ大陸の各地で頻発する内戦の被害を前提として,その設立規約第4条(h)において戦争犯罪,ジェノサイドおよび人道に対する罪等に関して,連合が加盟国に介入する権利を定めており,紛争下の文民の保護を可能にする制度をもつ点において特徴的である[68]。2002年にはAU平和安全保障理事会が設立され,その安全保障機能の中心を担うことになった。

　ダルフール紛争に関しても,2003年からAUが中心となって紛争当事者間の和平交渉を支援し,2004年4月には,スーダン政府と主な反政府軍(SLM/AおよびJEM)との間で,人道支援体制確立のための人道休戦協定と議定書の調印にこぎつけている[69]。同協定はAU監視団の支援を受けて,敵対行為の停止を監視するための休戦委員会の設立を定めていた。AUはまず2004年6月に,300人の軍事要員と60人の監視要員から構成される休戦

---

67) A/HRC/4/80, (9 March 2007), paras. 27-29.
68) Murithi (2007) pp. 16-18. Williams (2007).
69) Agreement on Humanitarian Ceasefire on the Conflict in Darfur, (8 April 2004).

監視団を派遣する。そして同年 10 月には，差し迫った脅威の下に置かれた文民の保護機能をもつ 3000 人規模の軍事要員の派遣を決定した[70]。しかし，ほぼフランス一国と同じ面積を有する広大なダルフール地域（総面積 49 万 3180km$^2$）において実効的な活動を展開するにはさらなる要員の増派が必要となり，2005 年 4 月は軍事要員を 6171 人に，文民警察官を 1560 人に増やしている[71]。

これら AU による活動の展開は，和平合意に向けた政治交渉への側面支援や，ダルフールにおける報道機関の活動を可能にするなど一部で成果をあげたものの[72]，文民を標的にした攻撃は要員派遣後も継続していた。こうした事態を重くみた国連安保理は，2004 年 7 月にジャンジャウィードを対象にした武器の禁輸等を含む経済制裁を決議 1556 によって決定する[73]。さらに翌 2005 年 3 月には決議 1591 によって紛争当事者個人を対象とした金融資産凍結や渡航禁止措置を含む新たな制裁を決定している。同決議には，停戦協定に違反したスーダン政府軍による空爆や，反政府勢力による村落の襲撃，性的暴行を非難する文言が含まれており，この時点においても文民の保護が十分になされていなかったことがうかがわれる[74]。なお，同月にはスーダンの南北内戦当事者間の和平合意締結を受けて，国連スーダン・ミッション（UNMIS）の設置が決定されているが，その設立当初はダルフール問題に対処するための任務権限は付与されていなかった[75]。

それは関係諸国が，20 年以上続いた内戦を終わらせる南北間の和平合意の実現をダルフール問題の解決よりも優先した結果であったが，その背景には以前にも増して紛争構造が複雑化するダルフール紛争の側の事情も働いて

---

70) AU, Communiqué of the 17th Meeting of the Peace and Security Council, PSC/PR/Comm. (XVII), (20 October 2004), para. 6.
71) AU, Communiqué of the 28th Meeting of the Peace and Security Council, PSC/PR/Comm. (XXVIII), (28 April 2005).
72) Appiah-Mensah (2006) pp. 5-7.
73) S/RES/1556, (30 July 2004), paras.7, 8.
74) S/RES/1591, (29 March 2005), preamble, para. 1.
75) S/RES/1590, (24 March 2005). UNMIS の設立経緯と任務権限については，次の論文に詳しい。酒井 (2008)。

第Ⅱ章　文民の保護任務の一般化と加盟国の規範意識

いた[76]。AU による度重なる和平交渉の努力の結果，停戦から2年を経過した 2006 年 5 月にようやく「ダルフール和平合意（Darfur Peace Agreement）」が調印されることになったが，署名したのはスーダン政府とスーダン解放運動という SLM/A のなかの一組織のみであり，残るスーダン解放軍や JEM は合意を不服として当事者となることを拒否したのである。さらに以前の休戦協定の当事者となっていなかった他の反政府勢力も紛争に加わり始めるなど，同地域の多様な民族構成を背景として対立構造はさらに複雑化していった[77]。

一部の当事者によってのみしか支持されていない和平合意の締結後，現地の治安情勢はさらに悪化することになる。和平合意の当事者と，合意に反対する勢力との間の紛争は激化し，両陣営ともに国際人道法および人権法の違反行為が増加していったと報告されている。2007 年 2 月時点の UNHCR および OCHA からの情報によれば，過去 6 カ月の間に新たに 25 万人が居住地域を追われて避難を余儀なくされたという[78]。

状況の改善がみられないなか，国連の部隊に先駆けて派遣されていたAMIS の限界は，和平合意締結時点において明らかになっていた。EU からの資金援助に依存するその活動資金は，拡大し続ける活動規模に追い付けずにしばしば不足しがちであり，人員の実際の増派も予定通りには進んでいなかった[79]。加えて包括的な和平合意の履行監視のためには，多様な活動分野を担当できる大規模な活動が必要となったことからも，国連による活動への移行が検討されるようになったのである。

(2)　ダルフール国連・AU 合同ミッション（UNAMID）の派遣とその問題

安保理は 2006 年 8 月に決議 1706 によって，南北間の和平合意支援のために派遣していた UNMIS にダルフールでの活動を追加することで，悪化する

---

76) de Waal (2007a) pp. 1040, 1041. Lebor (2006) pp. 135-156.
77) A/HRC/4/80, (9 March 2007), paras. 32, 33.
78) A/HRC/4/80, (9 March 2007), para.34, footnote12.
79) Grono (2006) p. 626.

状況に対応することを決定した。第7章の下で必要なあらゆる手段を用いて遂行する任務の一つに、身体的暴力の脅威にさらされている文民の保護を取り込んでいる同決議は、さらに AMIS の活動を国連による活動へと移行することを明記していた[80]。しかしスーダンのアル＝バシール（Omar Al-Bashir）大統領はあくまで AU による活動にこだわり続け、この国連による「介入」に反対を唱えたことから、安保理では米国と中国が 2006 年 11 月になって国連と AU の合同ミッションを提案し、最終的に実現したのはそのさらに 8 カ月後の 2007 年 7 月であった。

決議 1769 によって設立されたダルフール国連・AU 合同ミッション（UNAMID）は、和平合意の早期実施を支援することを目的として、1 万 9555 人の軍事要員、360 人の軍事監視員、6432 人の文民警察官、そして 5105 人の文民要員を合わせた 3 万人を超える大規模な活動として設計された。本章第 2 節でみたように、その任務権限のなかには、やはり憲章第 7 章の下での文民の保護が明記されている[81]。紛争の発生から 4 年後に、ようやく国連による文民の保護のための活動が始まることになったのである。

しかしながら、ダルフール紛争をめぐっては文民の保護任務を安保理が十分に果たしてこなかったとする批判的な評価が少なくない。2003 年時点で人道的な危機が発生していることは知られていたにもかかわらず、安保理による対応が AU の後塵を拝することになった理由としてはいくつかの要因が指摘されてきたが、それらに共通しているのは「選択性」の問題である。安全保障理事会を中心とした関係各国は、「保護する責任」の遂行よりも、それぞれの国益計算にもとづいた行動を優先し、積極的な関与をしてこなかったというのである。たとえば安保理の常任理事国として主要な責任を負う立場にある米国は、国内政治上は議会下院においてダルフールの人道危機を「ジェノサイド」と認定する決議を採択したが、外交においては「テロとの戦争」に関する情報をスーダン政府関係者から提供されていた関係もあり、同国政府に対して決定的な行動を取ることができなかったと言われてい

---

80) S/RES/1706,（31 August 2006）, paras. 5, 7, 12（a）.
81) S/RES/1769,（31 July 2007）, para. 15（a）.

る[82]。また国内に少数民族の人権問題を抱える中国も，国内問題への国際社会による介入を警戒する既定路線に加えて，スーダンからの最大の石油輸入国であり，アフリカ諸国との経済的結びつきを強めていた経緯もあり，安保理による強硬策の決定には反対してきた。さらに EU 各国をはじめとする先進諸国は，犠牲を覚悟で地上部隊を投入するほどの準備も動機も乏しかったのである[83]。

関係諸国の政治的思惑によって関与が恣意的かつ選択的になる傾向は，保護する責任概念を批判する議論においても常に問題とされてきた。文民の保護を各国や国際共同体の「責任」と定義したところで，この責任を果たさなかった場合の不作為の責任を追及される可能性については，これまで十分な議論はなされていない[84]。他方でダルフール紛争の解決に関しては出足が鈍かった先進諸国も，自国の利害が直接的に関わる地域にはしばしば積極的に介入してきた[85]。分権的な主権国家体制のもとでは，普遍的な規範が遵守されるためにはその規範が社会の全ての構成員によって内在化される必要があるが[86]，実際にはその内在化の程度は一様ではない。さらに，個別的な国益を背負った主権国家が普遍的な規範の実施主体となるという構造的な矛盾ゆえに，保護する責任の実施も恣意的で選択的にならざるをえないことを，このダルフール危機は明らかにしたのである。

### (3) UNAMID と文民保護任務の困難性

2008 年初頭からその活動を開始した UNAMID は，現地治安情勢の悪化が収まらないなかで，多くの困難に直面している。ダルフール地域内の武装集団間の抗争が激化する一方で，一部の勢力と隣国チャドとの間で国境を挟ん

---

82) Grono (2006) p. 628.
83) Grono (2006) p. 628. Wenping (2007), pp. 34-37. Aning (2008), pp. 43-45.
84) Stahn (2007) pp. 117, 118.
85) 国連安保理による国連憲章第 7 章下の授権を受けた活動だけでも，米国による 1994 年のハイチと 2003 年のリベリア，オーストラリアによる 1999 年の東ティモール，そしてフランスによる 1994 年のルワンダおよび 2004 年のコートジボワールへの介入などがある。
86) 青井 (2007) 94-97 頁。

だ戦闘が展開されるようになり，スーダンおよびチャド両国内に新たな避難民を生んでいる。この二国間紛争は，双方の政府がお互いの国の反政府勢力へ支援行ったことから，国際的な問題を巻き込んだ紛争へと発展しつつある[87]。

さらに活動初期の2008年5月9日付けの事務総長報告によれば，家畜の略奪や無差別の殺戮，空爆などが引き続き行われており，2008年に入ってからその時点までの期間に10万人が再び避難生活を余儀なくされたという。さらにこれらの紛争犠牲者のために現地で働いている人道支援要員も攻撃対象とされており，2008年に入ってから6人の要員が殺され，106台の車両が略奪されている[88]。文民の保護に関しては，パトロール機能を強化し，避難民キャンプにおける24時間体制のパトロールを計画しているが，上述したように相変わらず危機的状況にさらされている住民は少なくない。保護機能が十分に発揮できない理由の一つは，計画された活動要員がすぐに揃わず，設立から4カ月が経過した4月17日の時点で約1万人と，予定人数の3分の1にとどまっている要員の不足にある[89]。活動のための装備なども十分でなく，創設間もない段階で失敗する可能性があると示唆されていたほどである[90]。

また，その後も治安状態は不安定なままであることが，2010年10月18日付けの事務総長報告書によって指摘されている。カルマやハマディヤにおける避難民キャンプの治安の悪化や，軍事化と部族間対立によって死者が発生しており，タバラの市場への襲撃では30人以上が死亡し，3000人以上が避難を余儀なくされたという。さらに活動要員への攻撃も続いており，要員の誘拐や車両の略奪も相変わらず報告されている[91]。その後のPKO局からの呼び掛けに応じて，2010年9月30日時点では1万6940人が派遣されて

---

[87] *Le Monde diplomatique*, Mar 2008.
[88] Report of the Secretary-General on the deployment of the African Union-United Nations Hybrid Operation in Darfur, S/2008/304, (9 May 2008), paras. 2–12.
[89] Report of the Secretary-General on the deployment of the African Union-United Nations Hybrid Operation in Darfur, S/2008/304, (9 May 2008), paras. 13, 14.
[90] *International Herald Tribune*, 23 March 2008.

いるが，いまだに決議によって決められた1万9315人の要員数を満たしていない。

　90年代の平和維持活動の教訓の一つは，維持すべき平和状態の存在しない紛争地では，活動が果たすことのできる役割も限定されてしまう，ということであった[92]。また，どんなに要員数を増やそうとも，本来は攻撃用兵力ではない平和維持活動は，受け入れ地域の代表や住民の同意と支持がなければ，その任務権限を遂行することは極めて困難となる。危機的な事態への介入権をその設立規約上認めているAUであっても，AMISの活動を強制的な介入とはせずスーダン政府の同意のうえで展開したのは，紛争当事者の活動への協力をとりつける必要性に由来していた[93]。

　ソマリアやルワンダにおける活動の頃から国際的な救援活動の意義と問題点を考察してきたドゥ・ヴァール (Alex de Waal) は，ダルフールに関して，国際社会が「保護する責任」の早期実施にこだわり過ぎたために，安定的な和平合意達成のための丁寧な現地調査などが行われず，また平和維持活動要員の派遣を急ぎ過ぎたために，大規模な要員を用いて，いかなる任務をどのように行うのかについての検討が十分なされていなかったと批判している。人道支援などによる危機的状況への対応はあくまで対処療法に過ぎず，紛争の根本原因に関する政治的な交渉と紛争解決がより重視されるべきだと主張するのである。また，文民の保護機能を果たすうえで重要となっている武装解除任務も，これまでの経験から強制による解除はほとんど不可能であることを指摘している。特にスーダンのように多民族による複雑な社会情勢を考慮に入れれば，共同体の指導者との信頼関係の構築等の地道な活動が重要であるという[94]。

　ダルフール危機への安保理の対応を通して見えてくる問題とは，公式会合や多くの文書において列挙され，平和維持活動の任務として一般化し始めて

---

91) Report of the Secretary-General on the deployment of the African Union-United Nations Hybrid Operation in Darfur, S/2010/543, (18 October 2010), paras. 8-11, 20-34.
92) *Srebrenica Report*, A/54/549, (15 November 1999), para. 498.
93) Abass (2007) pp. 424, 425.
94) de Waal (2007a) pp. 1047-1054.

いる文民の保護が，その実施の段階では依然として多くの課題を抱えているという点である。それは規範意識の次元では，文民の保護の必要性が共有され始めている一方で，その規範内容を実現する次元においては，その主体，手段，活動計画から保護のための戦略にいたるまで，未解決の課題が多く残されていることを示している。

　国際人道法や人権法の蓄積が進んだ今日，その最大の課題はこれらの法規範の履行確保であり，それは文民の保護にとって欠かすことのできない要請である。これまで見てきたように，冷戦後の世界において安保理がそのために何ができるのかを問われ続け，こうした問いに応えるために，平和維持活動において文民の保護が一般的な任務とされてきた。それは言いかえれば，規範的な秩序の実現のために，国連安全保障体制が果たすことのできる機能とは何かを模索する問いかけでもあった。だが，ジェノサイド罪や戦争犯罪，そして人道に対する罪を構成する行為によって人々が被害を受けることのない世界の実現を目指すこの取り組みは，規範意識と実行の不連続という問題に加えて，本章でみてきたように，そもそも規範意識の形成の段階から，異なる意見の対立に悩まされてきた。にもかかわらず，2000年代の確かな潮流として国連安全保障体制が文民の保護に取り組み始めた背景には，国連を舞台にして，加盟国に限定されない多様な主体による規範的な秩序を目指す営みが存在していたのである。続く第Ⅲ章では，文民の保護へと国連安全保障体制を押し出していった背景要因としての多主体間主義に注目し，その可能性と課題について検証する。

# 第Ⅲ章

# 背景要因としての多主体間主義

　第Ⅰ章および第Ⅱ章においてみてきたように，武力紛争下の文民の保護に注目が集まった結果，その保護任務が平和維持活動において一般化したことが，冷戦終焉以降の国連安全保障体制における一つの大きな流れであった。それは国連の安全保障機能がその創設時の想定をはるかに超えて機能を多様化させており，国際人道法や人権法の遵守を求める規範的な秩序を志向する点において，単なる機能の量的な増加にとどまらない，安全保障体制の質的な変化を意味していた。こうした1990年代以降の潮流とその意味を踏まえたうえで本章では，そもそもなぜ国連の安全保障体制において，紛争犠牲者に注目した新しい安全保障機能の発展がみられたのかという，質的変化の背景についての考察を行う。この考察に際して重要な概念となるのが，今日「多主体間主義」として働くようになった国連の基本原理であるマルティラテラリズムである。というのも，文民の保護をめぐる課題が安保理の議題となり，保護の失敗の問題性と実効的な保護の必要性が加盟国の規範意識のうえで共有され，平和維持活動に保護任務が取り入れられるようになった過去20年間を検証していくと，そこでは多主体間主義としてのマルティラテラリズムの働きが見えてくるのである

　序章において定義したように，今日の国連安全保障体制における多主体間主義とは，加盟国政府だけでなく，国連の事務局，専門機関や付属機関などの国連機関，さらには他の国際機構やNGOを含む，多様な主体が，国際法規範群に則って共同で政策運営を行うことを意味している。従来は国家の排他的な管轄分野であると考えられてきた安全保障分野においても，このよう

な意味での多主体間主義が 90 年代以降から働き始めていることが，安保理と文民の保護との関係を検証していくと明らかになるのである。なかでも強い影響力をもっているのが，紛争現場での支援活動を通して，紛争犠牲者である人々と直接関わる活動を行う国連機関や NGO である。安保理が決定する措置の対象となる人々の状況やニーズを，安保理に伝える経路として機能するこれらの主体の関与と，それらと連携する他の主体の働きによって，安保理における文民の保護をめぐる議論は展開されていくことになる。

以下本章では，文民の保護任務についての安保理での議論に影響を与えた中心的な主体として，国連機関と NGO に注目し，まず第 1 節において国連事務局やその他の国連機関による関与とその機能を，そして第 2 節では NGO による関与の事例とその機能を検討する。続く第 3 節では，加盟国以外の多様な主体が，安保理での意思決定過程のみでなく，決定された活動の実施にも関与していることに加えて，平和維持活動を評価し，監視する機能をも果たしていることを明らかにする。この多主体間主義による評価・監視機能に注目するのは，冷戦後の国連安全保障体制における多機能化現象は，安保理への前例のない機能的かつ権力的集権化を導くことになり，その権限の大幅な拡大が制度的な監視を受けることなく進行している点が問題となっているためである。国連における多主体主義の意義とは，異なる活動目標や組織構造をもつ多様な主体が協働することで，これまでにはなかった安全保障機能が発展すると同時に，異なる主体間の評価および批判を通して，国連による活動を監視する機能が育まれている点にもある。これらの多様な主体間の協働とその意義を明らかにしたうえで，最後に第 4 節において，文民の保護をめぐる多主体間主義が抱える問題を考察する。これらの考察によって国連における多主体間主義が，その紛争犠牲者中心的な安全保障機能の発展に貢献したことを明らかにすることが，本章の目的である。

## 1　国連機関による安保理への関与

### (1)　関与増加を促した背景――冷戦の終焉と国連システムの多面性

国連安全保障体制の意思決定機関である安保理は，国連の主要機関のなか

第Ⅲ章　背景要因としての多主体間主義

でも国家中心性が際立っている機関であると言えるだろう。そこにおいて議決権を有するのは 15 カ国の理事国のみであり，なかでも常任理事国を占める五大国がその意思決定に強い影響力を及ぼしていることでも知られている。さらに安全保障分野が一般的に政府間政治の排他的な管轄分野として認識されてきたことも，安保理の国家中心性を支えてきた[1]。その安保理において，国益にとらわれない「国際性」ゆえに加盟国とは区別されている国連の諸機関が関与を深め，影響力を発揮するようになったのは冷戦終焉以降の新しい現象である[2]。なぜ冷戦が終わってから関与が増えたのかについて，安全保障分野への多様な主体による関与についての研究が共通して指摘する点は，90 年代以降の大国間の一致の実現によってもたらされた，安保理による紛争への関与の増加であった[3]。冷戦後に活動が増えた度合いは，たとえば安保理によって採択される決議数の増加が如実に物語っている。1946 年から 1989 年までは年平均約 15 であった決議の数は，1990 年以降 2010 年現在までに年平均 60 決議となり，約四倍に増加している[4]。その結果として国連安全保障体制の活動が量的に増えたこと，さらに安全保障機能が質的にも変化したことは，以下の二つの点で国連諸機関の安全保障分野への関与を促すことになったのである。

　第一に，安保理の活動量の増大は，安保理会合の議事運営を支援する役割を負っている国連事務局の活動量の増加につながっていった。国連代表部に勤務経験を有する松浦博司の分類によれば，国連事務局が安保理との関連において担う役割は，①議事運営の支援，②議題についての情報の収集と提供，③安保理による措置についての提案と計画，④措置の実施とその報告であり，②の一部と③ならびに④は，安保理の要請を受けて行われている[5]。国連事

---

1) Donini (1996) p. 87.
2) Donini (1996) pp. 92, 93. なお冷戦中も第 2 代事務総長ダグ・ハマーショルド（Dag Hammarskjöld）のように国連事務総長が独自の政治的な機能を発揮した事例もみられたが，大国間の政治的対立のなかで果たしうる機能は限られていた。Cockayne and Malone (2007) pp. 69–78.
3) Abiew and Keating (1999) p. 96. Wallensteen and Johansson (2004) pp. 17–19.
4) Paul (2004) pp. 374–376.
5) 松浦 (2009) 165–168 頁。

務局がこれらの機能を発揮する機会が安保理の活動量の増大に比例して増えたことによって，その影響力を強めていったことは，文民の保護に関する議論にも当てはまる動向である。

　第二に安全保障機能の質的変化に関連する点としては，「国際の平和と安全に対する脅威」についての安保理の認識の変化を反映して，文民を中心とする紛争犠牲者の救済と保護がその活動対象となった結果，人道支援や人権保障分野で活動する国連諸機関による安保理への関与の頻繁化がみられた。これまで安全保障分野に直接関与してこなかったこれらの国連機関が安保理で発言するようになったこともまた，冷戦期にはない新しい現象である。冷戦後の安保理における問題認識の変化を示す例としてしばしば指摘されるのは，紛争の結果発生した難民および国内避難民の保護が，1990年代以降になって安全保障上の問題として扱われるようになったことであった。この認識の変化を象徴する出来事が第Ⅱ章第1節でも取り上げた，1992年11月13日の安保理公式会合への緒方難民高等弁務官の出席である。難民高等弁務官として初めて安保理に招致された緒方氏は，旧ユーゴスラヴィア紛争の結果生じている人道上の問題について報告しているが，それ以降は難民高等弁務官以外にも，UNICEF事務局長や人権高等弁務官，人道支援関連業務を担当する事務次長や事務総長特別代表等が安保理に頻繁に招致され，情報提供を行うようになっていった[6]。

　こうした国連諸機関と安保理の関係の深化は，安保理によって設立された平和維持活動の現場においても同じ時期に進行していた。任務の多様化にともなって，平和維持活動は軍事要員による停戦監視にとどまらず，文民要員による難民支援や人権保障などの活動を中心とした多様な機能を発展させていったことはすでにみた通りである。これらの文民要員による活動は，その派遣された現場においてもUNHCRや国連人権高等弁務官事務所（OHCHR）などの国連機関と連携して実施するようになっていた。こうした現場における協働関係が進むにつれて，関係する国連諸機関の安保理における影響力も強まっていったと考えられる。

---

6) S/PV. 3134, (13 November 1992), p. 39.

第Ⅲ章　背景要因としての多主体間主義

　この安全保障体制の多機能化と並行して進んだ国連機関の関与の背景には，国連システムの多面性があった。すなわち，安全保障機能の多様化が国連において可能であった理由の一つとして，国連システム自体が安全保障分野だけでなく，人道支援や開発，人権，国際司法など幅広い分野にわたって活動する機構であり，それゆえにシステム内に多様な機能を果たす機関を内包しているという，「機構の多面性」が指摘できるのである。それは国連システムが，現代の平和の重層性を反映した構造をもつことを意味していると言えよう[7]。このように多様な活動分野を包摂する国連であったからこそ，冷戦後の安保理の活性化を受けて，その安全保障分野の議論も多様な分野との関連性を獲得しつつ展開していくことが可能になったのである。

(2)　テーマ別議題会合への国連機関の参加

　国連諸機関による安保理への関与と情報提供の増加は，文民の保護に関する議題を扱う安保理会合において特に顕著に認められる。第Ⅱ章でみたように，1998年ごろから文民の保護に関するテーマ別の公式会合が開催されるようになったが，安保理への出席資格を有する国連事務総長だけでなく，安保理の手続規則39によって招致された国連諸機関がほとんど毎回出席し，発言を行うようになった。会合ごとの出席者の内訳をまとめたのが，本章の末尾に示した表3である。招致されている国連機関の多くは，紛争の犠牲となっている文民のなかでも特に脆弱な立場に置かれている難民や国内避難民，女性，子どもといった集団に属する人々の支援活動に携わっている機関である。それらの活動から得られた文民の保護に関する情報の提供や政策提言を，安保理に出席した機会を活かして積極的に行っているのである。さらに事務総長も安保理の要請を受けてテーマ別議題に即した報告書を提出し，情報提供や問題の整理，政策の提案を頻繁に行っていることがわかる。

---

7）この点については，すでに1992年の『平和への課題』において指摘されていた。*An Agenda for Peace: Preventive diplomacy, peacemaking and peacekeeping,* Report of the Secretary-General pursuant to the statement adopted by the Summit Meeting of the Security Council on 31 January 1992, A/47/277-S/24111, (17 June 1992), para. 22.

直接的に文民の保護をテーマとしてはいないが，その後のテーマ別会合への流れを作った最も早い時期の会合は，1998年4月24日の「アフリカの状況（The situation in Africa）」についての事務総長報告に関する公開討論であった。同年4月13日付けで国連総会と安保理に提出されたアナン事務総長の報告書は，アフリカにおける紛争の原因を分析するとともに，継続的な平和をつくりだすうえで文民の保護が「人道上の絶対的な命題（humanitarian imperative）」となっていることを強調する内容をもっていた[8]。こうした事務総長による問題提起を受けて，24日の公開討論においてポルトガル，スウェーデン，スロベニア，ケニア，カナダ，韓国，エジプト，バングラデシュ，イタリア等の加盟国によって，文民の保護の重要性が指摘されている[9]。さらにこの会合に招致された緒方難民高等弁務官は難民キャンプの軍事化をめぐる問題について，またシルヴィ・ジュノー（Sylvie Junod）ICRC国連代表は国際人道法違反の深刻化に関連して，それぞれの機関が関係する具体的な文民の保護をめぐる課題について発言を行っている[10]。こうしてUNHCRのような国連機関だけでなく，ICRCのように文民の保護に関する活動を行っている国連機関以外の非国家主体も会合に招致され，発言を行うようになったことも冷戦後の新しい現象であるが，この傾向については続く第2節で考察する。

　また，同じく1998年に文民の保護に直接関わる議題を取り上げた6月29日の「子どもと武力紛争」についての初の安保理公式会合には，子どもと武力紛争担当のオトゥヌ事務総長特別代表が出席し，会合の冒頭で，50カ国を超える国々における武力紛争の結果，子どもたちが深刻な被害を受けている問題状況を概観する発言を行っている。この事務総長特別代表職は，武力紛争が子どもに与える影響に関心が寄せられていた当時の総会の議論から生まれたものである。1996年8月に事務総長によって指名されたグラサ・マ

---

8) Report of the Secretary-General, *The causes of conflict and the promotion of durable peace and sustainable development in Africa*, (13 April 1998), S/1998/318, paras. 49–57.
9) S/PV. 3875, (24 April 1998), pp. 5, 8, 18, 26, S/PV. 3875 (Resumption), (24 April 1998), pp. 18, 25, 54.
10) S/PV. 3875 (Resumption), (24 April 1998), pp. 11–14.

シェル (Graça Machel) によって作成された報告書『子どもの権利の促進と保護：子どもへの武力紛争の影響』[11] によって明らかにされた，子どもたちの窮状の報告を受けて，総会が特別代表職創設を決議したことに由来している[12]。この決議を受けて，1998 年に初代の特別代表として事務総長に指名されたのがオトゥヌ氏であった。

同年の安保理会合における発言では上記の報告書を踏まえて，過去 10 年の間に武力紛争によって子どもたちの 200 万人が殺され，100 万人以上が孤児となり，600 万人が深刻な負傷によって障害を背負い，1200 万人以上が家を追われたことを指摘している。さらに子どもたちは，軍事要員として徴兵されているだけでなく，強かんなどの性的暴力の対象となっている惨状を訴え，その解決のための安保理の関与を求めた[13]。その後も特別代表の安保理への招致は継続的に行われることとなり，オトゥヌ氏は任期が終了する 2005 年までに，文民の保護や子どもと武力紛争を扱うテーマ別会合に計 5 回出席し，発言を行っている。また 2006 年からオトゥヌ氏の後任として特別代表に着任したラディカ・クマラスワミ (Radhika Coomaraswamy) 氏は 2010 年 12 月までに，「子どもと武力紛争」を議題とした安保理会合に計 7 回出席し，今日まで継続している紛争下の子どもの窮状について発言している。これらの例が示すように，安保理において国連諸機関が情報提供を行うことで，文民の保護に関する理事国の問題意識や規範意識に影響を与える機会が増加していくことになったのである。

(3) テーマ別会合の議長国と出席する機関の多様化

1998 年に開催された「アフリカの状況」と「子どもと武力紛争」についてのテーマ別会合を受けて，1999 年以降には文民の保護そのものを議題とした会合が毎年開かれるようになったが，多くの場合は理事国以外の加盟国

---

11) Note by the Secretary-General, *Promotion and protection of the rights of children: Impact of armed conflict on children*, A/51/306, (26 August 1996).
12) A/RES/51/77, (20 February 1997), para. 35.
13) S/PV. 3896, (29 June 1998), pp. 2-5.

も参加し発言する公開討論の形式がとられている。松浦はテーマ別議題の下での安保理会合を,理事国以外の加盟国からの意見を聴く機会を設けることで,安保理における議論の正当性を補強し,総会との融和をはかる目的をもった会合であると位置づけている[14]。上述した「子どもと武力紛争」のように,まず総会において議論の対象とされた問題が,武力紛争との関係性から安保理において討議されるようになるなど,特定の紛争解決には直結しないながらも,より広義の安全保障問題を話し合う場として安保理が機能し始めていると理解できよう。

またテーマ別議題はその月に議長を務める理事国の主導のもとに提案されることから,常任理事国5カ国と異なり,通常指導力を発揮する機会の少ない非常任理事国によってしばしば設定されてきたが[15],この傾向は文民の保護に関する三つの議題にも共通してみられる特徴である。まず「子どもと武力紛争」について議長国として初めて取り上げたのはポルトガルであり,その後は開催順にジャマイカ,チリ,ベニン,ペルー,パナマ,ベトナム,メキシコがそれぞれ議長を務めた月に開催されている。「武力紛争下の文民の保護」については,カナダが1999年に最初にテーマ別議題として設定したのに続いて,オランダ,ジャマイカ,ノルウェー,コロンビア,ブルガリア,フィリピン,アルジェリア,デンマーク,カタール,ベルギー,インドネシア,トルコ,オーストリア,ナイジェリアと,多くの非常任理事国が議長として取り上げてきた。さらに2000年にナミビアによって初めて設定された「女性と平和,安全保障」を議題とした会合は,カメルーン,ルーマニア,日本,南アフリカ,ガーナ,ベトナム,ウガンダがそれぞれ議長を務めている。他方で常任理事国をみると,英仏2カ国が一般的にテーマ別議題の設定に積極的であるとされるが[16],文民の保護に関する三種類のテーマだけを見ても,2010年12月までに英国が7回,フランスが4回議長国として取り上げているほか,米国は「女性と平和,安全保障」をテーマとした会合

---

14) 松浦 (2009) 213, 214 頁。
15) 松浦 (2009) 214 頁。
16) 松浦 (2009) 214 頁。

のみではあるが，議長国として計4回開催している。他方でロシアと中国はそれぞれ1回ずつの開催にとどまっていることから，常任理事国の間でも会合開催への積極性には差異があることがわかる。

　こうして多くの加盟国が参加して開催されるようになった文民の保護に関する会合には，複数の分野にわたる国連機関が招致され，発言を行ってきた。章末に掲げた表3にあるように，文民の保護に関するテーマごとに分類すれば，招致される機関の種類は以下のとおりである。

　1998年6月に最初に開催された「子どもと武力紛争」を議題とする会合には，上述した子どもと武力紛争担当の事務総長特別代表が毎回招致されているのに加えて，2001年以降は事務局長をはじめとするUNICEFの関係者が毎回出席し，発言を行っている。このテーマは2003年以降毎年開催されるようになり，理事国を含めて40カ国以上の国々が毎回討論に参加し，高い関心を示している。また事務総長の報告書が提出された際には事務総長自らも発言し，その内容を説明している。さらに2008年の会合以降は，毎回平和維持活動を担当する事務次長等の参加も続いており，ここにも平和維持活動にとって子どもを含めた文民の保護が重要な任務となっている傾向を読みとることができる。

　次に1999年2月に初めて開催された「武力紛争下の文民の保護」を議題とした会合には，この初回の会合にのみUNICEF事務局長とオトゥヌ事務総長特別代表が出席しているが，同年9月の会合では事務総長報告書を説明するアナン事務総長に加えて，メアリー・ロビンソン（Mary Robinson）人権高等弁務官が招致されて発言している。このテーマの下での会合も2001年以降毎年開催されるようになったが，2001年11月から2009年6月までの16回の会合には，人道問題・緊急支援調整担当の事務次長のみが国連機関として招致されている。その後はこの事務次長に加えて，2009年11月の会合には康京和人権副高等弁務官が，また2010年7月と11月の会合にはナバメセム・ピレー（Navanethem Pillay）人権高等弁務官が招致されているほか，2010年11月には平和維持活動担当アラン・ルロイ（Alain Le Roy）事務次長が初めて出席していることからも，文民の保護が人権保障や平和維持活動とも関連する問題として議論されるようになっていることがわかる。

そして2000年10月に初めて開催された「女性と平和，安全保障」についてのテーマ別会合には，ジェンダー問題と女性の地位向上を担当するアンジェラ・キング（Angela King）事務総長顧問とノエリーン・ヘイザー（Noeleen Hayzer）国連女性開発基金（UNIFEM）事務局長が招致されている。そしてアナン事務総長とともに，紛争によって女性が受けている被害状況を報告するとともに，平和維持活動においてジェンダーの視点を取り入れた「ジェンダーの主流化」の必要性や，和平交渉や紛争後の平和構築における女性の役割について発言している[17]。このように第1回目の会合当初から平和維持活動についての言及がみられたことが示すように，女性特有のニーズや紛争における被害状況を踏まえた保護の問題は，平和維持活動の改革と結び付けて議論される傾向がその後も続いている。すなわち，第2回の公開討論となった2002年7月の会合には，キング，ヘイザー両氏に加えて平和維持活動を担当する事務次長が招致されており，その後も毎年開催される公開討論の大半に平和維持活動関係者が招致され，発言を行っている。
　また他のテーマと比較すれば，招致される国連機関は多岐にわたっており，経済社会理事会の議長，OHCHR，国連人口基金（UNFPA），女性の地位向上のための国際訓練研修所（INSTRAW），平和構築支援局，平和構築委員会議長等が出席している。さらに2010年以降は同年2月に着任した紛争下の性的暴力担当のマルゴット・ウォルストロム（Margot Wallström）事務総長特別代表や，2010年7月に国連内の四つの女性問題に関わる機関を統合したジェンダー間平等と女性のエンパワーメントのための国連機関（UN Women）[18]の事務局長を務めるミシェル・バチェレ（Michelle Bachelet）事務次長も出席している。このように国連システムを横断するように多様な国連機関が関わっていることからも，この女性と平和，安全保障に関する問題が平和維持活動をはじめ，平和構築，人権，女性の地位向上やジェンダーなど，

---

17) S/PV. 4208, (24 October 2000), pp. 2–9.
18) 国連事務局内にあったジェンダー問題と女性の地位向上に関する事務総長特別顧問室（OSAGI）と女性の地位向上部（DAW），そしてUNIFEM，INSTRAWの四機関を統合して新たに創設された機関。A/RES/64/289, (21 July 2010), para. 49.

### (4) 文民の保護任務の設定に関する国連機関の役割

1990年代末以降,安保理において文民の保護をめぐるテーマ別の会合がくり返し開催されていたこの時期は,平和維持活動が再び活動数を増やし,文民の保護機能をその明示的な任務として取り込み始めた時期にあたっていた。第Ⅱ章でみたように,2010年12月現在までにこの文民保護の任務を与えられた活動は11にのぼる。テーマ別議題による会合において,武力紛争下にある文民が置かれている苦境について多様な主体から情報提供を受け,くり返し議論を行っていた同じ時期に,文民の保護に関する平和維持活動の任務も次第に優先順位が高められ,その内容も詳細化していったのである。

平和維持活動の任務は安保理決議によって決定されるが,理事国のなかでもその議題を主導する政府によって決議案が準備され,他の理事国に提示されて調整が行われるのが通例である[19]。すなわち,決議を準備する側であれ採択する側であれ,最終的には15の理事国が任務内容の決定権を握っていることになる。その理事国が文民の保護を安全保障上の問題として認識し,平和維持活動の任務として取り込む必要性を認めていく過程において,前述したテーマ別会合は重要な役割を果たしていたと考えられる。なぜなら,それらの会合のなかで文民が紛争中に受ける被害状況についての情報が提供されただけでなく,第Ⅱ章第1節でみたように,会合を受けて採択された安保理決議や議長声明によっても,平和維持活動の任務として議題に即した保護が求められてきたためである。

このテーマ別会合の場において平和維持活動の任務としての文民の保護を求める流れが,活動の設立を審議する会合にまで及んだ事例が,初めて文民の保護任務をもつ UNAMSIL の設立決議を採択した1999年10月22日の会合であった。第Ⅱ章第2節でみたように,直前にシエラレオネを訪問していた,子どもと武力紛争担当のオトゥヌ事務総長特別代表が出席し,そこで語られた子どもたちの惨状が理事国に強い影響を与えたのである[20]。このシ

---

[19] 松浦 (2009) 217-220 頁。

エラレオネにおける子どもたちの保護の必要性は,設立決議採択前に事務総長によって提出された報告書のなかでも,独立した項目を設けて言及されていた[21]。UNAMSIL 設立決議の前文では,この報告書に加えて,同年9月に提出された武力紛争下の文民の保護に平和維持活動が積極的に貢献することを求めた事務総長報告書[22] にも言及している。これらの決議の文言からも,子どもをはじめとする文民の保護が,平和維持活動にとって重要な問題として安保理において認識されていたことがわかる。

さらに当時,文民の保護の問題に積極的に取り組む外交方針を示していたカナダ政府が理事国の席を占めていたことも,文民の保護を任務化するうえで重要であったと指摘されている[23]。そもそも安保理のテーマ別議題として「武力紛争下の文民の保護」を初めて取り上げたのはカナダが議長を務めていた1999年の2月であり,UNAMSIL 設立の翌2000年4月にも同テーマの会合の議長を務めて安保理における議論の機会を設けていた。この会合に先立つ同年2月に,MONUC の任務権限に文民の保護が組み込まれる経緯においても,カナダは積極的な役割を演じていた。その直前の1月24日に開催された「コンゴ民主共和国に関する状況」についての安保理公開討論に際して,ウガンダやルワンダといった非理事国とともにカナダは,平和維持活動による文民の保護の必要性を主張していたのである。カナダ政府を代表してロイド・アックスワージー(Lloyd Axworthy)外相は,UNAMSIL に初めて明示的な保護任務が設定されたことを想起しつつ,MONUC についても国連憲章第7章の下での文民の保護のための明確な任務の設定を主張した[24]。その結果,2月24日に採択された決議1291は,UNAMSIL の決議と同様に,その活動能力と展開地域の範囲内という限定を設けつつも,差し迫った身体的暴力にさらされている文民の保護のために,憲章第7章の下で

---

20) S/PV. 4054, (22 October 1999), pp. 2–5 15
21) Eighth Report of the Secretary-General on the United Nations Observer Mission in Sierra Leone, S/1999/1003, (28 September 1999), paras. 19–22.
22) Report of the Secretary-General to the Security Council on the Protection of Civilians in Armed Conflict, S/1999/957, (8 September 1999).
23) Holt, Taylor and Kelly (2009) pp. 39, 40.

第Ⅲ章　背景要因としての多主体間主義

「必要な行動をとる（take the necessary action）」ことを決定したのである[25]。

その後も文民の保護任務が与えられた活動の設立が続くことになるが、いずれも設立のための決議を採択する前に、現地情勢について事務局や国連機関の関係者から情報提供や政策提言を受けてから、活動が設立されるという経緯をたどっている。また設立決議採択の前に、活動の任務権限について詳細に計画する事務総長報告書においても、文民の保護に関する任務の必要性が言及されるだけでなく、その内容や担当する要員の構成についても詳細に示されるようになった。2003年9月にUNMILを設立する決議1509が採択される3日前には、文民の保護活動についての詳細な活動計画を含む事務総長報告書[26]を検討する会合に、リベリア担当のジャック・クレイン（Jacques Klein）事務総長特別代表が招致されているが、その発言のなかでも文民の保護の強化の必要性が強調されていた[27]。その後も2004年にUNOCI、MINUSTAH、ONUB、2005年にはUNMISと、文民の保護任務をもつ活動の設立が続くが、いずれも活動を提案する事務総長報告書のなかで文民の被害状況が指摘されたうえで、活動任務として文民の保護が明記されるという共通点をもっていた[28]。

---

24) S/PV.4092,（Resumption 1),（24 January 2000), pp. 9-12. カナダ政府も当初は紛争の複雑さと活動の計画不足を懸念していたとされるが、決議採択時には議長国を務めたアルゼンチンやナミビアが保護任務を支持し、決議が採択されたという。Holt, Taylor and Kelly（2009）pp. 47, 48. アックスワージー外相はカナダの外交政策を「人間の安全保障（human security）」概念を軸として展開し、そのなかでも特に武力紛争における犠牲者の保護や救済をカナダの中核的な外交課題として提唱し、在任期間中にこの分野で多くの業績を上げたことで知られている。1997年の対人地雷禁止条約（オタワ条約）の締結にこぎつけたオタワ・プロセスや、1998年の国際刑事裁判所規程（ローマ規程）の採択を行ったローマ会議において、ネットワークNGOと協力しながら終始条約締結のために主導的な役割を果たしている。また「保護する責任」概念を提案することになる「介入と国家主権に関する国際委員会（ICISS）」の創設に関わったことでも知られている。Axworthy（2001）.

25) S/RES/1291,（24 February 2000), para. 8.

26) Report of the Secretary-General to Security Council on Liberia, S/2003/875,（11 September 2003).

27) S/PV. 4826,（16 September 2003), p. 6.

(5) 保護任務の優先化の提案

　こうして活動の設立決議に明記されるようになっていった文民の保護任務は，2007年のUNAMID以降になると，決議のなかでの優先順位が上がり，主要な任務として設定されていく傾向がみられる。優先化される以前の2004年に開始された三つの活動の設立決議をみると，いずれも複数ある任務のなかの一つとして位置づけられており，その記載順位からみれば優先順位がとりわけ高いわけではなかった。UNOCIは決議1528の第6段落に列挙された十七ある任務の九番目，MINUSTAHは決議1542の第7段落「Ⅰ 安全で安定した環境」に関する六つの任務の六番目，ONUBでは決議1545の第5段落に列挙された九つの任務の八番目に記載されており，また2005年に設立されたUNMISは決議1590の第4段落「(a)包括的和平合意の実施支援」に関する任務として列挙された十ある任務の九番目とされていた。

　しかし，2007年7月31日に決議1769によって設立されたUNAMIDについてみると，その任務権限は，同年6月5日の事務総長とAU委員会議長による報告書に列挙された任務権限がそのまま採用されており[29]，そこでは文民の保護任務は報告書の第54段落に列挙された八つの任務のうちの第二番目に置かれている[30]。その背景としては，UNAMIDが派遣されたスーダン西部のダルフール地域において数多くの文民への攻撃が発生していたことが，度重なるダルフール情勢についての事務総長報告書によって指摘されていただけでなく，人権高等弁務官によって安保理で紹介された2005年のダルフールの国際調査委員会報告書をはじめ[31]，多くの情報が安保理に提供

---

28) それぞれの報告書のなかで文民の保護任務が示されているのは，以下の箇所である。
UNOCI: Report of The Secretary-General on the United Nations Mission in Côte d'Ivoire submitted pursuant to Security Counsil Resolution 1514 (2003) of 13 November 2003, S/2004/3, (6 January 2004), para. 62. MINUSTAH: Report of the Secretary-General on Haiti, S/2004/300, (16 April 2004), para. 70. ONUB: Report of the Secretary-General on Brundi, S/2004/210, (16 March 2004), pp. 15-18. UNMIS: Report of the Secretary-General on Sudan, S/2005/57, (31 January 2005), para. 28.
29) S/RES/1769, (31 July 2007), para. 1.
30) Letter dated 5 June 2007 from the Secretary-General to the President of the Security Council, S/2007/307/Rev. 1, (5 June 2007), para. 54.

第Ⅲ章　背景要因としての多主体間主義

されていた。また2007年にUNAMID設立決議が採択される前月6月には国際刑事裁判所（ICC）のルイ・モレノ＝オカンポ（Luis Moreno-Ocampo）検察官が安保理会合に招致され、スーダンの状況に関する事務総長報告に関連して、ダルフールにおける人道に対する罪や戦争犯罪の状況について発言を行っている[32]。

さらに、2007年9月25日に決議1778によって設立されたMINURCATの文民の保護任務は、第2段落に七つ列挙された任務の冒頭の四つの任務は「安全保障と文民の保護」という項目に分類されている。さらに同決議の第6段落ではEUに対して、憲章第7章の下で「必要なあらゆる措置をとる（take all necessary measures）」ことを授権しているが、EUに与えられた三つの任務うちの第一番目が「特に難民や避難民等、危険にさらされている文民の保護に貢献する（to contribute to protecting civilians in danger, particularly refugees and displaced persons）」任務とされていることからも、その優先順位が高まっていることが見てとれよう。

そしてこの優先化を最も顕著に示したのが、2008年12月にMONUCの任期を延長する際に採択された決議1856であった[33]。この決議の前文では、人道状況および人権状況が悪化し、文民を標的にした攻撃や性的暴力、子ども兵の採用などに強い懸念が表明されたうえで、本文の第2段落から第3段落にかけて、文民の保護を最優先の任務として設定し直すことが次のように明記されたのである。

　2．MONUCに対して、文民の保護を中心にキブにおける危機への対応に最も高い優先順位を与えること、また来る一年間の活動を徐々にコンゴ民主共和国の東部に集中させることを要請し、
　3．この決議の採択以降は、コンゴ民主共和国政府と緊密に協力しつつ、

---

31) Letter dated 31 January 2005 from the Secretary-General addressed to the President of the Security Council, S/2006/60, (1 February 2005). S/PV. 5125, (16 February 2005), pp. 3–5.
32) S/PV. 5687, (7 June 2007), pp. 2–5.
33) S/RES/1856, (22 December 2008).

141

MONUCは以下の優先順位のもとに任務権限を有することを決定する。
　文民，人道支援要員，国連活動要員と施設の保護
(a)　あらゆる紛争当事者によって行使される暴力を含めて，差し迫った身体的暴力にさらされている，人道支援要員を含む文民の保護を確保する。
(b)　人道支援の提供を行ううえでの治安状況の改善に貢献し，難民と国内避難民の自発的な帰還を支援する。
(c)　国連活動要員，施設，敷地，装備の保護を確保する。
(d)　国連要員及び関係者の安全と移動の自由を確保する。
(e)　市民的な騒乱に際しては治安を改善するために国家警察および治安部隊ととも合同パトロールを実施する。
（以下略）

　これらの任務は憲章第7章の下で決定されているうえに，決議の第5段落ではその活動能力と展開地域の範囲内という限定が付されつつも，「必要なあらゆる手段を用いる（use all necessary means）」ことが明記されている。さらに第6段落では上述した5項目の文民の保護任務以外にも多くの任務が列挙されているなかで，活動能力や資源の利用に関する意思決定において，文民の保護任務が最優先されなくてはならないことが強調されているのである。
　こうした保護任務の最優先化は，MONUCの後継活動として2010年7月から活動を開始しているMONUSCOを設立した決議1925にも一貫してみられる。やはり第7章の下で採択された同決議では，その第12段落に20項目に分けて列挙された任務のうち，前半の11項目すべてが「文民の保護」という項目に分類されており，その第一番目の項目として「あらゆる紛争当事者によって行使される暴力を含めて，差し迫った身体的暴力にさらされている人道支援や人権保障要員を含む文民の実効的な保護を確保する（Ensure the effective protection of civilians, including humanitarian personnel and human rights defenders, under imminent threat of physical violence, in particular violence emanating from any of the parties engaged in the conflict）」ことが明記されたのである。さらにその直前にある第11段落では，やはりこれまでの事例と同

様にその活動能力と展開地域の範囲内という限定が付されつつも、活動能力や資源の利用に関する意思決定において文民の保護が優先されること、また「必要なあらゆる手段を用いる（use all necessary means）」ことが明記されている。そして、従来は文民の保護と同じ項目にまとめて記載されていた国連要員や施設等の保護が、別の項目として第二番目に置かれていることからも、MONUSCO の任務として文民の保護は最も優先順位の高い位置づけを与えられたことがわかるのである。そしてこの冒頭の二つの項目をあわせた 11 項目に渡って、保護任務の内容が詳細に規定されたことも、その特徴であった。

このような任務の優先化にいたる過程においても、多くの国連機関による情報提供や政策提言が行われていた。2008 年 12 月の決議 1856 の採択を前にして、11 月 21 日に提出された事務総長報告書には、コンゴ民主共和国における複数の紛争当事者による裁判なしの処刑行為、性的暴力、拷問、大規模な殺戮、誘拐、子ども兵の強制的な徴集、強制移住、国内避難民のキャンプの破壊、強制労働など、多くの深刻な文民の被害が記されている。特に南北のキブ州とイツリ地域において性的暴力が深刻化しており、UNFPA の調査を引用しながら、2008 年前半だけで 6693 件の性的暴力の被害が確認されていること、そのうち 55% を 10 歳から 17 歳の被害者が、また 10% を 10 歳以下の被害者が占めていることなど、被害の詳細を明らかにしている[34]。そのうえで、MONUC の任務権限として文民の保護機能の強化とそのために必要な装備について具体的な提言が行われている[35]。さらにこの事務総長報告書について審議する 11 月 26 日の安保理会合には、MONUC を率いるアラン・ドス（Alan Doss）事務総長特別代表が招致され、敵対行為の再発により 25 万人もの人々が影響を受け、故郷を追われただけでなく、文民が

---

[34] Fourth special report of the Secretary-General on the United Nations Organization Mission in the Democratic Republic of the Congo, S/2008/728, (21 November 2008), paras. 31-34.

[35] Fourth special report of the Secretary-General on the United Nations Organization Mission in the Democratic Republic of the Congo, S/2008/728, (21 November 2008), paras. 61, 62, 85.

攻撃対象となって被害を受けている状況を報告している[36]。

また 2010 年 5 月の MONUSCO 設立決議採択前に，活動の詳細を計画立案した事務総長報告書のなかでも，MONUC による文民の保護任務が引き続き十分に達成されていない結果発生している深刻な被害状況が報告されている。この報告によれば，東部州では 30 万人以上が新たに国内避難民化したほか，エクアトール州では 6 万人近くが国内避難民となり，11 万 4000 人がコンゴ共和国へ，1 万 8000 人が中央アフリカ共和国へ難民となって逃れたという。さらに 2009 年だけで新たに 52 人の少女を含む 848 人の子どもが兵員として徴集されたこと，また UNFPA の調査によれば 1 万 5027 件の性的な暴行事件が発生したことを明らかにし，依然として続いている文民の深刻な被害状況について詳細に報告したうえで，文民の保護を最も優先される任務とすべきだと指摘している[37]。さらに決議採択の前月にあたる 4 月には，この事務総長報告書について審議する安保理会合に再びドス事務総長特別代表が招致され，今後改編される活動においても文民の保護が重要な任務となるとの見解を示していた[38]。

以上でみてきたように，国連事務局をはじめとした国連諸機関が安保理会合に頻繁に出席し，議題についての情報提供を行うだけでなく，安保理の措置についての提案や計画を作成し，さらに決定された措置の実施とその報告機能を果たすなかで，文民の保護任務の一般化と優先化が進むことになったのである。そしてこれらの事例が示している理事国以外の主体による安保理会合への関与は，同時期にさらに国連外の主体へと広がっていった。

---

36) S/PV. 6024, (26 November 2008), pp. 2, 3.
37) Thirty-first report of the Secretary-General on the United Nations Organization Mission in the Democratic Republic of the Congo, S/2010/164, (30 March 2010), paras. 60-74, 138.
38) S/PV. 6297, (13 April 2010), p. 8.

## 2　NGOと国連安全保障体制

### (1)　NGOという主体の特徴

　冷戦後の国連安全保障体制における多主体間主義を最も先鋭な形であらわしているのが，NGOによる安保理への関与の増加である。国連事務局や諸機関と異なり，安保理と公的な組織構成上のつながりをもたないNGOが安保理への関与を深めていったのは，やはり冷戦終焉以降の新しい現象である。NGOはその一般的な定義が困難なほどの多様な組織形態をとっているが，本書の考察対象となるのは，人道支援や人権擁護，紛争予防，平和構築などの，国連安全保障体制の機能と重複もしくは関連する活動を行っている，国際的および国内的な非政府組織である。国際場裡におけるNGOの台頭は各方面で指摘されているが，数の上でもその存在感は政府間機構をはるかに凌ぐ存在である。国際的な組織に限定してみても，1万3000以上存在する国際的な機構のうち1万2000以上がNGOであり，その割合は92%を超えている。分野別には，例として難民への支援を目的とする機構をみると，1987年の時点で，政府間，非政府間双方の合計で89団体であったのが，約20年後の2008年には242団体と，3倍近い伸びを見せている。そのうち75%を占める182団体がNGOである[39]。

　このように飛躍的に成長しているNGOは，個別の現業活動においてだけでなく，環境，人権，軍縮などにわたる多分野の国際的な問題の設定，議論，政策決定，そして実施に関しても影響力を行使するようになっている。その現象の一部が，冷戦後の国連安全保障体制にも及ぶようになったのである。しかし，同時にこのような影響力の伸張現象は，近年NGOの正当性や説明責任（accountability）についての議論をも喚起してきた。選挙で選出された代表ではない構成員からなるNGOは，いったい誰のいかなる利益を代表して安保理などの国際的な舞台で行動しているのかについて，問われるように

---

39) Union of International Associations (2010) pp. 3-43, 212-228. Union of International Associations (2003) pp.3-43, 212-228. Union of International Associations (2009) p. 179.

なっているのである[40]。

　安保理の意思決定過程への関与を強めている NGO をみてみれば，その活動分野は人道支援および人権が多く，前者ではケア（CARE），国境なき医師団（Médecins Sans Frontières: MSF），オックスファム（Oxfam），セーブ・ザ・チルドレン（Save the Children），ワールド・ビジョン（World Vision）などであり，また後者ではアムネスティ・インターナショナル（Amnesty International），ヒューマン・ライツ・ウォッチ（Human Rights Watch）などが積極的な関与を展開してきた[41]。これらの NGO の活動目的に照らしてみるならば，活動分野ごとにその特徴があり，これらの組織の正当性を支える要因となっていると考えられる。まず人道支援 NGO の特徴としては，その活動目的の中心が紛争犠牲者の救済や保護に置かれている点がある。ICRC および赤新月社が作成し，2010 年 12 月時点で，上記の四つの NGO を含む国際および国内 NGO 約 472 団体が採択している人道支援機関の「行動規範（Code of Conduct）」には，この点が強く打ち出されている[42]。これらの人道支援に関わる NGO の主要な活動目的は，困難な状況に置かれている人間の苦痛を緩和することであり，そのためには常に犠牲者を中心に据えてそのニーズに応えることが活動内容となる。また活動の原則は，人種や宗教，思想，政治信条による差別なくニーズのみにもとづいて支援を提供するという意味での「不偏性」であり，さらにはいかなる政府の政策からも独立するという意味での「独立性」と，国境を越えた価値と利益の実現を目指す「普遍性」をもつ活動として規定されているのである。

　他方で人権 NGO の活動目的の特徴は，いうまでもなく世界人権宣言等に代表される人権の保障を世界中で促進することにあり，重大な人権侵害からの救済と防止を目指している点である[43]。以上の特徴点に共通するのは，

---

40) Jordan and van Tuijl (2006) pp. 3-5.
41) Paul (2004) p. 381.
42) International Federation of Red Cross, Red Crescent Societies and ICRC, *The Code of Conduct: Principles of Conduct for The International Red Cross and Red Crescent Movement and NGOs in Disaster Reliefe*, (http://www.ifrc.org/publicat/conduct/). Ritchie (2003) p. 207.

第Ⅲ章　背景要因としての多主体間主義

　これらの NGO の活動目的が国際人道法や国際人権法規範群によって体現される，規範的な秩序の構築と密接に関係しており，法的な権利の実現を追求している点である。NGO 自体は公的な正当化の手続きを経ずに創設された組織ではあるものの，各国政府によって起草され，採択された国際法規範群の遵守と実施に貢献するという活動目的を通して，その活動を正当化することが可能になるのである[44]。

　このように，紛争犠牲者への支援活動によって，国際人道法と人権法の実現を目指す活動を展開する NGO は，国家主体や国家との協力関係を前提とする国際機構とは異なり，より犠牲者の立場に近く，実際に必要とされている支援を提供することができると評価されることが多い。特に国内 NGO は，住民参加を促すかたちでの草の根レベルでの活動を中心としており，地域密着型の長期的関与を行っているために，紛争発生時にすぐ活動を開始でき，また地域の事情や言語，文化に通じていることからも，紛争犠牲者の状況を的確に把握し，適切な対応をすることが可能であると評価されている[45]。さらに緊急時の人道支援活動がしばしば短期的かつ近視眼的な目的を達成するために行われるのに対して，最終的には共同体の支援を通して自立的な開発を可能とし，貧困の緩和を目指す長期的な開発援助活動と結びつける NGO の存在が注目されている。これらの NGO は，紛争の原因となる構造的問題の複雑性を理解し，その解消に向けて息の長い関与を通して紛争再発防止に貢献しうるからである。このような開発援助を行う国内 NGO と国際的な人道支援 NGO の連携が近年は進んでおり，より長期的な問題への取り組みが模索されるようになった[46]。

　こうして地域に根ざした活動を続ける NGO は，政府による保護の対象か

---

43) Amnesty International, *Amnesty International Mission Statement*,〈http://pages.uoregon.edu/amnesty/mission.html〉. Human Rights Watch, *Mission Statement*,〈http://www.hrw.org/en/about〉.
44) Richmond（2003）pp. 4, 5.
45) Natsios（1996）pp. 71, 72. Natsios（1997）pp. 343–346. Abiew and Keating（1999）p. 93. 重田（2005）148–152 頁.
46) Natsios（1997）pp. 343, 344, 346. 重田（2005）156–171 頁.

ら、または国際機構による保護から脱落した人々への支援を可能とし、その独自の存在意義を発揮してきた。マレーシアの国連大使を務めたイスマイル・ラザリ（Ismail Razali）は90年代後半の時点ですでに、国家や国連とは異なるNGO独自の意義を次のように強調していた。

> NGOは（世界銀行と国際通貨基金（IMF）をのぞいた）国連システム全体よりも多くの開発援助を提供しているだけでなく、政府や民間セクターが到達できない、または無視している地域に開発や教育、保健衛生サービスを届けています。各国政府および国連は、NGOが提起する新しいアイデアから多くを得ることになるでしょう[47]。

こうしたNGOの特徴に着目すれば、近年活発になったNGOによる安保理への関与は、実際に紛争犠牲者に接しながら活動を積み重ねてきたNGOが、国家代表によって代弁されることの少ない紛争犠牲者のニーズを、国際的な意思決定の場に伝える機能を果たすようになったと解釈できるだろう[48]。また、安保理の意思決定を左右する理事国政府や、政策の具体的作成に携わる国連事務局に積極的に関与するNGOも90年代半ばから増え始めているが、それも紛争犠牲者のニーズに応えるというこれらの機構の活動目的のために行われていると考えられるのである。アビュー（Francis Kofi Abiew）とキーティング（Tom Keating）は、これらのNGO活動の特徴を整理して以下の五点を指摘している。すなわち、①最貧層および僻地への到達、②低予算、③地域組織の強化と周縁化された集団の強化、④柔軟で実際的、かつ偏りが少ない活動（政治的中立性）、⑤被介入者にとっての受け入れやすさ、という特徴である[49]。そして、これらの点において利点を有するNGOが、国連の安全保障分野の活動にも参加し始めている。多様化が進んだ関与主体のなかでも近年その影響力を増しているNGOは、国家や国家から構成

---

47) Razali (1997) p. 329.
48) Boulding (1997) p. 317.
49) Abiew and Keating (1999) p. 94.

される政府間国際機構にはない，以上のような独自の存在意義をもつ点で特徴的であるといえよう。

### (2) 文民保護活動における人道支援 NGO と国連機関との連携

国連安全保障体制において NGO の存在感が増していったのは，なによりもまず活動現場においてである。その背景にはすでに指摘したように，平和維持活動を中心に国連安全保障体制の機能が多様化し，文民の保護任務にも乗り出し始めた流れがあった。その結果，これらの問題に政策論の次元のみならず，現場の実施についても専門的に取り組んできた NGO をはじめとする非国家主体[50]が，安全保障分野の関与主体として重みを増すようになったのである。国連システムの多面性により，国連諸機関に安全保障機能の多機能化現象への固有の対応能力が備わっていたことはすでに指摘したが，冷戦後の変化はその能力を凌駕するほどの急激な勢いで進んでいた。紛争の頻発によって難民および国内避難民などの文民の犠牲者が急激に増加し，90 年代の時点ですでに国連諸機関の活動実施能力を上回るようになったのである[51]。

---

50) 本書では安保理への関与を深める非国家主体の一つとして赤十字国際委員会（ICRC）を扱うが，ICRC 自体は NGO と国際機構の中間的存在と自らを位置づけている。戦争および内乱犠牲者の生命と尊厳を保護し，支援を提供する人道機関として 1863 年に創設された同委員会は，1949 年のジュネーブ第一条約においてその任務権限を認められた機関であり，国際法人格を有し，特権免除を受け，国連のオブザーバー資格を有するなど，NGO とは多くの点で異なる性格をもっている。実際の活動においても，たとえばソマリアでは 1991 年暮れから 1992 年にかけて，治安の悪化を受けて国連機関が撤退するなか，「ソマリア赤新月社（Somalia Red Crescent Society）」や「国境なき医師団（MSF）」，「ワールド・ビジョン（World Vision）」，「ケア（CARE）」，「セーブ・ザ・チルドレン（Save the Children-UK）」とともに残り，医療の提供や食糧支援を続けた。この時期だけで 20 万トンを超える食糧を提供し，1992 年初頭には 5 万人，同年の 9 月から 12 月までに 4 万人の生命を救ったとされる。またボスニアでは戦争捕虜や抑留中の人々の解放交渉を担当し，家族の再会支援（通信支援）を行うなど独自の活動を展開すると同時に，医療物資や設備の提供，食糧支援なども行った。Rose（1996）p. 152. Weiss（1999a）p. 117.

51) Abiew and Keating（1999）pp. 95-97. 星野俊也は，国家，国際機構，市民社会／NGO 等が共同で実施する政策の総体を，「国際平和回復政策」と名づけて分析している。星野（2004）。

UNHCR の例でみると，1990 年には年間 6 億ドル規模であった予算は，1990 年代半ばには 13 億ドルを超える大幅な増額をみている[52]。その背景には，冷戦終焉後の紛争数の増加に加えて，支援対象外であった国内避難民を支援対象に含めるなどの活動対象者の拡大があり，さらには短期の大量難民流出を周辺国が望まず，紛争国内での活動が求められるなど，さまざまな事情が働いていた。これらの事情が相俟って，すでに多くの負担を負っていた国連諸機関において活動量の増加が短期間に生じたのである[53]。こうした業務の急激な増加に直面していた国連機関の機能を補完する役割を果たしたのが，人道支援を専門とする NGO であった。これらの NGO は，国連活動が行われていない紛争地での経験も豊富であり，また国連機関と異なり，支援対象国の同意を必要とせず国家主権を乗り越えた一方的な支援活動が可能であることから，しばしば緊急食糧・医療支援活動の分野では国連機関に先駆けて活動を展開する主力となってきた。

　国連機関を機能的に補完している NGO の多くは，国連の安全保障活動が人道支援に取り組むようになる以前から，紛争犠牲者の救済と保護のための活動を続けてきた団体である。緊急支援活動のほかにも，草の根の活動を活かした早期警報や，支援団体が存在することで先進国のメディアの関心を集めて紛争犠牲者を保護する機能を果たし，さらに紛争地の問題状況を世界に発信する啓蒙活動など多彩な活動を行ってきた[54]。そして 90 年代以降は平和維持活動が展開される紛争地において，国連機関と連携した活動を展開するようになったのである。

　たとえば 90 年代の平和維持活動の「失敗」事例としてとりあげられることの多いソマリアでは，1991 から 1992 年にかけて，隣国ケニアへ流出した大量のソマリア難民の保護活動に際して，UNHCR はケニア赤十字社，ケア・ケニア（CARE-Kenya），ルーテル世界連合（Lutheran World Federation），

---

52) 国連難民高等弁務官事務所（2000）166, 167 頁。
53) 国連難民高等弁務官事務所（2000）217-233 頁。Newland and Meyers（1999）. Troeller（2001）.
54) Natsios（1997）pp. 349-352. Ferris（2003）pp. 129-134.

第Ⅲ章　背景要因としての多主体間主義

アフリカ医療研究基金（African Medical Research Foundation）の4団体を主導機関に選んで契約を交わし，難民保護業務を委託している。一日平均900人以上の難民が流入したケニアでは，最終的にソマリアからの難民の総数は40万人以上にのぼったと言われている。上記の各主導機関の下にさらに多くの国際および国内 NGO が実施を請け負う体制が組まれ，主導機関は活動調整，活動評価，資金調達の一部までこなし，難民キャンプの実質的な運営を行っていた[55]。また旧ユーゴスラヴィアでは，人道支援活動を行う NGO は1993年までに国際 NGO だけでも91団体，国内 NGO を入れると126団体が活動し，UNHCR の人道支援の90％以上が地元の NGO によって行われていた[56]。

さらにルワンダでは1994年のジェノサイドの最中に，多くの NGO が撤退するなか，ICRC と MSF は医療活動を続け，カリタス（Caritas）とオックスファムは支援物資の搬入を試みたという。そしてオックスファムが初めて「ジェノサイド」という言葉を使い，国際社会による軍事的手段も含めた介入を求め始めた[57]。その後ジェノサイドを実行したフツ系政府がツチ系の RPF に倒されると，報復を恐れて，または逃亡する政権側が文民を人間の盾とする目的で混乱を煽ったため，200万人以上が国外へ難民として流出する事態となり，特にルワンダ国境に近いザイール東部ゴマには120万人以上が集中した。それは前代未聞の規模の急激な難民流出であったが，250近い NGO が駆けつけ，国連機関の対応能力を補うことになった[58]。

このように，国連だけでは対応しきれない紛争地での人道的な危機の多発を受けて，90年代半ば以降には，NGO との公式な提携関係を強化する動きが国連機関の側にもみられるようになった。特に一部の国際的な NGO は，国連が対応できない状況にあっても独自の経験と技術をいかした活動を展開するなど，国連機関を上回る能力を発揮することも少なくない。平和維持活

---

55) Juma (1995) pp. 97-109.
56) Weiss (1999a) pp. 117, 118. 国連難民高等弁務官事務所（2000）194，195頁。
57) de Waal (1997) pp. 192-195.
58) 国連難民高等弁務官事務所（2000）245-251頁。Abiew (2003) p. 29.

動の目的である，紛争犠牲者となっている文民の救済や保護を実効的に行うためにも，これらの NGO との提携強化が今日では不可欠となっている[59]。たとえば，食糧支援を中心に活動を展開している世界食糧計画（WFP）の 2009 年の報告書によれば，230 の国際 NGO，2607 の国内 NGO のあわせて 2837 の NGO と世界各地で提携関係をもっており，その食糧支援の 48% を NGO を通して行っているという[60]。また国連機関のなかでも NGO との提携に最も積極的であるといわれるのが，UNHCR である。ソマリアやルワンダの例をみても明らかであったように，もはや NGO の存在なしでは難民支援活動が展開できないことを認識し，1994 年以降 NGO との提携関係の強化に乗り出すようになった[61]。2009 年の時点で，159 の国際 NGO と 513 の国内 NGO をあわせた 672 の NGO を通して，活動資金の 27% が支出されており，1270 件もの提携協定が NGO と締結されている[62]。また業務上の連携に関する課題について討議するための NGO との会合も毎年開催しており，2009 年には 73 の国内 NGO を含む 170 の NGO が参加し，今後の連携のあり方について議論が行われた[63]。

　こうした NGO の文民保護活動の現場における活躍の背景にはさらに，90 年代以降における援助資金の NGO への集中があったことも指摘されている。財政的にも規模を拡大していった結果，NGO は人道支援や開発援助活動において中心的な役割を果たすことが可能となり，存在感が増すことになったのである。まず各国政府による拠出をみると，NGO を通して行われる援助

---

59) Abiew (2003) p. 25.
60) WFP, WFP's Operational Relationship with NGOs, Annual Report 2009, p. 7.
61) UNHCR の事務所規程（UNHCR, *Statute of the Office of The United Nations High Commissioner For Refugees*, (A/RES/428 (V)/Annex/14/Dec/1950) 第 8 項および第 10 項には，民間機関との調整や資金の分配が記されており，創設当初から NGO との協働は想定されていた。しかし積極的な提携関係の強化や公式化をはかるようになったのは，90 年代以降である。
62) UNHCR, *UNHCR Global Report 2009, Working in Partnership*, (1 June 2010), p. 5.
63) UNHCR, *Report on UNHCR'S Annual Consultations with Non-Governmental Oranizations*, 29 JUNE-1 JULY 2009. Geneva, Switzerland. (UNHCR homepage: http://www.unhcr.org/ngo-consultations/ngo-consultations-2009/Final-Full-Report-on-UNHCR-Annual-Consultations-with-NGOs-29June-1July2009.pdf)

額は,80年代以降の20年間で約五倍に増加している。また,紛争の結果生じる各地の人道的な危機が関心を集めるようになったことから,開発援助にあてられていた資金の多くが緊急時の人道支援活動に割り当てられるようになったことも,人道支援を任務とするNGOの資金増につながったと指摘されている[64]。こうした文民保護活動現場におけるNGOの台頭は,活動の派遣を決定する意思決定の場へと波及していくことになった。

(3) NGOによる安保理への関与増加の背景

90年代以降,安保理における意思決定の場に積極的に関与するようになった主体のなかには,現業活動において存在感を発揮していたNGOが多く含まれていた。安全保障分野が,従来は国家のほとんど排他的な活動分野であったことを考えれば,NGOの関与は大きな変化であり,90年代以降まさに劇的な増加をみせている[65]。

その背景として指摘できるのは,(2)でみたように安保理が決定する平和維持活動が多機能化し,紛争犠牲者となった文民の救済や保護といったNGOが専門的に活動してきた分野に安保理が関わるようになったことである。安保理が決定する多機能型活動の増加を受け,NGOはそれらの活動へ

---

64) 特に西側先進国政府が出資する資金がNGOに集中するようになった背景には,支援活動を行っているNGOの効率性や実効性が評価されたこととあわせて,支援の受け入れ国政府の人権侵害行為などに不満を持つ出資国が,政府ではなくNGOへ資金を回すようになったという事情がある。通常,国連や各国政府が行う支援活動の資金は,支援対象国の政府があて先であったことを考えると,これは大きな変化である。今日では,ブレトン・ウッズ機構を除いた国連システム全体の予算よりも多くの資金がNGOへ出資されており,さらに国連がNGOに活動の実施を委託する際にも資金を提供していることも,資金の集中を促進していると考えられる。Duffield (1997) pp. 532, 533. Gordenker and Weiss (1996) pp. 25, 31, 32. Natsios (1996) p. 69. これらの事情によるNGOの資金の増加は,10年前までには考えられない規模の活動を可能とし,第三世界においてはNGOが国家の行政活動に匹敵する機能を果たすまでにいたったと評価されるようになった。Donini (1996) p. 89. 90年代以降のNGOへの資金の集中および人道支援活動への集中に関しては,以下の文献を参照した。Gordenker and Weiss (1996) pp. 25, 31–32. Abiew and Keating (1999) p. 92. UNDP, *Human Development Report 2002*, (Oxford University Press: New York/Oxford, 2002) p. 102.
65) Donini (1996) p. 87. Abiew (2003) pp. 5–7.

の働きかけと監視を強める必要性を感じるようになったのである。同時に安保理理事国の側も，現業活動においても，またメディアやインターネットを通じた情報発信によって行われる世論形成においても影響力を増しているNGOを，もはや無関係な主体として排除できなくなりつつある。特に紛争現場の状況については，しばしば各国政府や国連機関よりも精通しているために，安保理における政策立案や意思決定においても，NGOがもつ情報や政策提言が重要な意味を持つようになっている[66]。また理事国のなかでも特に非常任理事国の10カ国が，安保理の活動量の増加と活動内容の多様化を受けて，常任理事国と同等の政治的責任を果たすために，NGOからの情報提供や政策提言を求めるようになっている。その最も初期の例としては，1991年以降ソマリアの状況が悪化するなか，当時の安保理議長国であったベネズエラのアリア国連大使が，国連事務局が十分な情報を提供していないと考え，現地の情勢に詳しいNGOであるアフリカン・ウォッチ（African Watch）の責任者から個別に説明を受けた事例がある。このように安保理関連施設でNGOに会うことは当時では例外的なことであった。その後アリア大使は，NGOと理事国の定例会合開催の推進役を担うことになる[67]。

　NGOの側も国連において展開する活動を，このような状況の変化に応じて変えていった。たとえば，その世界的な人権監視活動で知られるアムネスティ・インターナショナルと国連との関わりでみてみると，70年代半ば以降は主に国連人権委員会などへの情報提供とロビー活動を中心とし，1984年の「拷問禁止条約」などの採択に尽力するなど，人権擁護のための基準設定への関与が主であった。しかし90年代以降には，安保理への情報提供や政策提言，さらには政策立案の支援を積極的に展開し，平和維持活動と人権の関係についての提言や，人権問題に配慮した文民警察訓練用の手引きの作成，また人権部の活動についての提言を行うようになっている[68]。

---

66) Uvin (1996) pp. 168, 169. Gear (1996) p. 63.
67) 大使が安保理議長の部屋でNGOから説明を受けたことを知った国連事務局職員は困惑し，安保理の関連施設でNGOに会うことは受け入れられないと述べたという。Weschler (2004) p. 62.
68) Martens (2004) pp. 1068-1070. 阿部／今井／藤本（2009）277-287頁。

第Ⅲ章　背景要因としての多主体間主義

　さらに安保理の活動が増加し，多くの加盟国やその住民に影響力を与えるようになった結果，その意思決定過程における「民主主義の欠損（democratic deficit）」が問題とされていることも関係している。世界中に多くの影響を与える重要な決定を 15 カ国のみで，それもしばしば非公式会合において行っている安保理での意思決定方法に対して，その透明性や説明責任が十分ではないといった批判がみられるようになっている[69]。これらの批判への対処として，安保理の側にも NGO との協議の拡大を利用する必要がうまれているのである。実際に安保理との協議に参加する NGO は，その内容や問題点などの情報をインターネットなどで積極的に公開しており，安保理における各国の実行を世間にさらすことで，国益に引きずられがちな理事国の行動への監視機能をも果たすようになっている。これらの要因が背景となり，さらに NGO からの積極的な働きかけに理解を示す一部の理事国が支援することで，冷戦後にみられるようになった NGO による安保理の意思決定過程への関与が進行したと考えられるのである[70]。

(4)　NGO による安保理への働きかけ――アリア方式と NGO 作業グループ

　NGO と安保理の間の情報交換や協議のきっかけをつくったのは，先に触れたベネズエラ国連代表であり，1992 年 3 月に安保理の議長を務めていたアリア大使である。複数の理事国と NGO の協議の端緒を開いた事例が，旧ユーゴスラヴィア紛争が深刻化していた 1992 年当時，紛争地を後にしたばかりのクロアチア人司祭の目撃証言を聴くために，議長国であるベネズエラの提案によって開催された非公式の会合であった。安保理の公式の席上での開催は前例がないとして認められなかったため，代表団のラウンジで行われることになったが，議長が各国代表を招待すると 10 カ国以上の大使が参加したという。この会合において多くの大使が証言内容に衝撃を受けると同時に，現場で活動する主体からの情報入手の重要性が認識されるきっかけとなった。以降，安保理理事国大使が特定の問題について専門家から説明を受け

---

69) Hulton (2004) pp. 237, 241-247.
70) Paul (2004) p. 381.

ることが慣行化し，NGO が非公式ながら安保理に関与する道が開かれたのである。この方式は発案者であったアリア大使の名前を取って，「アリア方式（Arria Formula）」と呼ばれている[71]。

また NGO の側も安保理改革の議論が総会で活発化した 1995 年に，主要 NGO の代表者が合同で NGO 作業グループ（NGO Working Group of the United Nations Security Council）を発足させ，1996 年には安保理事国との協議を目指して NGO 代表と理事国代表間の会合を提案し，同年 11 月には 12 カ国の理事国代表と NGO 代表による会合を実現している。グループの中核となったのは，オックスファム，MSF 等の人道支援 NGO や，アムネスティ・インターナショナルやヒューマン・ライツ・ウォッチなどの人権 NGO に加えて，クエーカー国連事務所（the Quaker UN Office），（the World Council of Churches）などのキリスト教系 NGO，世界連邦運動（World Federalist Movement），国際女性保護センター（International Women's Tribune Center）などであったという[72]。

ところが，理事国のなかには NGO による安保理への関与を敬遠する国もあったため，その後も NGO と安保理の協議関係は直線的には発展せず，紆余曲折を経ることになった。1996 年末に NGO 作業グループ議長が安保理議長に書簡を送り，安保理議長が NGO に毎月説明を行うための協議の定例化を要請したが，安保理における理事国間の協議の結果，議長国が NGO と公式に会合をもつことはやめ，各国代表が個別に会うにとどめるとの結論が出されたのである[73]。また 1996 年に非常任理事国であったチリの大使によって人道援助 NGO と理事国代表の協議が働きかけられたが，アリア方式の活用には反対意見が出されたため，人道問題局長が議長を務める別方式が採用され，1997 年 2 月にはほぼすべての理事国代表が参加する非公式会合の開催が実現された。その際には，ケア，MSF，オックスファムの代表が招

---

71) Weschler (2004) pp. 61, 62. 阿部／今井／藤本（2009）287-289 頁。
72) James Paul, *A Short History of the NGO Working Group on the Security Council, September* 2010, (http://www.globalpolicy.org/security-council/ngo-working-group-on-the-security-council.html)

第Ⅲ章　背景要因としての多主体間主義

致され，主要な紛争地における人道状況についての説明を行っているが，この方式が再び利用されることはなかった[74]。また1997年8月にはポルトガル代表がアムネスティ・インターナショナルのピエール・サネ（Pierre Sané）事務局長のアリア方式会合への招致を提案し，9月15日実現しているが，安保理ではその賛否をめぐって紛糾し，実現はしたもののアドホックな例外とされ，以降二年間はアリア方式会合にNGOが招待されない事態が続いたのである[75]。

しかしその後も理事国はNGOとの関係について非公式に協議を続けた結果，一部の積極的な理事国の主導のもとにNGOとの協議を再開するようになった。1998年10月には，非常任理事国となったスウェーデン代表団の部屋で他の理事国も参加して非公式に協議の場が設けられ，スーダンの内戦について，ケア，MSF，オックスファム，セーブ・ザ・チルドレンの四つのNGOが報告を行っている。さらに1999年から非常任理事国となったカナダ，オランダ，アルゼンチンなども積極的にNGOとの会合を企画し，理事国間の非公式会合の場にNGOの代表が招待される機会も増加した。2000年4月以降は，主要な人道支援NGOと「アリア方式」を利用した会合が定期化している。また2006年には，安保理における作業方法をまとめた安保理議長ノートの別添資料のなかに，この「アリア方式」が記載されることとなった。その記載内容から，「アリア方式」が理事国によってどのように位

---

73) NGOと安保理の協議を推進するNGO作業グループは，「グローバル・ポリシー・フォーラム（Global Policy Forum）」というNGOを事務局としており，そのホームページを通して作業の進展状況を紹介している。グループ自体の活動資金はロックフェラー財団およびマッカーサー財団から多くを提供されており，その構成員は30のNGOの代表者からなる。James Paul, *A Short History of the NGO Working Group on the Security Council*, September 2010,〈http://www.globalpolicy.org/security-council/ngo-working-group-on-the-security-council.html〉．

74) James Paul, *The Arria Formula*, October 2003,〈http://www.globalpolicy.org/security-council/tables-and-charts-on-the-security-council-0-82/40088.html〉．

75) Global Policy Forum, *Amnesty Leader Pierre Sané Briefs Council in Historic Step, Broadening NGO Consultation*.〈www.globalpolicy.org/security/mtgsetc/sane.htm〉．James Paul, *The Arria Formula*, October 2003,〈http://www.globalpolicy.org/security-council/tables-and-charts-on-the-security-council-0-82/40088.html〉．

置づけられているかをうかがい知ることができる。

　　安保理理事国は「アリア方式」会合を，その審議を深めるための柔軟かつ非公式なフォーラムとして利用することを意図する。その目的のために，安保理理事国は非公式にいかなる加盟国，関連する組織や個人をも，「アリア方式」非公式会合に参加するよう招致する。安保理理事国はこれらの会合を，国連現地事務所により提案される国内 NGO を含めた市民社会や NGO との接触を拡充するために利用することの検討に同意する。安保理理事国は会合の準備期間を長く設定し，参加者が発言する論点の設定，テレビ会議方式による参加の承認などの措置を導入することを奨励する[76]。（第 54 段落）

　このように，理事国自身も NGO と接する会合の活用を認め，定例化しているのである。2010 年 4 月にはこの議長ノートの実施を話し合う安保理の公開討論が開催されたが，非常任理事国を中心に多くの討論参加国がアリア方式に言及し，その意義を強調している[77]。

　もちろんこうした方式に抵抗を示す理事国も残っていることは，その非公式な位置づけからも明らかである。松浦によれば，理事国内には NGO などの非国家主体を，安保理仮手続規則 39 によってその公式会合に招致することに抵抗があり，合意が得られない場合にアリア方式会合が用いられていると説明している。理事国間の意見の相違を反映して，この会合は安保理の会合ではなく，安保理の理事国が開催する非公式な会合として位置づけられ，安保理議長は議事進行を行わず，安保理議場や非公式協議室も用いられないなどの形式がとられていることも，松浦によって公表された国連の非公式資料等によって示されている[78]。しかし他方で NGO から提供される専門知識や現地の情報を活用し，理事国としての影響力を強めようとするカナダやオ

---

76) *Note by the President of the Security Council*, A/2006/507, (19 July 2006), para. 54.
77) S/PV/6300, (22 April 2010), S/PV/6300, (22 April 2010), (Resumption 1).
78) 松浦 (2009) 201-203, 300-302 頁。

第Ⅲ章　背景要因としての多主体間主義

ランダ代表の主導により,「武力紛争下の文民の保護」を議題とした安保理会合が開催されることが決まると, その会合に備えて人道支援 NGO が招待され, 同問題に関する報告や提言を行う場としても利用されているのである[79]。

また, NGO 作業グループも 1997 年以降安保理理事国との協議を定例化させ, 1997 年には年 15 回であった開催回数は, 2001 年以降は毎年 40 回前後の開催を実現してきた[80]。アリア方式との違いは, アリア方式が基本的には 15 の理事国すべての参加による会合を目指しているのに対し, 作業グループは理事国の大使や関係者と個別に協議を行う方式を採用していることである。グループの事務局長を務めるジェームズ・ポール (James A. Paul) によれば, 通常 1 時間半程度の時間をかけて, 理事会で問題となっている事態についての活発な議論が展開されるという。NGO の側からは理事国関係者が知らない人道危機や人権侵害状況等の情報提供が行われるほか, 理事会がまだ取り上げていないテーマ別の議題を提案することもある。また 2001 年以降は国連事務局をはじめとする国連機関の職員とも協議を開始し, これまでに軍縮局や PKO 局, 平和構築支援局との協議を行ったほか, 人権高等弁務官や関連する分野の事務次長とも協議を行ってきた。さらに個別テーマごとの作業グループも立ち上げ, 特定の問題領域についての情報提供や政策提言活動をも実施するようになっている。こうしたテーマ別の作業グループとして安保理の意思決定過程に影響を与えたのが, 文民の保護に関する二つの分野, すなわち 2000 年に設立された女性と平和, 安全保障 NGO 作業グループ (NGO Working Group on Women, Peace and Security) であり, 子どもと武力紛争ウォッチ・リスト (Watchlist on Children and Armed Conflict) であった[81]。

---

79) Paul (2003). Paul (2004) pp. 376–380.
80) http://www.globalpolicy.org/events-mm/ngo-working-group-on-the-security-council-meetings.html.
81) James Paul, *A Short History of the NGO Working Group on the Security Council*, September 2010,〈http://www.globalpolicy.org/security-council/ngo-working-group-on-the-security-council.html〉

以上のように，冷戦後の国連において，後退を見せた時期を経ながらも，NGOが安保理に関与する機会や方式が組織的に整えられ，定例化されてきた。こうして関与を始めたNGOは，非常任理事国を中心にNGOとの協力を志向する加盟国，そして関連する国連機関との連携を強めることで，文民の保護に関わる安保理の意思決定や活動の実施に際して影響力を発揮するようになっていったのである。

## 3　文民の保護と国連における多主体間主義

### (1)　「女性と平和，安全保障」決議の採択

　安保理理事国との協議を続けていたNGOが次に目指したのが，個別の問題分野ごとの安保理決議の採択であった。冷戦後の安保理におけるテーマ別議題会合が増加し，その議題に関する政策目標を表明する決議を採択する傾向にあったことを利用して，NGOが推進する政策目標が安保理決議として採択されるように働きかけようとしたのである。その代表的な事例が，2000年10月31日に採択された安保理決議1325「女性と平和，安全保障」であった[82]。

　その表題に示されているように，安全保障の議論において女性に関わる問題の重視を目指すこの決議は，主に女性問題に取り組む多くの国際および国内NGOと，採択に同調する理事国や国連機関との広範な連携作業によって企画され，提案され，実現したものとして知られている。決議の前文には，武力紛争中に犠牲になる文民の大多数が女性と子どもであるとして，紛争犠牲者としての女性の問題を取り上げると同時に，女性が紛争の予防や解決，さらには平和構築において重要な役割を果たしうることを確認している。この決議は90年代末以降，紛争犠牲者に注目した活動を取り込むようになった平和維持活動の流れに呼応するものであると同時に，その後の活動において，女性の紛争犠牲者が有する特別なニーズに応える政策が取り入れられていく道を開いた点で，近年の国連安全保障体制の文民の保護をめぐる新しい

---

[82]　S/RES/1325, (31 October 2000).

流れを設定した決議の一つであると位置づけられよう。

　第Ⅱ章でも概観したように同決議の本文では，安全保障に関する意思決定から和平交渉，平和維持活動においてジェンダーの視点を取り入れる必要性を強調し，具体的な政策を提言している。主なものとしては，活動要員に，女性やこどもの特別なニーズや人権への配慮を可能とする訓練を行うこと（第1から第3段落），意思決定過程および現業活動により多くの女性の参加を実現すること（第4段落），特に強かんを含む性的暴力など，あらゆる形態の暴力からの保護と，女性と少女の権利と保護に関する国際法の尊重の徹底，およびこれらの犯罪行為についての免責や恩赦からの除外（第9から第11段落），その他紛争後の活動や憲章第41条にもとづく非軍事的措置における女性や少女の特別なニーズへの配慮（第13および第14段落）などを求めている。さらに安保理が使節団を派遣する際にも，ジェンダーと女性の権利を考慮に入れるために，国内および国際的な女性NGOとの協議を求め（第15段落），また事務総長にこの問題についてのさらなる研究を要請している（第16段落）。

　この決議の採択を推進したNGOは，従来の安全保障の議論において女性の視点が周辺的な位置に置かれており，女性が武力紛争下で受ける被害の経験や，平和構築において果たす役割に対する関心や情報が少ないことを問題視していた。また和平交渉や安全保障の意思決定において，女性の参加は限られており，国連が実施する平和維持活動も男性中心的であるために性的搾取の問題が生じるなど，ジェンダーの視点の欠落がNGOだけでなく，それらのNGOと協力関係を築いてきた女性問題を扱う国連機関などによっても指摘されてきた[83]。1994年以降，女性の地位向上部（DAW）によりジェンダーと平和の関係を話し合う会合が開催されたほか，ジェンダー問題担当事務総長特別代表室がPKO局との協力のもと，PKOにおけるジェンダーの主流化の議論が開始され，2000年5月末にナミビアにおいて2000年5月に国連ナミビア支援グループ（UNTAG）の活動10周年を記念した会議「複合型平和活動におけるジェンダーの主流化」の開催を実現している[84]。

---

83) Tryggested (2009) p. 546.

またNGOのなかでも，英国のロンドンに本部を置き，暴力的紛争の非暴力的予防，管理，転換をめざす国際NGOインターナショナル・アラート（International Alert）は，1999年5月初めに「女性，暴力的紛争と平和構築：地球的な視点」と題する国際会議を開催し，中東，中米，ヨーロッパ，アフリカ，アジアの40カ国から50人以上の出席者を集め，共通の活動目的の設定を働きかけた。協議の結果，女性の意思決定や平和構築過程への参加，女性の保護の強化，女性への犯罪の免責の撤廃などに関する五つの活動目的を中心に，それらを盛り込んだ安保理決議の採択を目指すことで合意をみたのである[85]。続けて同時期にオランダのハーグで開催された「ハーグ平和宣言百周年会議」をきっかけとして，地球規模のキャンペーンが開始された。冷戦後の安保理がその活動内容に文民の保護を組み込むようになったこと，さらにテーマ別議題会合を開始した時期とも重なり，女性と平和および安全保障の問題を安保理の議題にのせる好機とみたためである[86]。その活動目標の推進にあたっては，まず他のNGOとの連携がはかられた。多くの女性問題や紛争解決を扱う国際NGOとの協力体制を築くとともに，多くの人々の支持を獲得するために世界中の国内NGOと協力した啓蒙および署名活動を展開した。

　国際的な連携体制をつくりあげていたこれらのNGOは，同時に，安保理の理事国を中心に加盟国への働きかけを強め，特に当時の安保理議長国であったナミビアとの関係を強化していった。ナミビアは前述したジェンダーの主流化に関する会議を開催した経験から，女性と紛争の問題についての関心が高く，積極的な協力が行われることになった。ナミビアが議長国を務める2000年10月に「女性と平和，安全保障」を安保理の議題として提案するこ

---

84) Department of Peacekeeping Operations, Lesson Learned Unit, *Mainstreaming a Gender Perspective in Multidimensional Peacekeeping Operations*, July 2000.
85) 五つの目標として，1) 女性が和平交渉などの意思決定に参加すること，2) 女性を社会復興と和解の中心に据えること，3) 難民，国内避難民およびその他の紛争に影響を受けた女性の保護と参加の強化，4) 女性に対して行われた犯罪の免責を終わらせ犯罪撲滅を保障すること，5) 女性の平和構築組織に十分かつ持続的な資源の提供が掲げられた。International Alert（2004）pp. 95-98.
86) International Alert（2004）pp. 99-100.

第Ⅲ章　背景要因としての多主体間主義

と，さらに決議の提案国となることを約束したのである[87]。

またNGO作業グループのなかのテーマ別グループとして2000年から活動を開始した女性と平和，安全保障NGO作業グループも，決議採択をの中心的な目標として，理事国への働きかけを本格化させていった。これらの働きかけを受けて，非常任理事国を中心に決議の採択を支援する動きも活発化している。ジャマイカとアイルランドは同問題に関する「アリア方式」の討論の開催を引き受け，バングラデシュはプレスリリースを配信して問題の広報に貢献した。またフィンランドは，欧州各地の政府・非政府関係者を集めて公聴会開催している。そのほかにもカナダ，オランダ，スロベニアなど紛争中の市民の保護に積極的な関心をもつ理事国が支持を表明した。また国連の関連機関への働きかけも行われ，UNIFEM，UNICEF，DAW，PKO局をはじめとする多くの国連機関との協力関係の構築も進められた。推進派のNGO諸団体は，これらの多様な主体にむけて，これまでの研究と政策提言内容を説明会や報告書によって紹介し，中心となる五つの目標への支持を開拓していったのである[88]。

こうした一連の働きかけの結果，UNIFEMとナミビア代表が決議案を用意することになり，採択にむけた準備が本格化した。2000年10月23日のアリア方式会合ではソマリア，ザンビア，グアテマラからの女性問題専門家による証言が，また10月24および25日には特別公聴会が開催され，出席した43カ国すべてが平和維持活動におけるジェンダーへの配慮について言及した。そして10月24日にナミビア代表によって提出された決議案は，10月31日に全会一致で採択されたのである[89]。それは，安保理における議題の設定や決議の採択がもはや理事国が独占する領域ではなくなり，NGOがその活動目的に同調する理事国や国連諸機関との連携を通して関与しうることを示した点において，国連安全保障体制における多主体間主義を象徴する出来事だったのである。

---

87) Tryggested (2009) pp. 546-548.
88) International Alert (2004) pp. 99-104. Tryggested (2009) pp. 548, 549.
89) International Alert (2004) p. 105.

(2) 安保理における議論の継続と多主体による関与

　この決議1325の採択後も，NGO作業グループは決議の実施と実施状況の監視を新たな活動目的として活動を継続している。カナダ政府の主導により加盟国の間で結成された決議1325の友好国（Friends of 1325）による協議に出席するほか，国連の関連機関との関係も継続させている[90]。こうした働きかけの結果，その後も「女性と平和，安全保障」を議題とする安保理会合は定期的に開催されるようになり，決議も蓄積されてきた。特筆されるのは2004年以降，それらの安保理公式会合の席に，NGO関係者が仮手続規則39の下に正式に招致され，発言するようになったことである。章末の表3に示したように，国連機関の関係者と並んで，NGO作業グループ関係者をはじめ，2005年にはアフガニスタンで活動するウィメン・フォー・ウィメン・インターナショナル（Women for Women International），またコートジボワールから平和のためのアフリカ女性ネットワーク（Network of African Women for Peace）の関係者が，2006年にはブルンジの国内NGOドシレハムエ（Dushirehamwe Association）と東ティモールの女性ネットワーク（the Rede Feto）の関係者が出席するなど，ほぼ毎回NGO関係者が招致されている。

　これらのNGO関係者はその発言のなかで決議1325の採択の意義を認めつつも，決議内容の実施が不十分であることを指摘し，さらなる政策提言や決議の採択を求める発言が少なくない。平和のためのアフリカ女性ネットワークのエレーヌ・ダンディ（Hélène Dandi Lou）代表は，1325決議の弱点はその実効的な実施が担保されていない点にあり，加盟国や国連機関によっても十分に実施されておらず，多くの国々の女性にその存在が知られていないために活用されていないことを指摘している。そのうえで，紛争の犠牲となった女性の救済のための財政的措置の優先化や，加盟国による決議の実施を監視し報告する委員会の設立等を提言した[91]。また2008年の会合に参加したNGO作業グループの代表は，決議の採択にもかかわらず，国連機関を含めて，女性が和平プロセスや平和構築活動に参加する機会が十分に保障され

---

90) Tryggested (2009) pp. 547-549.
91) S/PV. 5294, (27 October 2005), pp. 12-14.

第Ⅲ章　背景要因としての多主体間主義

ていないことを指摘し，さらに 2009 年の会合では実施のための強い政治的なリーダーシップと一貫した組織的な実施，そして実施を監視するシステムを求めている[92]。

またこれらの NGO 代表とともに，国連機関が招致されて発言をしていることはすでにみたが，関係する国連機関によっても，安保理が関心を向けるべき武力紛争下の女性の保護に関する情報が提供され，また政策が提案されてきた。2008 年 6 月の会合に招致されたパトリック・カマエット（Patrick Cammaert）少将は，MONUC の司令官を務めた経験から，紛争地域では戦争の手段として女性や少女に対する暴力が用いられていることを報告し，紛争後社会における責任者の不処罰が，性的な暴力の継続を招いていると指摘している。そのうえで，平和維持活動の展開によってダルフールやコンゴ民主共和国における性的暴力は抑止が可能であること，そのためには明確な任務権限，強力な交戦規則，十分に強力な装備，訓練と装備が十分な要員の必要性に加えて，迅速な決定を行うことのできる司令官の重要性を指摘している。また性的暴力の被害者は，軍服に身を包んだ男性要員に向けて被害を申告することには抵抗があることから，女性要員の増員が効果的である点も指摘している[93]。そしてこれらの政策提言を行ったうえで，理事国に対して次のように発言している。

　　このテーブルの周りに座っている皆さんこそが国連なのであり，国連と国際共同体が女性と少女に対する暴力を終わらせるための集中的な行動を続けることを確保するうえで，重要な役割を演じているのです。今この時点において，十分な配慮と注意を必要とする課題が皆さんの前にどんなに多く置かれているか，私たちは理解しています。しかしながら，世界中の女性と少女が苦しんでいるのです。皆さんはこれらの人びとを保護し，その苦しみを終わらせるための現実的で実効的な措置を取る責任を負っているのです[94]。

---

92) S/PV. 6005, (29 October 2008), pp. 8-10. S/PV. 6196, (5 October 2009), p. 7.
93) S/PV. 5916, (19 June 2008), pp. 9, 10.

この発言の後，安保理は性的暴力の問題を取り上げた決議 1820 を採択しているが，そのなかで文民たる住民への広範で組織的な攻撃のための戦争の手段として性的暴力が用いられるとき，武力紛争の状況を悪化させるとともに，国際の平和と安全の回復を妨げることを強調している。そのうえで，性的暴力行為の予防と実効的な対応は，国際の平和と安全の維持に貢献することを確認し，適切な対応をとる準備があることを表明している（第1段落）。

　さらに 1325 決議採択の 10 周年を記念する 2010 年には，安保理において「女性と平和，安全保障」を議題とした会合が 3 回開催され，第 3 回目にあたる 12 月 16 日には決議 1960 を採択して性的暴力への対策を具体化させている。まず事務総長が安保理に提出する武力紛争中の性的暴力に関する報告書のなかに，安保理の議題となっている武力紛争において行われている，強かんを含む性的暴力の責任者に関する詳細な情報とそのリストを掲載することを求めた（第3段落）。また関係する国連機関や国家機関，NGO などとも連携して性的暴力についての情報収集を行い，その監視，分析，報告の制度を確立するように求めている（第8段落）。また安保理による制裁の決定に際しても性的暴力の問題を考慮に入れる意図を表明し，国連内の子どもと武力紛争の作業グループや事務総長特別代表等に，安保理の制裁委員会と性的暴力に関連する情報を共有するように求めている（第7段落）[95]。

　こうした多様な主体による安保理での発言を含めた討論とそれらを受けた決議の採択は，「子どもと武力紛争」の分野でも続けられている。2005 年 7 月に採択された決議 1612 では，子ども兵の勧誘や利用，子どもに対する暴力が非難されたうえで（第1段落），全理事国政府から構成される作業部会の設立を決定し（第8段落），これらの行為とその責任者についての詳細な情報が報告される体制を確立し（第3段落），決議の実施とその監視の具体策を打ち出している。この作業部会の設立に際しては，NGO 作業グループから派生した子どもと武力紛争ウォッチリストの働きかけがあり，フランスのジャン=マルク・ド・ラ・サブリエール（Jean-Marc de La Sablière）大使の

---

94) S/PV/5916,（19 June 2008），p. 10.
95) S/RES/1820,（19 June 2008）. S/RES/1960,（16 December 2010）.

第Ⅲ章　背景要因としての多主体間主義

協力によって実現したと言われている[96]。

　また章末の表3にあるように，このテーマ別議題会合においても，2006年以降はNGOの関係者が正式に公式会合に招致されているが，この子どもと武力紛争ウォッチリストの関係者の出席回数が多いことがその特徴である。そのほかには2006年の会合に北部ウガンダで活動するセーブ・ザ・チルドレン（Save the Children）関係者が参加し，国際共同体によって十分に対応されていない分野として，人道支援へのアクセス確保，軍事組織に組み込まれた少女への対応のための資金確保，子どもに対する暴力行為の報告へのより適切な対応の三つを指摘している。また2008年の7月の会合で発言したウォッチリストの関係者は，決議1612によって確立された監視体制に一定の成果がみられるものの，違反行為の責任者の処罰の必要性や性的暴力の被害を含めた監視体制のさらなる強化を，新たな決議の採択によって達成するように提案している[97]。

　これらの発言を受けて，2009年8月に採択された決議1882は，子ども兵の問題に加えて，決議1612では詳述されていなかったその他の暴力行為についても，再徴兵，殺人，四肢の切断，強かんやその他の性的暴力，誘拐，学校や病院への攻撃，人道支援へのアクセスの否定等を具体的に列挙した内容となっている（第1段落）。また事務総長には，その報告書のなかに，殺人，四肢の切断，強かんを含む性的暴力行為の責任者の情報をも盛り込むように要請している（第3段落）。さらに翌2010年の6月には，56カ国が参加した「子どもと武力紛争」の公開討論の場に，子どもと武力紛争担当の事務総長特別代表，PKO担当の事務総長補佐官，UNICEF事務局次長に加えて，ネパール出身で13歳から2年の間子ども兵とされた経験を有する少女が正式に招致され，その経験を会合において披露するという新たな試みが取り入れられている[98]。

---

96) S/RES/1612, (25 July 2005). James Paul, *A Short History of the NGO Working Group on the Security Council*, September 2010, (http://www.globalpolicy.org/security-council/ngo-working-group-on-the-security-council.html)

97) S/PV. 5936, (17 July 2008), pp. 9, 10.

98) S/RES/1882, (4 August 2009). S/PV. 6341, (16 June 2010), pp. 9–12.

このように今日では，安保理会合における文民の保護についての会合は，理事国のみでなく，国連機関関係者やNGOなどの国連外の非国家主体をも招いて開催されている。そこでのNGOや国連機関による発言は，情報提供や政策提言機能を果たすと同時に，安保理によって決定された措置の実施を評価し監視する機能をも果たすようになっているのである。さらにこうした多主体による監視機能は，NGOによるインターネットを使った情報の公開や意見の発信によっても実施されるようになっている。その例としては，理事国との協議を定例化させているNGO作業グループが，その事務局であるグローバル・ポリシー・フォーラム（Global Policy Forum）のホームページを通して公表している安保理に関する情報がある。協議に応じた理事国から入手した安保理の月間作業計画案や拒否権行使の回数など，国連の公式ホームページからは入手できない情報を掲載しているのである[99]。そしてこれらの多主体による評価・監視機能は，安保理の意思決定に関する領域だけではなく，安保理によって設立された平和維持活動に対しても発揮されるようになった。

(3) 多主体による平和維持活動の評価と監視

冷戦後の国連の主要な安全保障機能を担ってきた一連の平和維持活動は，その活動数が増えるとともに，紛争犠牲者である文民に直接関わる任務が増加してきた。その結果，派遣地域において実施している活動が犠牲者の救済や保護にとって本当に望ましいものであるのか，または活動の結果，かえって活動地域の人々に損害を与える場合があるのではないか，といった批判的な見解が，平和維持活動に参加する国連機関やNGOから示されるようになった。これらの主体は，現場において活動に参加することで，その活動実態をつぶさに把握しうる立場にあることからも，こうした批判には実際の観察にもとづいた説得力があると思われる。

このような国連活動への批判的な言説で知られるのが，世界各地の紛争地に医療関係者を派遣しているMSFである。国家主権の尊重と中立的立場の

---

99) http://www.globalpolicy.org/security-council.html

第Ⅲ章　背景要因としての多主体間主義

徹底のために，活動現場で知りえたことを告発せず「守秘性」を貫くICRCによる活動への批判として誕生したこのNGOは，活動によって知りえた問題の「証言」をその任務の一つとし，国際世論に広く知らしめることで解決を訴える活動方針を採用してきた[100]。こうした問題提起は国家に対するものだけでなく，国連による活動の問題性にも及んでいる。

たとえば，平和強制の性格が強かったUNOSOM IIに関しては，特にアイディード将軍派への懲罰的な軍事作戦の過程において，多国籍軍や国連平和維持軍による文民や民間施設への攻撃など，国際人道法に違反する行為がみられたことを指摘している。首都モガディシュではその後治安がさらに悪化し，暴力事件が増えたために支援機関は活動を縮小せざるをえず，人道支援活動の実施を妨げることにもつながったという[101]。また近年の事例をみると，反政府勢力を支援するルワンダおよびウガンダ軍が介入した結果，多くの国際人道法の違反行為をともなう内戦が激化したコンゴ民主共和国についても，安保理の対応の遅れを批判している。2000年2月24日に安保理決議1291によってMONUCが設立されたが，その展開は大幅に遅れ，決議において定められた文民の保護任務を果たす能力は極端に制限されることになった。予定されていた1150人の要員が揃ったのは2002年の6月半ばになってからであったが，その間に200万人以上が避難民化し，2000年5月だけで約300人が反政府勢力によって虐殺されたと言われている[102]。この事例では，安保理事国をはじめとして，加盟国のコンゴ民主共和国の事態の改善を目指す政治的意思の脆弱さとともに，平和維持活動の非実効性が批判されたのである。

また平和維持活動の一環として行われる人道支援活動についても，MSFは積極的に参加する一方で，時にはその方法について批判的な見解を発表し，参加を中止することもある。その事例としては，コンゴ東部のゴマに設けら

---

100) 中井（2003）148-152頁。
101) 国境なき医師団（1994）169-185頁。
102) Le Pape（2004）pp. 218-226. なおMONUCの任務権限や活動の経緯については，以下の文献に詳しい。酒井（2003）。酒井（2004）。

れたルワンダ難民のキャンプがよく知られている。同キャンプは，ジェノサイドを主導した政権軍によって支配され，キャンプの軍事化と難民の搾取，さらには深刻な人道法違反の犯人の不処罰などが問題となっていた。MSFのなかでもそのフランス支部は，こうした難民キャンプを支援し続けるUNHCRを批判し，キャンプでの支援活動から撤退する決定を行っている[103]。またアンゴラでは，国連による人道支援活動は政府側との提携を重んじたために，反政府勢力であるアンゴラ全面独立民族同盟（UNITA）支配地域には実施されない偏った支援となっていたことも，批判の対象となった。特に2000年以降政府軍が対ゲリラ戦略として，ゲリラを支えているとされた文民の居住区を焼き討ちにしたため，大量の強制移動を引き起こすなど，政府軍による多くの国際人道法違反が行われたという。しかし国連は政府側との提携をやめず，安保理においても非難されるのは反政府勢力であるUNITAのみであり，その支配地域の多くの避難民が非人道的状況に置かれ死亡することになった。こうした国連の活動は，政治交渉を人道支援に優先させたばかりでなく，すべての犠牲者への不偏不党な支援提供という人道法の精神に反するとして批判されたのである[104]。

　さらに平和維持活動中に発生する問題として，一部ではあるが活動に参加する要員による性的な搾取などの問題行為が，NGOによって告発されてきた。軍人，文民を問わず，活動要員による活動対象地域での買春や性的暴力が問題となったのである。たとえば，軍事要員だけで1万5000人以上，現地要員を含めた総数では2万5000人を超える大規模な活動となった国連カンボジア暫定行政機構（UNTAC）では，要員による現地女性の買春や性的暴力が現地のNGOによって批判されている[105]。また，シエラレオネでの紛争の結果発生した難民が集まる西アフリカのマノ河周辺地域に，ギニア，リベリア，シエラレオネ3カ国にまたがって設営された難民キャンプにおい

---

103) MSF *Special Report: Breaking the Cycle: Calls for action in Rwandese refugee camps in Tanzania and Zaire,* 10 November 1994, (http://www.doctorswithoutborders.org/publications/article.cfm?id = 1465)
104) Messiant（2004）pp. 120, 133.
105) Whitworth（2004）pp. 67–71.

第Ⅲ章　背景要因としての多主体間主義

て，UNAMSIL 要員や難民支援活動を行う人道支援要員による難民女性および少女の性的搾取が問題化した。関与したのは国連活動要員だけでなく，国際および国内 NGO の要員にもおよび，食糧や金品と引き換えに性交渉を求めるという悪質なものであった。事態を問題視した他の NGO による指摘を受けて，UNHCR は 2001 年の 10 月から 11 月にかけて英国の NGO「セーブ・ザ・チルドレン（Save the Children UK）」と合同で調査を行い，1500 人の成人および子どもへのインタビューによって 67 人の個人への訴えを確認したという。調査結果を公表した報告書では，問題行為によって 10 代の妊娠や危険な中絶，片親家庭，エイズの増加などの問題が発生したことを報告し，国連活動にとっても深刻な問題を提起することになった[106]。

このような活動にともなう人権侵害や犯罪行為に対する批判による監視機能は，現場でともに活動する人道支援 NGO だけでなく，アムネスティ・インターナショナルやヒューマン・ライツ・ウォッチなど，人権問題を専門に扱っている人権 NGO によっても展開されている。これらの NGO も，情報収集やインターネットなどのメディアを用いてその批判的見解を世界中に発信する活動を通して，一定の監視機能を果たしていると評価できよう[107]。その例としては，ヒューマン・ライツ・ウォッチによって指摘された，MONUC のパキスタン出身要員による金と武器の密輸への関与事件がある。2005 年 12 月にヒューマン・ライツ・ウォッチは独自の調査結果にもとづいてこの事件を国連に報告しており，PKO 要員とコンゴ民主共和国の政府軍関係者，そしてケニアの貿易関係者が，東部のイツリ地区から数百万ドル単位の密輸を行っていることを告発している。この告発を受けて，国連自身による捜査が行われたが，その報告書が事件を小規模なものとして扱っていることを批判するために，ヒューマン・ライツ・ウォッチは PKO 局事務次長宛に公開書簡を送っており，またその内容をホームページにおいて公表した

---

106) UNHCR and Save the Children-UK, *Note for Implementing and Operational Partners on Sexual Violence & Exploitation: The Experience of Refugee Children in Guinea, Liberia and Sierra Leone*, based on Initial Findings and Recommendations from Assessment Mission, 22 October-30 November 2001, February 2002.
107) Gear（2003）pp. 76-79. Martens（2004）.

のである[108]。

### (4) 評価・監視機能の意義

こうした批判に対応するため，国連内部でもこれまでの活動の問題点をまとめ，改善する動きがPKO局を中心に進められてきた。過去の活動の反省を活かすための情報を提供する平和維持ベスト・プラクティス課 (Peacekeeping Best Practice Section) が創設されたほか，平和維持活動要員の行動綱領 (Code of Conduct) を作成し，要員自身による性的搾取などの人権侵害やその他の違法行為への関与を，明示的に禁止している[109]。また文民の保護と平和維持活動の関係については，OCHAと合同で独立した研究を依頼して，その成果を2009年に公表している。そのなかでは文民の保護任務を有するMONUC，UNOCI，UNMIS，UNAMIDの四活動について現地調査を行い，安保理における文民の保護任務の計画立案段階と，現場における実施の間の連関が不十分であることが指摘されている。すなわち，安保理で活動を設立するための審議を行うなかで，事務局による計画立案を含めて，紛争地域で実際に文民が受けている被害が正確に考慮されていないこと，また文民の保護に関する政策方針や計画性，準備が十分でないことから，実施を担う事務局や現場指令官の間にも，文民の保護任務が実際にどのような活動を意味するのか，明確に理解されておらず，任務を実施するうえでの障害になっていることが指摘されているのである[110]。

これらの事例に示されているように，多様な主体による評価と監視機能は，安保理の権限行使を監視する可能性を有する点において重要である。冷戦後

---

108) Human Rights Watch, *UN: Hold Peacekeepers Accountable for Congo Smuggling, Letter to Chief of UN Peacekeeping Urges Follow-Through*, (23 July 2007), (http://www.hrw.org/en/news/2007/07/22/un-hold-peacekeepers-accountable-congo-smuggling). MONUCの要員による問題行動については，次の文献も参照した。Autesserre (2010) pp. 86-91.

109) DPKO, *Human Trafficking And United Nations Peacekeeping*, DPKO Policy Paper (March 2004) (http://www.un.org/womenwatch/news/documents/DPKOTraffikingPolicy03-2004.pdf). DPKO, *Ten Rules: Code Of Personal Conduct For Blue Helmets*, (http://cdu.unlb.org/UNStandarduct/TenRulesCodeofPersonalConductForBlueHelmets.aspx).

110) Holt, Taylar and Kelly (2009) pp. 213-240.

第Ⅲ章　背景要因としての多主体間主義

に安保理の活動量が増加し，多くの地域に影響を与える政策が安保理において決定され，また憲章第 7 章の下で決定される措置が増加することによって安保理への集権化が進む一方で，その権限行使を監視する機関の不在が問題となってきたからである[111]。現在にいたるまでそのための司法審査などの公式の制度は整っていないが，実行のうえでは，安保理への関与を深める多様な主体による批判的な見解の表明が，国連活動に対するある種の監視機能を果たすようになりつつある。

　この機能は平和維持活動に関する問題に限られず，安保理によって決定される経済制裁が人道的な危機をもたらす問題についても，UNICEF をはじめとする国連機関によって批判的な見解が表明されてきた。その良く知られた例が，最も長期間かつ包括的な制裁が行われてきたイラクに関する経済制裁であった。制裁による状勢の変化がみられない一方で，対象国内の人道状況が急激に悪化したため，特に文民にもたらされた被害の報告と政策への批判が，多くの NGO だけでなく国連諸機関からも行われていたからである。湾岸戦争後のイラクで UNICEF の調査が行われたのは 1999 年になってからであったが[112]，イラク政府との合同の調査によって，幼児および乳幼児の死亡率の上昇が裏づけられることになった。イラク中部および南部を対象に，1989 年の数字と 1999 年の数字を比較すると，5 歳以下の子どもの死亡率は 1000 人中 56 人から 131 人へ，乳児死亡率は 1000 人中 47 人から 107 人へ，2 倍強の増加がみられたのである[113]。

---

111) Alvarez (1996). Fassbender (2000).
112) UNICEF は経済制裁が子どもに与える影響を調査するため，1993 年 2 月にハーバード大学の公衆衛生専門家に調査を依頼した。その 32 ページにわたる報告書では，イラクの女性と子どもに戦争と制裁が与えた影響を明らかにされ，約三年にわたる経済制裁の結果イラク市民の大部分が貧困状況にあり，湾岸戦争による被害と経済制裁がイラク市民の健康と福祉の最大の脅威となっているとの報告がなされていたが，国連による経済制裁を批判していたイラク政府のプロパガンダに利用されるとの懸念から公表が見合わされることになったという。Annika Savill, "Inside File: UN back-pedals on Baghdad sanctions report," *The Independent*, June 24, 1993, Thursday. Simons (1996), pp. 106-108, 127-129. ユニセフの活動が安保理の政治的状況に巻き込まれるジレンマを指摘した文献としては，以下のものがある。Landgren (2001).

こうした子どもたちの窮状を受けて，UNICEF のベラミー事務局長は，1999 年 2 月 12 日に「武力紛争下の文民の保護」を議題として開催された安保理会合において，経済制裁政策が子どもたちの栄養失調や母子の死亡率に悪影響を与えている問題を指摘し，その改善を訴えた。

　　われわれは子どもたちを制裁の影響から守らなくてはなりません。子どもたちの利益を考慮するならば，義務的，即時的かつ強制可能な人道上の例外品目が認められず，子どもたちをはじめ，他の社会的弱者にとっての制裁の影響を監視する制度なしに，制裁が強制されるべきではありません。包括的な経済制裁の下にあるすべての国において，現在の政策の不適切さによって，子どもの栄養失調や死亡率，また母親の死亡率が危機的な状態となっているのです。このような政策の問題性は，改善されなければなりません[114]。

　このように，NGO をはじめ国連の諸機関など，多様な主体が国連の安全保障体制に関与するようになった今日，安保理はこれらの主体による批判を受けることになった。このような多主体による監視機能は公式の制度ではないため常設化されておらず，事例ごとにばらつきがある点で，まだその初期的な段階にあるものの，組織構成や活動目的が異なる主体間の評価・監視がもつ意義は少なくないと考えられるのである。しかしながら，国連安全保障体制における多主体間主義に関しては，多様な主体が関与しつつ協働するようになったがゆえの問題性も指摘されてきた。本章の最後に，多主体間主義が抱える問題点をも考察し，その課題を明らかにする。

---

113) UNICEF, *Revised country programme document, Iraq*, E/ICEF/2004/P/L.22/Rev.1, November 2004, para.4. Dupraz (2001) p. 155.
114) S/PV. 3977, (12 February 1999), p. 7.

## 4　多主体間主義による文民の保護とその課題

### (1)　文民の保護活動に際する主体間調整

　国連安全保障体制に関与する主体が多様化することは，一方では文民の保護のための機能的な発展を促してきたが，他方ではその主体間相互の関係をどのように規定するのか，という新しい問題を生み出している。特に文民の保護を実施する現場において問題とされたのが，支援機関相互の調整の困難性であった。危機発生直後の緊急対応時においてはしばしば，任務の重複を避け適切な分業のための調整は，関与主体が多くなればなるほど困難であったという。もともと各国連機関は分権性や独立性が強く，UNHCR中心の活動案への反発がみられたり[115]，またソマリアではどの機関が主導権を握るかを巡ってUNDP，UNICEF，国連人道問題局（DHA）の間で主導権争いが行われるなど[116]，機関間の連携の不足や調整手続きの不備が指摘されている。またNGOもその数が増加するにつれて，活動方針だけでなく組織の質にもばらつきがみられるなど，他の主体との間の調整だけでなく，NGOの間の調整不足や対立も問題視されるようになった[117]。

　こうした組織間の調整を改善すべく，1991年12月19日の国連総会決議46/182は，事務次長レベルで緊急援助活動の調整官を設置することを決定し，具体的にはDHAの設立をみることになった[118]。その最大の目的は，国連システム内，および外部主体との連携と調整の強化であった。同局はその後1998年に，さらなる改善をめざしてOCHAへと改組されたが，資金の不足や他の国連機関の抵抗もあり十分に機能しているとはいえず，援助機関間の調整は大きな課題として残されていると指摘されてきた[119]。こうした

---

[115]　Weiss (1999b) pp. 51-53.
[116]　国境なき医師団 (1994) 175, 176頁。de Waal (1997) p. 175.
[117]　Natsios (1997) pp. 344, 345.
[118]　A/RES/46/182, *Strengthening of the coordination of humanitarian emergency assistance of the United Nations*, with Annex, 78th plenary meeting, 19 December 1991. Dedring (1996).
[119]　Weiss (1999b) pp. 59-67.

問題を受けて，2006年6月には事務総長政策委員会の決定として「統合ミッション立案プロセス（Intergrated Mission Planning Process: IMPP）」が国連システム内外の多様な主体間の協働のための指針として示され，すべての関係主体が問題認識や活動目的についての理解を共有するための活動立案方法が規定されることになった[120]。しかし，現在展開されている平和維持活動の文民の保護任務に関しては，活動全体に共通する指針が存在しないことがその任務実現を困難にしていることが指摘されるなど，その実施をめぐる課題はいまだに少なくない[121]。

　さらに調整の問題を複雑にしているのが，軍隊と人道支援機関の間にみられる緊張関係である。危険の多い紛争中の援助活動を余儀なくされたことから，必要に迫られて開始された民軍間の協働は，一定の成果をあげた一方で，さまざまな問題をうむことになった。本来，紛争犠牲者の苦しみの除去を活動の中心に据える人道支援機関と，紛争に備えて戦闘行為を準備する軍隊組織の間には，多くの相反する活動方針や文化が存在しており，双方とも相手側に懐く違和感が少なくない。特に人道支援機関の側は，軍隊やその指導層は，自らが緩和しようとしている人間の苦しみの大部分に責任を有していると考えて，軍隊との協力は実効的ではなく，望ましくもないと考える団体も存在している[122]。

　実際の活動においても，上意下達の指揮命令系統をとる軍隊に比べ，人道支援機関は現場の裁量が大きいなど，組織の運営方法から統制，さらに危険性の認識の面において異なる点が多く存在し，問題となってきた。軍隊の護衛が人道支援活動に同伴する場合に，派兵している西側諸国は自国の軍事要員を危険にさらすことに極度に消極的であると言われる。また軍隊ではしばしば組織内の犠牲者を出さないことを最優先するために，任務の達成は二の次となり，さらに現地の人々への関心が低くなる傾向などが，NGOによっ

---

120) Secretary-General's Policy Committee, *Intergrated Mission Planning Process（IMPP）: Guidelines Endorsed by the Secretary-General XX 2006,*（13 June 2006）.
121) Holt, Taylar and Kelly（2009）pp. 213-240.
122) Ogata（1998）p. 22. Winslow（2000）pp. 222-225.

第Ⅲ章　背景要因としての多主体間主義

て批判されてきた。平和維持軍のほうが人道支援機関より慎重であったために活動への同伴を拒否し，UNHCRだけが活動したこともあったという。また護衛が付いた場合にも，大量のエネルギーは自衛に向けられ，また軍隊の活動は全般に費用が高くつくなど，軍隊による保護がどこまで人道支援活動の安全性と実効性の向上につながるのかについて疑問が呈されることも少なくない[123]。また，軍による支援提供の最終判断は各国に委ねられており，特にソマリア以降，米国を中心に地上軍派兵には各国とも慎重となっているため，どの程度の規模の支援が期待できるのか予測が困難であることも，事前の調整を困難にしている[124]。

　なかでも人道支援活動にとって最も深刻な問題は，いわゆる「国際援助体制の軍事化 (the militarization of international relief system)」が進むことにより，支援機関の中心的な活動原則となってきた不偏性や独立性が侵食される問題である[125]。紛争当事者の一部と敵対関係に立つ可能性のある軍隊による保護は，それが多国籍軍によるものであれ国連の平和維持軍によるものであれ，軍隊に保護される側の人道支援活動ももはや不偏不党かつ非政治的ではありえず，紛争当事者から敵視される結果を招くことになったのである。

　この問題が顕著にあらわれたのは，民軍協働の初期の事例である旧ユーゴスラヴィア，なかでもボスニア・ヘルツェゴビナでの活動であった。UNHCRをはじめとする人道支援機関は，その活動に際して紛争当事者全勢力への不偏不党性を主張していたが，敵対する民族の強制移動と殲滅を意味する「民族浄化」が軍事的目的として追求されたこの紛争では，市民を支援する人道支援活動までもが敵視され，攻撃の対象となっていた[126]。こうした状況に加えて，セルビア人勢力へのNATO軍による空爆が行われると，その空爆が人道支援活動を助けるためであると主張されたものの，実際にはセルビア人勢力が国連による活動をさらに敵視し，その人道支援活動への妨

---

123) Newland and Meyers (1999) pp. 24-27. Winslow (2000) pp. 226, 227.
124)『世界難民白書　1995』(1995) 121-123 頁。Ogata (1998) pp. 223-225.
125) Slim (1995) pp. 1, 2. Abiew and Keating (1999) p. 92.
126) Ogata (1998) p. 224. Newland and Meyers (1999) p. 20.

害に拍車をかける結果を招いたと言われている。特に国連が設置した「安全地域」は，非武装化されずにムスリム側の軍事拠点となった場所もあったため，これらの地域の保護のためにNATO軍によるセルビア人勢力への空爆がなされた後は，対立がさらに激化し，人道支援が滞るだけでなく，人道支援機関の標的化を招くことになった[127]。さらに，実際に地上で人道支援活動を保護するのは，紛争当事者の同意の下で活動していた軽武装のUNPROFORであり，紛争当事者の同意なしにはその保護任務の達成はほとんど不可能であった。NATO軍の空爆による人道支援活動の「支援」がかえって活動を阻害する結果となったことを，当時の司令官であったローズ将軍は次のように指摘している。

　　空軍力の行使によって，輸送車列の通路を強制的に確保することは不可能である。(中略) その国家全体を占領するためのあらゆる権限を付与された侵略軍でないかぎり，いかなる程度の軍事力であれ，同意なしには援助物資を輸送することはできない。(中略) そして輸送車列がとめられ道路が遮断されれば，それは即座に人々が苦しみ始めることを意味するのである[128]。

　このように，軍隊による懲罰的な武力の行使が人道支援活動の不偏性を揺るがし，かえって軍隊の護衛が付けられた場合のほうが攻撃対象になりやすいという事態が生じたことは，文民の保護をめぐる多様な主体間の協調の困難さを物語っているといえよう[129]。

---

127) Newland and Meyers (1999) pp. 20–23, 27, 28. Abiew (2003) pp. 29–33.
128) Rose (1996) pp. 157, 158.
129) Newland and Meyers (1999) p. 20. Winslow (2000) p. 225. ICRCはその中立性確保のために，軍の支援は受けない方針を貫いている組織として知られている。同委員会は，紛争当事者の同意にもとづいて行われている人道支援を円滑に実施するため，平和維持活動および強制活動と人道支援活動の峻別を主張している。The International Committee of the Red Cross, "Statutes of the International Committee of the Red Cross," (*International Review of the Red Cross*, No. 324, 1998, pp. 537–543.) Cornelio Sommaruga, Ku and Cáceres (2003) pp. 56–72.

第Ⅲ章　背景要因としての多主体間主義

　ただし NGO だけをみても，その活動方針や目的は多様であり，民軍協力を常に受け入れる団体，常に拒否する団体，そして事例ごとに対応を変化させる団体など，その対応は一様ではない[130]。また国連においては，PKO 局をはじめとして民軍協力の行動指針が作成されるようになっており，その対象は UNHCR，OCHA，WFP，UNICEF などにも及んでいる[131]。軍との協働の必要性が認められてきた要因としては，特に内戦などで国家機能が麻痺し，社会基盤が破壊され，さらに最低限の治安も維持されない近年の紛争地の状況を受けて，人道支援活動への軍の保護は欠かせないとする判断が働いている。支援機関の安全性を今まで以上に重視する必要性が指摘されているのである。そして支援機関が体現する中立性と不偏性という原則が，活動の安全を確保するという考え方は再考のときを迎えており，支援機関も攻撃対象となっている今日，危険の増大に際して活動の安全性，実効性，そして有効性を確保するためにも，民軍間のさらなる協働および協働方法の改善が必要であるというのである[132]。実際に旧ユーゴスラヴィアでは，人道支援要員の犠牲者数は UNHCR が行った活動だけでも 50 人以上にのぼるなど，要員の安全確保が緊急の課題となっていた[133]。

　他方で政治的な独立性に関しては，NGO のなかには安保理による決定の非一貫性や選択性を問題視し，国連活動の背後にある大国の思惑にからめとられることを警戒する議論が少なくない。さらに国連の下請け機関となることは，いかなる外交政策にも従属しないという独立性の放棄につながるとして慎重な姿勢をとる組織もあり，国連と NGO 間の緊張関係も存在している[134]。活動目的も組織形態も大きく異なる多主体による協働は，こうして多くの課題をももたらすことになったのである。

---

130) 長（2007）178-182 頁。
131) 上杉（2007）29-32 頁。
132) Rose（1996）p. 150. Harris and Dombrowski（2002）p. 173.
133) 『世界難民白書　2000』（2000）225 頁。
134) Dallaire（1996）p. 207. Natsios（1996）pp. 74-78. Abiew（2003）pp. 31, 32. 長（2007）143, 144 頁。

### (2) NGOとその正当性

さらに国連における多主体間主義を支える主体として，国益にとらわれがちな加盟国や，加盟国政府との協力関係を前提とする国連機関と異なり，各自の活動目的に合わせた活動を展開しているNGOについても，その数が増加し活動が活発になるにつれて，さまざまな問題が指摘されるようになった。第一は，その独立性をめぐる問題である。いかなる政治的立場にも拠らない不偏性をつらぬき，その独立性を強調しすぎると，多数のNGOが共同で活動を行う必要がある場合には，統一した一貫性のある計画の実施が困難になることが指摘されている。意思決定に際しても各団体が独立性に固執する場合には分権化が避けられず，「誰が何をするのか」といった役割配分が困難となり，NGO間の対立や調整不足が問題となってきた[135]。他方で，各国政府や国連などの国際機構がNGOの役割に注目し，支援政策を委託するようになるにつれて，今度はNGOが支援活動の下請けと化し，ビジネスとしての継続性を優先するためにその独立性が崩れ，草の根の活動から得られた支援対象者の声よりも，出資者の要求により従属的になっているとの批判は，90年代半ばからすでに行われている[136]。実際に，特定の政府からの資金に依存し，その政府の政策の下請けを行う「政府系非政府間機構」という，概念矛盾となるような活動形態をとる団体もみられるようになり，問題となっているのである。

第二に指摘されるのは，数の増大にともなって資源をめぐる競争が激化し，その結果経済的に有利な欧米を拠点とする巨大な国際NGOの影響力が寡占的に拡大している問題である。実際に90年代に入ると，MSFやケア，オックスファムなどをはじめとする主要な八つの国際NGOに，80億ドルにも上るとされるNGOの資金の約半分が集中しているという推計がなされていた[137]。その結果，相対的に第三世界のNGOは資金獲得面で不利な情勢に

---

135) Natsios (1997) pp. 344, 345.
136) Donini (1996) pp. 88-92.
137) Donini (1996) pp. 91, 92. 主要なNGO八団体は，以下のとおり。CARE, World Vision International, Oxfam, the MSF group, the Save the Children Federation, CIDSE, APDOVE, Eurostep.

第Ⅲ章　背景要因としての多主体間主義

立たされており，NGO の世界においても南北格差が問題となっている。これまでみてきたように，NGO 作業グループをはじめとして，実際に安保理への関与を深めつつ定期的な協議を行っているのは欧米に本拠地をもつ大規模な NGO が中心となっていることも，この問題の延長線上にある[138]。国連事務局や理事国政府と渡りあう能力や資源を必要とするために，国際的に活躍している NGO が多いことが，その偏向の要因となっていると思われる。しかし，国連体制に関与できるのは非国家主体であったとしても，一部のエリートのみに限られるのであれば，それは国連安保理が国連内部でもつエリート性にも類する，意思決定過程の「非民主性」の問題を生むことになるだろう。

　この NGO のなかの南北問題を意識して，近年のアリア方式会合には欧米以外の NGO 関係者を招いて発言を聴く機会が多く設けられるようになっている。2005 年にはブルンジ（Dushirehamwe）とイラク（Hanaa Edwar）から，2009 年にはコンゴ民主共和国（General Referral Hospital of Panzi）とグアテマラ（Advisory Board, National Union of Guatemalan Women）から，2010 年にはスリランカ（Association of War Affected Women/Association of Parents of Servicemen Missing in Action）とスーダンのダルフール（Sudanese Women Forum of Darfur Southern Sudan affiliated to Femmes Africa Solidarité）から，それぞれ NGO 関係者を招いて発言の機会を提供している[139]。

---

138) 2010 年現在，NGO 作業グループを構成しているのは，以下の 30 団体の代表者である（メンバーリスト掲載順）。Save the Children, Human Rights Watch, Refugees Internatioanl, Lawyers' Committee for Nuclear Policy, World Federalist Movement, Amnesty International, Caritas Internationalis, Médecins Sans Frontières, CCIA/World Council of Churches, Physicians for Human Rights, Lutheran Office for World Community, Jacob Blaustein Institute for Human Rights, Oxfam International, Mennonite Central Committee, CARE International, International Service for Human Rights, Presbyterian Church USA, Franciscans International, Internatioanl Rescue Committee, World Vision, Global Policy Forum, CIVIC, International Action Network on Small Arms, NGO Committee on Disarmament, Peace & Security, International Federation of Human Rights, Quaker UN Office, Global Security Institute, Church World Service, Hague Appeal for Peace, Seucurity Council Report. (http://www.globalpolicy.org/security-council/ngo-working-group-on-the-security-council/40429.html).

こうした南北格差に由来する問題に加えて，前述したNGOの正当性や説明責任を明らかにするために，活動や組織の透明性，組織内の意思決定への参加，活動の評価や監査，組織内外の関係者の不服申し立ての受理制度構築など，NGO自らの組織改革の必要性も指摘されてきた[140]。国連安全保障体制への関与を深めることでNGOの影響力が増している今日，活動目的の被害者中心性や国際人道法および人権法の遵守を目指す規範性に加えて，NGOの独立性や代表性に起因する正当性の問題をも検討する必要性が生まれているのである。

### (3) 平和維持活動改革論と文民の保護

　多主体間主義をめぐる課題としてはさらに，第Ⅱ章でみた一部の加盟国のなかに根強く存在する反対意見という，加盟国の問題認識や規範意識に関係する問題がある。その背景には，文民の保護という名目のもとに安保理によって強制的な介入が行われることへの抵抗感があった。実際に安保理の実行をみれば，平和維持活動の文民の保護任務実施のためには，第7章の下で「必要なあらゆる手段をとる」ことが決定される傾向にある。そしてその決定が常任理事国を中心とした少数の国家によって行われることも，これらの懐疑が払拭されない要因である。こうした文民の保護への抵抗は，近年の平和維持活動改革論にも影響を与えている。1990年代の平和維持活動の問題を踏まえて，その改革の方針を示した『ブラヒミ報告』が提出されてから10周年を祝う2010年にむけて，国連内ではいくつかの活動改革論が集中的に展開されてきた。その代表的なものが，2008年にPKO局とフィールド支援局の内部文書として提示された『国連平和維持活動：原則と指針』である[141]。創設以来，成文化されていない原則のもとに展開されてきた平和維持活動の

---

139) 出席者の内訳については，女性と平和，安全保障NGO作業グループのホームページを参照した。http://www.peacewomen.org/security_council_monitor/debate-watch/arria-formula-meetings.
140) Kovach (2006) p. 202.
141) Department of Peacekeeping Operations and Department of Field Support, *United Nations Peacekeeping Operations: Principles and Guidelines*, 2008, (*Capstone Doctrine*).

第Ⅲ章　背景要因としての多主体間主義

枠組みのなかで，最も上位に位置づけられたこの文書は，その位置づけに由来してキャップストーン・ドクトリン（Capstone Doctrine）と呼ばれている。2006年に総会のPKO特別委員会が事務局に対して，平和維持活動の原則，指針，概念のさらなる発展のために関連する用語整理の準備を行うよう要請したことがきっかけとなり[142]，PKO局のベスト・プラクティス課が主導して作成した文書である。しかしベラミーによれば，その第二次草案には，文民の保護が平和維持活動の六つの原則の一つとして掲げられていたにもかかわらず，第三次草案では西側諸国による平和維持活動を口実にした介入を恐れる加盟国への配慮から，原則からは外されることになったという[143]。

こうした抵抗はみられたものの，最終的には文民の保護に関する言及は文書のなかに残され，中心的な活動の立案と実施において文民の保護任務の主流化が求められると同時に，保護任務の実施のためには，他の国連機関やNGOなどの多様な主体との調整が必要であることが強調されている。さらに活動の規範的枠組みについての記述には，平和維持活動要員が国際人道法と国際人権法を遵守することを明確に打ち出している。そして「女性と平和，安全保障」，「子どもと武力紛争」そして「武力紛争下の文民の保護」に関する決議が取り上げられ，それらの国際的な規範をめぐる議論が今日の任務に反映されていることにも言及しているのである[144]。これらの記載から，少なくとも国連事務局内においては，関連する国際法規範の実施を目指す文民の保護任務が，平和維持活動の重要な任務として認識されていることが読み取れるだろう。

さらに2009年には，やはりPKO局とフィールド支援局によって用意された『新たなパートナーシップの課題：国連平和維持活動の新たな地平線の提示』[145]（ニュー・ホライズン）によって，活動の改革案が示されている。なかでも文民の保護は重要な任務として位置づけられ，その実効的な実施のた

---

142) Report of the Special Commission on Peacekeeping Operations and its working group at the 2006 Substantive Session, A/60/19, (22 March 2006,) para. 7.
143) Bellamy (2009) p. 163.
144) Department of Peacekeeping Operations and Department of Field Support, (*Capstone Doctrine*), 2008, paras. 2-3, 1-2, 1-3, 1-4.

めに,安保理,事務局そして要員提供国の間において,文民の保護のための具体的な政策についての認識を共有し,実施のための十分な組織や装備を整えることの必要性が改めて指摘されている[146]。

　平和維持活動による文民の保護に関して抵抗をもつ国々が懸念する,強制的な活動に関しては,いずれの文書も受け入れ国の同意を前提にした活動として位置づけている点で共通しており,紛争当事者の同意を必要としない介入型の活動とは区別している。他方で,『ブラヒミ報告』において指摘された,任務の実施における不偏性 (impartiality) と,自衛 (self-defense) と任務の防衛 (defense of the mandate) という原則をも取り入れている点は,注目してよいだろう。特に文民の保護任務には,第7章の下で「あらゆる手段」が与えられる傾向にある。活動が自衛を超えた武力行使をしてでも,遂行すべき任務とされていると解釈できるだろう。この点に関連して,2009年の文書では,任務の防衛のためには強化された活動が必要であり,その具体的な実施方法や指針について,今後要員提供国等の関係諸国と検討していくことを提言している[147]。平和維持活動において,文民の保護が最も優先順位の高い任務として,憲章第7章の下で決定される事例が増えている現在,この強化した活動方式によって防衛されるべき任務のなかに,文民の保護は当然含まれると考えられよう。今後の平和維持活動の実効性を高めるために,このような強化された活動を含めてその具体的な政策立案が求められていることを,活動の改革に関するこれら二つの文書は示しているのである。

---

145) Department of Peacekeeping Operations and Department of Field Support, *A New Partnership Agenda: Charting A New Horison For UN Peacekeeping*, July 2009, (*New Horizon*).

146) Department of Peacekeeping Operations and Department of Field Support, (*New Horizon*), 2009, pp. 19-21.

147) Department of Peacekeeping Operations and Department of Field Support, (*Capstone Doctorine*), 2008, para. 3-1. Department of Peacekeeping Operations and Department of Field Support, (*New Horizon*), 2009, pp. 19-21.

### (4) 保護の実施とその困難性

　一部の加盟国による抵抗がみられるものの，安保理決議においても，さらに国連事務局によって用意された平和維持活動の改革案においても，文民の保護任務が重要視され，その主流化が目指されていることは，以上みてきた通りである。しかし，すでに複数の活動に関連して指摘したように，この意思決定の次元における重視が，必ずしもその任務の実効的な実施に結びついていないことが，ダルフール問題等をめぐって指摘されてきた。今日にいたっても，国連安全保障体制における文民の保護をめぐる最大の課題は，90年代前半の経験と同様に，いかにその任務を紛争の現場で実効的に遂行するかという実行をめぐる問題に収斂していくのである。

　スーダンのダルフールのように，危機が発生していても迅速に活動が派遣されない問題と並んで，MONUC とその後継である MONUSCO が展開されているコンゴ民主共和国では，文民の保護任務をもつ大規模な活動が展開しているにもかかわらず，十分に保護任務を達成できていないという実施上の問題が続いている。決議 1925 によって，文民の保護が最優先の任務として詳細に規定された MONUSCO であったが，7月に活動を開始した直後の7月30日から8月2日にかけて，東部地域で242件にのぼる多数の強かん事件の発生が明らかになったために，その非実効性が問題視されたのである。特に批判の対象となったのは，現地に事務所をもつ OCHA や国連治安・安全局（UNDSS）から治安状況の悪化の連絡が入っていたにもかかわらず，MONUSCO が保護任務を遂行できなかったことであった。7月31日から8月2日にかけて，犯行現場近くを MONUSCO 要員が通訳同伴でパトロールをしていたものの，住民から被害についての通報がされることもなかったという[148]。

　十分な保護が実施できなかった要因としては，犯行現場のある北部キブ州の5万9483km四方の地域を，4000人の平和維持活動要員によって守らなくてはいけないという活動能力の限界に加えて，広い地域を移動するための装備の不足も指摘されている[149]。またコンゴ民主共和国の UNHCR 事務所

---

148) S/PV. 6378,（7 September 2010）, pp. 2-4.

で MONUC と並行した活動経験を有する米川正子は,加害者の不処罰の慣行化が,問題の解決を困難にしている一因であると分析している[150]。

この集団強かん事件が発生していた 8 月 6 日には,奇しくも安保理テーマ別議題として「国連平和維持活動」が設定され,安保理に招致されていた MONUSCO 司令官のババカール・ゲイ (Babacar Gaye) 准将が,まさに文民の保護について発言を行っていた。MONUSCO の最優先任務として文民の保護を位置づけていることを強調したうえで,任務実施のためには要員のプレゼンスと機動性,そして現地住民とのコミュニケーションが不可欠であるとし,広大な地域を迅速に移動するための装備が不足していることを訴えていた。そして文民の保護は多くの部隊にとってはいまだに新しい任務であり,より掘り下げた軍事上の政策と包括的な訓練の必要性を指摘している。そのうえで,平和維持活動への期待が高まるなか,すべての地域を網羅する保護任務の遂行は困難であり,究極的にはコンゴ民主共和国の政府権限の全土への拡張と,法の支配の達成によってのみ可能であると述べていたのである[151]。

また 2010 年 10 月 14 日にコンゴ民主共和国の状況を協議した安保理会合には,紛争下の性的暴力担当のウォルストロム事務総長特別代表が招致され,強かん事件を受けての対応を提言している。そのなかでは,犯行の責任者が ICC をはじめとする裁判所による訴追を受ける必要があり,性的暴力に関する不処罰を終わらせる重要性を強調している。そのうえで,同じく東部地域において,7 月および 8 月の事件の責任者とされる反政府軍側ではなく,今回はコンゴ民主共和国政府軍 (FARDC) による資源の採掘と政府支配の回復のための作戦が展開されている問題を取り上げている。MONUSCO から寄せられた情報によれば,これら政府軍によっても強かん,殺人,略奪が行われているとし,責任者の処罰を政府に求めたのである。この政府軍による犯罪行為の指摘は,安保理会合に出席したコンゴ民主共和国政府代表の面前で

---

149) S/PV. 6378, (7 September 2010), pp. 3-6.
150) 米川 (2009) 66-80 頁。
151) S/PV. 6370, (6 August 2010), pp. 5. 6.

第Ⅲ章　背景要因としての多主体間主義

行われた。これらの問題を指摘したうえで，MONUSCO の対応は国連システムによる文民の保護機能の一部でしかないとして，性的暴力と闘うための包括的な戦略とその実施を訴えている[152]。

　以上みてきたように，平和維持活動の主要な任務とされた文民の保護をめぐっては，特にその実効的な実施に関して多くの問題を抱えており，課題は山積している。安保理への多様な主体の関与によって文民の保護は議題として設定され，加盟国の規範意識を涵養し，テーマ別決議の採択や保護任務権限の設定まではたどり着いたものの，その実施はいまだに困難な課題として安保理の前に横たわっている。そしてこれらの失敗事例を含めた任務達成状況は，やはり多様な主体による評価および監視活動によって明らかにされてきた。これらの実施をめぐる課題を踏まえたうえで，終章では国連安全保障体制における多主体間主義の課題と可能性を考察する。

---

152) S/PV. 6400, (14 October 2010), pp. 2–5.

**表3 文民の保護に関する安保理公式会合への出席者内訳**（2010年12月現在）

| 年月日 | 議題 | 議長国<br>出席国数注) | 国連機関 | その他の主体 |
|---|---|---|---|---|
| 1998年<br>4月24日 | アフリカの状況<br>（公開討論） | 日本<br>55カ国 | 緒方国連難民高等弁務官 | ジュノーICRC国連代表 |
| 1998年<br>6月29日 | 子どもと武力紛争<br>（公開討論） | ポルトガル<br>33カ国 | オトゥヌ事務総長特別代表（子どもと武力紛争担当） | |
| 1999年<br>1月21日 | 平和と安全の促進：安全保障理事会に関係する人道的活動 | ブラジル<br>15カ国 | デメロ事務次長（人道問題・緊急支援調整担当） | |
| 1999年<br>2月12日 | 武力紛争下の文民の保護 | カナダ<br>15カ国 | ベラミーUNICEF事務局長／オトゥヌ事務総長特別代表（子どもと武力紛争担当） | ソマルガICRC委員長 |
| 1999年<br>2月22日 | 武力紛争下の文民の保護<br>（公開討論） | カナダ<br>42カ国 | | |
| 1999年<br>9月16日<br>～17日 | 武力紛争下の文民の保護<br>（公開討論） | オランダ<br>35カ国 | アナン事務総長<br>ロビンソン人権高等弁務官 | ジュノーICRC国連代表 |
| 2000年<br>4月19日 | 武力紛争下の文民の保護<br>（公開討論） | カナダ<br>31カ国 | アナン事務総長 | ケレンバーガICRC総裁 |
| 2000年<br>7月26日 | 子どもと武力紛争<br>（公開討論） | ジャマイカ<br>34カ国 | フレシュット副事務総長／オトゥヌ事務総長特別代表（子どもと武力紛争担当）／ベラミーUNICEF事務局長 | ジュノーICRC国連代表／ラマニ・イスラム諸国会議機構国連代表 |
| 2000年<br>10月24日 | 女性と平和，安全保障<br>（公開討論） | ナミビア<br>41カ国 | アナン事務総長／キング事務総長顧問（ジェンダー問題と女性の地位向上担当）／ヘイザーUNIFEM事務局長 | |
| 2001年<br>11月20日 | 子どもと武力紛争<br>（公開討論） | ジャマイカ<br>27カ国 | アナン事務総長／オトゥヌ事務総長特別代表（子どもと武力紛争担当）／ベラミーUNICEF事務局長 | |

## 第Ⅲ章　背景要因としての多主体間主義

| 年月日 | 議題 | 議長国<br>出席国数注) | 国連機関 | その他の主体 |
|---|---|---|---|---|
| 2001年<br>11月21日 | 武力紛争下の文民の保護 | ジャマイカ<br>15カ国 | 大島事務次長（人道問題・緊急支援調整担当） | |
| 2002年<br>3月15日 | 武力紛争下の文民の保護 | ノルウェー<br>15カ国 | 大島事務次長（人道問題・緊急支援調整担当） | |
| 2002年<br>7月25日 | 女性と平和，安全保障<br>（公開討論） | 英国<br>26カ国 | ゲエノ事務次長（PKO担当）／キング事務総長顧問（ジェンダー問題と女性の地位向上担当）／ヘイザーUNIFEM事務局長 | |
| 2002年<br>10月28日 | 女性と平和，安全保障<br>（公開討論） | カメルーン<br>36カ国 | アナン事務総長／シモノビッチECOSOC議長／ハンナン事務総長顧問（ジェンダー問題と女性の地位向上担当） | |
| 2002年<br>12月12日 | 武力紛争下の文民の保護<br>（公開討論） | コロンビア<br>31カ国 | 大島事務次長（人道問題・緊急支援調整担当） | グネディンガーICRC事務総長 |
| 2003年<br>1月14日 | 子どもと武力紛争<br>（公開討論） | フランス<br>41カ国 | アナン事務総長／オトゥヌ事務総長特別代表（子どもと武力紛争担当）／ベラミーUNICEF事務局長 | |
| 2003年<br>6月20日 | 武力紛争下の文民の保護 | ロシア<br>15カ国 | 大島事務次長（人道問題・緊急支援調整担当） | |
| 2003年<br>10月29日 | 女性と平和，安全保障<br>（公開討論） | 米国<br>38カ国 | ゲエノ事務次長（PKO担当）／スミスMONUCジェンダー上級顧問 | |
| 2003年<br>12月9日 | 武力紛争下の文民の保護<br>（公開討論） | ブルガリア<br>26カ国 | エグランド事務次長（人道問題・緊急支援調整担当） | |
| 2004年<br>1月20日 | 子どもと武力紛争<br>（公開討論） | チリ<br>39カ国 | オトゥヌ事務総長特別代表（子どもと武力紛争担当）／ベラミー・UNICEF事務局長 | |
| 2004年<br>6月14日 | 武力紛争下の文民の保護<br>（公開討論） | フィリピン<br>35カ国 | エグランド事務次長（人道問題・緊急支援調整担当） | |

| 年月日 | 議題 | 議長国 出席国数(注) | 国連機関 | その他の主体 |
|---|---|---|---|---|
| 2004年 10月28日 | 女性と平和, 安全保障 (公開討論) | 英国 42カ国 | ゲエノ事務次長（PKO担当）／アーバー人権高等弁務官／オベイドUNFPA事務局長／ヘイザーUNIFEM事務局長／モレノINSTRAW事務局長 | ルワンクバ人権保障と平和のための女性ネットワーク（Women's Network for the Protection of Human Rights and Peace,）法律顧問／オヌボグ英連邦事務局代表 |
| 2004年 12月14日 | 武力紛争下の文民の保護 (公開討論) | アルジェリア 31カ国 | エグランド事務次長（人道問題・緊急支援調整担当） | |
| 2005年 2月23日 | 子どもと武力紛争 (公開討論) | ベニン 32カ国 | オトゥヌ事務総長特別代表（子どもと武力紛争担当）／サラーUNICEF事務局次長 | ディオウフECOWAS事務局長特別顧問（子どもの保護担当） |
| 2005年 6月21日 | 武力紛争下の文民の保護 (公開討論) | フランス 23カ国 | エグランド事務次長（人道問題・緊急支援調整担当） | |
| 2005年 10月27日 | 女性と平和, 安全保障 (公開討論) | ルーマニア 40カ国 | ゲエノ事務次長（PKO担当）／マヤンジャ事務総長顧問（ジェンダー問題と女性の地位向上担当）／ヘイザーUNIFEM事務局長 | ノーリ・ウィメン・フォー・ウィメン・インターナショナル（Women for Women International）アフガニスタン担当／ダンディ平和のためのアフリカ女性ネットワーク（Network of African Women for Peace）西アフリカ顧問／オヌボグ英連邦事務局ジェンダー顧問／ジョンソン列国議会同盟事務総長 |
| 2005年 12月9日 | 武力紛争下の文民の保護 (公開討論) | 英国 34カ国 | エグランド事務次長（人道問題・緊急支援調整担当） | フォースターICRC副総裁 |
| 2006年 6月28日 | 武力紛争下の文民の保護 (公開討論) | デンマーク 23カ国 | エグランド事務次長（人道問題・緊急支援調整担当） | |

## 第Ⅲ章　背景要因としての多主体間主義

| 年月日 | 議題 | 議長国<br>出席国数(注) | 国連機関 | その他の主体 |
|---|---|---|---|---|
| 2006年<br>7月24日 | 子どもと武力紛争<br>（公開討論） | フランス<br>33カ国 | クマラスワミ事務総長特別代表（子どもと武力紛争担当）／ベネマンUNICEF事務局長／メルケルトUNDP副総裁／バノン世銀社会開発局長・紛争予防復興担当マネージャー | ブケニ子どもと武力紛争ウォッチリスト代表 |
| 2006年<br>10月26日 | 女性と平和，安全保障<br>（公開討論） | 日本<br>44カ国 | マヤンジャ事務総長顧問（ジェンダー問題と女性の地位向上担当）／ゲエノ事務次長（PKO担当）／ヘイザーUNIFEM事務局長／マッカースキー事務総長補佐官（平和構築支援局） | ミトゥルムブエ Dushirehamwe Association 調整担当／ディアス the Rede Feto.（東ティモール女性ネットワーク）代表 |
| 2006年<br>11月28日 | 子どもと武力紛争<br>（公開討論） | ペルー<br>40カ国 | アナン事務総長／クマラスワミ事務総長特別代表（子どもと武力紛争担当）／ベネマンUNICEF事務局長 | オリング＝オラング・セーブ・ザ・チルドレン代表 |
| 2006年<br>12月4日 | 武力紛争下の文民の保護<br>（公開討論） | カタール<br>22カ国 | エグランド事務次長（人道問題・緊急支援調整担当） | |
| 2007年<br>3月7日 | 女性と平和，安全保障 | 南アフリカ<br>15カ国 | | |
| 2007年<br>6月22日 | 武力紛争下の文民の保護<br>（公開討論） | ベルギー<br>29カ国 | ホームズ事務次長（人道問題・緊急支援調整担当） | |
| 2007年<br>10月23日 | 女性と平和，安全保障<br>（公開討論） | ガーナ<br>54カ国 | 潘事務総長／ゲエノ事務次長（PKO担当）／マヤンジャ事務総長顧問（ジェンダー問題と女性の地位向上担当）／サンドラーUNIFEM事務局長 | トリNGO作業グループ調整担当 |
| 2007年<br>11月20日 | 武力紛争下の文民の保護<br>（公開討論） | インドネシア<br>35カ国 | ホームズ事務次長（人道問題・緊急支援調整担当） | グネディンガーICRC事務総長 |

| 年月日 | 議題 | 議長国 出席国数(注) | 国連機関 | その他の主体 |
|---|---|---|---|---|
| 2008年 2月12日 | 子どもと武力紛争 (公開討論) | パナマ 57カ国 | クマラスワミ事務総長特別代表(子どもと武力紛争担当)／ベネマンUNICEF事務局長 | ベッカー子どもと武力紛争ウォッチリスト代表 |
| 2008年 5月27日 | 武力紛争下の文民の保護 (公開討論) | 英国 37カ国 | ホームズ事務次長(人道問題・緊急支援調整担当) | |
| 2008年 6月19日 | 女性と平和、安全保障 (公開討論) | 米国 77カ国 | ケリム総会議長／カマエット少将(MONUC元司令官)／高須平和構築委員会議長 | ラマンラAU平和・安全保障委員 |
| 2008年 7月17日 | 子どもと武力紛争 (公開討論) | ベトナム 45カ国 | 潘事務総長／ミュレ事務総長補佐官(PKO担当)／クマラスワミ事務総長特別代表(子どもと武力紛争担当)／ベネマンUNICEF事務局長 | ハント国際運営委員会議長(子どもと武力紛争ウォッチリスト) |
| 2008年 10月29日 | 女性と平和、安全保障 (公開討論) | 中国 50カ国 | マヤンジャ事務総長顧問(ジェンダー問題と女性の地位向上担当)／ルロイ事務次長(PKO担当)／アルベルディUNIFEM事務局長 | テイラーNGO作業グループ調整担当 |
| 2009年 1月14日 | 武力紛争下の文民の保護 (公開討論) | フランス 49カ国 | ホームズ事務次長(人道問題・緊急支援調整担当) | |
| 2009年 4月29日 | 子どもと武力紛争 (公開討論) | メキシコ 58カ国 | クマラスワミ事務総長特別代表(子どもと武力紛争担当)／ルロイ事務次長(PKO担当)／ベネマンUNICEF事務局長 | |
| 2009年 6月26日 | 武力紛争下の文民の保護 (公開討論) | トルコ 44カ国 | ホームズ事務次長(人道問題・緊急支援調整担当) | ムワンガAU政治問題上級顧問 |
| 2009年 8月4日 | 子どもと武力紛争 (公開会合) | 英国 51カ国 | クマラスワミ事務総長特別代表(子どもと武力紛争担当)／アルスノーUNICEF緊急プログラム局長 | |

### 第Ⅲ章　背景要因としての多主体間主義

| 年月日 | 議題 | 議長国<br>出席国数(注) | 国連機関 | その他の主体 |
|---|---|---|---|---|
| 2009年<br>8月7日 | 女性と平和，安全保障<br>（公開討論） | 英国<br>44カ国 | 潘事務総長 | |
| 2009年<br>9月30日 | 女性と平和，安全保障<br>（公開討論） | 米国<br>63カ国 | 潘事務総長 | |
| 2009年<br>10月5日 | 女性と平和，安全保障<br>（公開討論） | ベトナム<br>56カ国 | ミギロ副事務総長／マヤンジャ事務総長顧問（ジェンダー問題と女性の地位向上担当）／アルベルディUNIFEM事務局長 | アミンNGO作業グループ代表／アントニオAU国連代表 |
| 2009年<br>11月11日 | 武力紛争下の文民の保護<br>（公開討論） | オーストリア<br>68カ国 | ホームズ事務次長（人道問題・緊急支援調整担当）／康人権副高等弁務官 | フォン・ボエズラガーマルタ騎士団国際協力・人道問題担当大臣 |
| 2010年<br>4月27日 | 女性と平和，安全保障 | 日本<br>15カ国 | ウォルストロム事務総長特別代表（紛争下の性的暴力担当）／マヤンジャ事務総長顧問（ジェンダー問題と女性の地位向上担当） | |
| 2010年<br>6月16日 | 子どもと武力紛争<br>（公開討論） | メキシコ<br>56カ国 | クマラスワミ事務総長特別代表（子どもと武力紛争担当）／カハレ事務総長補佐官（PKO担当）／ジョンソンUNICEF事務局次長／グルング氏（UNICEFの援助対象者・ネパール出身） | セラノEU国連代表 |
| 2010年<br>7月7日 | 武力紛争下の文民の保護<br>（公開討論） | ナイジェリア<br>39カ国 | ホームズ事務次長（人道問題・緊急支援調整担当）／ピレー人権高等弁務官 | セラノEU国連代表 |
| 2010年<br>10月26日 | 女性と平和，安全保障<br>（公開討論） | ウガンダ<br>82カ国 | 潘事務総長／バシュレ事務次長（ジェンダー間平等と女性のエンパワーメント担当）／ルロイ事務次長（PKO担当）／アリECOSOC議長 | セラノEU国連代表／ラマンラAU平和・安全保障委員／フルマンICRC国連代表／レモス＝マニアティNATO文民連絡調整官／アウォリCSAG（女性と平和，安全保障に関する国連への市民社会顧問グループ）委員 |

| 年月日 | 議題 | 議長国 出席国数(注) | 国連機関 | その他の主体 |
|---|---|---|---|---|
| 2010年 11月22日 | 武力紛争下の文民の保護 (公開討論) | 英国 49カ国 | アモス事務次長(人道問題・緊急支援調整担当)/ルロイ事務次長(PKO担当)/ピレー人権高等弁務官 | ダコール ICRC 事務局長 |
| 2010年 12月16日 | 女性と平和,安全保障 (公開討論) | 米国 73カ国 | 潘事務総長/ウォルストロム事務総長特別代表(紛争下の性的暴力担当)/ルロイ事務次長(PKO担当)/ゲイ准将(PKO局軍事課軍事顧問) | セラノ EU 国連代表 |

注）出席国数は，安保理理事国（15 カ国）に加えて公開討論の際に参加した国もしくは団体（2002 年まで非加盟国であったスイス，オブザーバー資格を有するバチカン市国，パレスチナを含む）の数の合計を示している。
出典）安保理の議事録をもとに筆者作成。

終　章

# 多主体間主義による安全保障体制
——文民の保護をめぐる可能性と課題——

## 1　多主体間主義による安全保障体制の意義

　本書を貫く主題として序章において設定した問いは，なぜ冷戦後の国連の安全保障体制において，文民の保護がこれほどまでに注目を集めるようになったのか，というものであった．1945 年に第二次世界大戦後の戦勝国による世界管理体制として，国家間の安全を保障するために創設された機構においてみられるこの新しい安全保障機能の発展は，同体制のいかなる変化と可能性を表しているのだろうか．

　第Ⅰ章でみたように，冷戦終焉直後の 1990 年代に国連安全保障体制が直面した最大の課題が，武力紛争下で直接的な攻撃対象となっている文民の保護であった．平和維持活動が展開するその傍らで無辜の文民が犠牲となる事態がくり返された結果，それは組織的な負の記憶としてその後の安保理における意思決定や活動任務に影響を与えることになった．そうした経緯のなかで生じた文民の保護への関心の高まりは，国連の安全保障体制が目指す平和観や安全保障観の質的な変化をも意味していた．そしてこの変化は，安保理によって認定される「国際の平和と安全に対する脅威」として，国際人道法や人権法の違反が認定される傾向にも表れていた．すなわち，今日の国連安全保障体制が目指す平和と安全とは，人々がその基本的な権利を侵害されることなく，非人道的な状況から救済されることをも意味するようになったのである．国連が目指す平和と安全の内容が，国際法規範が保障しようとする

価値によって規定されるようになった点において，それは人間の権利に注目した規範的な秩序を目指す動向であると解釈できるだろう。この安全保障と国際人道法ならびに人権法の交錯現象は，文民の保護と並んで国連システム内での議論が進められた「保護する責任」にも共通する特徴である。ジェノサイド罪，戦争犯罪，民族浄化，人道に対する罪といった，国際人道法の重大な違反行為からの人々の保護について，第一義的には領域国家の責任とすることで主権と責任概念を結び付けると同時に，主権国家による機能を支援する国際共同体の責任を明らかにしたのである。

　それは冷戦後の国連安全保障体制が打ち出した，一つの明確な方向性であった。その後10年以上に及ぶ安保理の実行のなかで，数多くの安保理会合における議論や議長声明，決議が蓄積されることでその輪郭を濃くし，もはや一時の例外的な出来事ではない鮮明な秩序の構想を示すようになっている。すなわち，紛争当事者の間の平和と安全ではなく，紛争の犠牲となっている人々にとっての平和と安全こそが，今日では「国際の平和と安全」を構成するのであり，その実現はいまや安保理を通して，普遍的かつ規範的な要請として表明されるようになったのである。

　国連安全保障体制における平和観と安全保障観の変化を特徴づけるこの規範性に着目するならば，平和維持活動による文民の保護は，人々の権利に注目した規範的な秩序構想の実現に貢献するものであると解釈できよう。こうした紛争犠牲者中心的な安全保障機能が発展してきた背景には，多様な主体の関与を可能とした国連における多主体間主義が重要な役割を果たしていた。一部の加盟国が抵抗を示し続けるなかで，安全保障と国際人道法ならびに人権法の交錯を推進しようとする国家，国連諸機関，NGO，その他の関係者が継続的に連携し，まずは文民の保護を求める安保理決議や総会決議を採択することで，加盟国の規範意識に影響を与えようとしてきたのである。そこには序章でも指摘したように，国際人道法や人権法がもつ二元的な構造という問題が存在している。それは，これらの法規範によって保障されている各個人の普遍的な権利の実現が，領域によって区切られた主権国家にゆだねられているという二元性ゆえに発生する問題である。何よりもまず，自国から遠く離れた国家に暮らす人々をその非人道的状況から保護する行為は，単純

に国益と結び付けることが困難である。さらに国際共同体による保護の実施が，自国の主権的自由への脅威として解釈される傾向も根強く残っている。これら関係主体の思惑に左右されて，人々の実効的な保護はいまだにその実施が困難な状況が続いている。1990年代に批判された関係諸国の政治的意思の欠如は，現在においても継続している課題なのである。

にもかかわらず，少なくとも意思決定の場においては文民の保護を求める決議がくり返し採択され，国連憲章第7章の下に設立される平和維持活動の任務として文民の保護が設定されてきた。実施面での課題を抱えながらも，文民の保護が今日の国連安全保障体制の主要な任務としての地位を確立することができたのは，目的を共有する多様な主体の協働の場としても，またその主体の一部としても，国連という多面的な国際機構が機能してきたからであった。そしてその関与主体のなかに，紛争の犠牲となる人々にニーズを直接的に把握し，それらの人々の救済と保護を目的として活動する国連内外の主体が含まれることで，政府間外交の舞台であった安保理に，紛争犠牲者が直面する問題が伝えられる経路が拓かれていくことになった。これらの多様な主体の働きかけは，国家，非国家主体の壁を超えて，国際人道法と人権法の実施を安全保障上の問題として重視することを志向する主体間の連携を生みだし，文民の保護という新たな安全保障機能を創造していくことになったと考えられるのである。このように，多様な主体が国際法規範群に則って共同で政策を運営するという特徴をもつ多主体間主義が，国連の安全保障体制が目指す平和と安全の質的な変化をもたらしたのが，冷戦終焉以降の大きな潮流であった。

## 2　国連安全保障体制と文民の保護をめぐる課題

多主体間主義による安全保障体制には以上のような意義が認められる一方で，その課題も少なくないことは，すでに各章において指摘してきた通りである。それらは文民の保護をめぐる規範意識に関わる問題と，その実施に関わる問題に分類できるが，両者は幾重にも重なり合った論点として認識するほうが正確である。その関係性は以下のように整理できる。

まず，規範意識の次元の問題としては，文民の保護が規範的要請となっていることが一般論としては次第に受け入れられるようになりつつも，実際に国連の総会や安保理の決議に記載され，または平和維持活動の原則とされる段になると，抵抗を示す国家が安保理の常任理事国を含めて存在しているという，規範意識としての非一般化の問題である。規範として定式化することに批判的な国々の多くは，その規範内容自体を問題とするのではなく，その規範の実施主体の偏向性や方法の暴力性，ならびに二重基準などを問題としている点もほぼ共通している。これらの批判的見解が国連システムで特に鋭い対立点につながるのは，安保理の選民性および集権性に由来していると考えられる[1]。というのも，法的拘束力をもった決定を行うことができるゆえに集権的な性質を有する安保理は，決議の成立を妨げる拒否権をもつ常任理事国を中心に，一部の加盟国のみによって構成されている点で，代表性と公平性を兼ね備え，さらにその行為の合法性や説明責任を果たすことの可能な主体であるとは認識されにくいのである。特に9.11同時多発テロ事件以降の米国によって代表されるように，国連憲章や国際人道法，人権法に違反する「対テロ戦争」が常任理事国である大国によって遂行されてきたことは，安保理の正当性をさらに掘り崩すことに繋がったと指摘されている[2]。自らが国際人道法や人権法の違反を行う国々が中心となる安保理が，文民の保護という規範の強制的な実施主体としての正当性を十分に有してはいないと判断されているのである。

　こうした安保理に対する，主に発展途上国を中心にみられる不信感をさらに強めているのは，文民の保護に関する規範の定立には積極的な先進国が，平和維持活動による実施に際しては異なる態度をとり，活動要員を十分に提供していない問題である。その結果，大多数の要員は発展途上国出身者であることから，活動派遣の決定国と実際の要員の派遣国のずれが生じているが，

---

1） 最上 (2006) 69-77 頁。
2） Franck (2003). Evans (2008) pp. 69-71.「女性と平和，安全保障」の1325決議の実施がなぜ進まないのかと問われた77カ国グループの代表の一人が，それは女性の問題を扱っているからではなく，安保理が採択した決議であるからだ，と答えたという。Tryggestad (2009) p. 549.

それは先進国側の規範意識と実行の乖離の問題として指摘されている[3]。保護する責任を「国際共同体」が負うと宣言するとき，この国際共同体の内実を誰が責任をもって支え，要員や資金を提供して任務を果たすのかが問われているのである。「それは国連である」という答えは，この機構が異なる組織構成や活動目的をもつ多様な主体の集合体であり，加盟国からの自立性も十分ではないことをふまえていれば簡単には出てこない結論である。今日の安保理が示しているように，国連とは国家や非国家主体の協働の場なのであり，国連機関自体が主体となるとしてもその意思決定や活動資金は加盟国政府に大きく依存し，独自の財源は乏しく[4]，自前の警察や軍隊組織をもたない機構である。「国連」と称される国際機構の機能を支え実現するには，国家，非国家いずれをも含む，国連に関与する多様な主体それぞれの規範意識と実施能力が不可欠なのである。

さらに，誰が文民の保護を実施するのか，という実施主体についても，安保理とその下に設立される平和維持活動が，正当性だけでなくその機能面においても最もふさわしい担い手なのかをめぐって議論が行われてきた。平和維持活動における「ジェンダーの主流化」の形骸性を批判する議論からは，そもそも敵国兵士と闘う訓練を受けている，それも大多数が男性によって構成されている軍事要員を平和の維持のために派遣することが妥当なのか，という，根本的な問題も提起されている。軍隊組織以外に短期間に世界各地の

---

3) Bellamy (2009) p. 161. 2010年2月の時点において要員提供国の上位10カ国はすべて発展途上国が占めており，1位が1万852人のバングラデシュ，2位が1万733人のパキスタン，3位が8783人のインドと続いている。上位20カ国をみても，欧米先進国ではイタリアが2265人で12位，1623人のフランスが16位を占めるのみである。他方で活動資金は先進国が中心に負担しているが，米国が27.17%，日本が12.53%と上位2カ国の比率が高く，3位から6位までは10%未満，7位以下は4%未満となっている。Department of Peacekeeping Operations, *Fact Sheet: United Nations Peacekeeping*, (http://www.un.org/en/peacekeeping/documents/factsheet.pdf).

4) 国連広報センターの情報によれば，2010年度の国連の通常予算は2500億ドルで，その規模は東京都世田谷区の年間予算とほぼ同額であるという。通常予算とは別立ての平和維持活動の予算は，2009年7月から2010年6月までで約79億ドルであるが，これも2008年の世界各国の年間軍事費合計の約0.5%であるという。(http://www.unic.or.jp/information/budget/)

紛争地域に派遣できる組織が存在しないことから，残された唯一の選択肢として軍事要員が動員されていることを認識しつつも，そもそも「兵士は最良の平和維持要員なのか」という疑問は残ると指摘するのである[5]。

他方で実際に活動を率いる MONUSCO 司令官が安保理で発言したように，任務従事者の立場からも，文民の保護任務はその実施の困難性が問題視されている。すなわち，本来は領域国政府が果たすべき文民の保護という機能を，平和維持活動が派遣国の全領域で実施することは不可能であり，政府機関の権限の確立による法の支配の実現によって初めて可能になるというのである。それは，国連安全保障体制が，そしてまた国際法体系が依って立つ主権国家体制の下での大前提であり，国連による活動も，国際法規範の実施体制も，主権国家の統治機能を前提として設計されてきた。その結果，人々を非人道的な状況から保護する責任を有するとされる国家がその機能を果たさないときに，主権国家体制の構造的かつ機能的な欠陥という溝に落ち込んだ人々は，保護を受けられない犠牲者となるのである。

## 3　規範的な秩序構想と触媒としての国連システム

このように，国際社会の基本的な構成員とされてきた国家の機能不全状態を補完し，犠牲者の救済と保護のために機能し始めたのが，人道支援や人権の分野で活動する NGO や国連諸機関であった。被害をもたらす要因として武力紛争における文民への攻撃が問題化するなかで，人々の救済と保護のために安全保障分野の規範と機能を発展させる必要性が生まれ，その流れが多様な主体によって国連安全保障体制にまで持ち込まれたのである。多くの NGO が安保理におけるテーマ別決議の採択を目指したのも，その集権性に裏づけられた保護実施機能に期待したためである。

しかし，国連がこの主権国家体制の機能不全という問題への万能薬である

---

5) Whitworth (2004) pp. 183-187. さらに「ジェンダーの主流化」に関連して，ジェンダーを女性と少女の問題に限定して議論することの問題性も，指摘されている。阿部浩己 (2010) 96-101 頁。

わけではなかったことも、また明らかであろう。国連を構成する主体にみられる政治的意思の欠落や実施能力、装備の不足が、大規模な平和維持活動を展開している地域において十分な保護機能を発揮できない原因とされて久しい。また複数の地域で主権国家が機能しない状況が続くなかで、国連がすべての地域に暫定統治を実施し、国家機能を中長期的に肩代わりするだけの資源も備わってはいない[6]。構成原理のうえでは普遍的な国際機構である国連も、その実施能力に限界があるのは必然である。ただ、これらの多くの問題が認められるものの、冷戦後の20年間に国連が達成することができた成果として、文民の保護をめぐる規範意識の涵養があったことは認めてよいと思われる。それは国連総会決議等が、国際的な行動原則の定立に寄与する基準設定機能を発揮することで実現される「規範的統治[7]」に類する働きである。

現代の国際場裡における公共的な価値とは何であるかを明らかにすることで、規範的な秩序枠組みを形成するという基準設定機能は、これまではすべての加盟国が参加する国連総会や、世界の多数国が参加する世界会議などを想定して語られてきた。それらと同じ役割を、15の加盟国によってのみ構成される安保理が、総会と同じように一般的に果たし始めたわけではない。安保理による採択であるがゆえに、反発を示す国が少なくないことは指摘したとおりである。国際的な規範の実施を安保理が求めるのであれば、まずは安保理を構成する加盟国が、機能的な正当性と併せて遵法的正当性をも示さなくてはならないだろう[8]。

しかし、たとえ安保理の決議であったとしても、主権国家機能の不全状況に囚われた紛争犠牲者の保護という、国際人道法と人権法の核心部分を構成する価値の実現を目指した一連の実行は、15の加盟国に限定されない多様

---

6) 山田 (2010) 215-220頁。
7) 最上 (2006) 258, 259頁。
8) 大沼保昭は、安保理が国連憲章に根拠をもつ機関であることから、国際法を遵守する内在的義務があると同時に、安保理の行動の合法性は、その行動の正当性を判断するうえで重要な論点となることを指摘している。大沼 (2008) 47, 48頁。また、酒井啓亘は、平和維持活動による国際法規則の適用と規律が、活動の内的制約の論理として機能し、同時にその遵守が活動の正当性を強化することで、その実効性の確保にも貢献する点を指摘している。酒井 (2009) 119頁。

な主体によって支持され，推進されてきた．公開討論の定期的な開催によって多くの加盟国による議論への参加を促すだけでなく，関係する国連諸機関やNGOによる情報提供や政策提言を受け，またその評価や監視を受けるなかで積み重ねられてきた議論だったのである．それが国連加盟国全体の関心事項であることは，共通した内容をもつ議題が総会においても審議されてきた流れにも表れている．主権国家の保護を受けられない人々を，いかなる主体がどのような手段を用いて保護するのか，という現代世界が提起する最も深刻な問題の一つに対して，普遍的な規範意識の醸成機能を果たすことで対応してきたのが，文民の保護をめぐる国連安全保障体制のたどってきた道であった．保護の実現に向けた道のりはまだ始まったばかりであるが，それまで安全保障の問題として取り上げられなかった性的暴力や子ども兵の問題が，いまや安保理の正式な議題として定期的に審議され，個別の関係者が理事国に証言を行い，責任者の処罰のための制度構築が進んでいるのである．またコンゴ民主共和国における性的暴力事件を報告した事務総長特別代表のように，犯罪の実行者が属する政府の代表の面前で責任を追及する発言を非国家主体が行う場が，安保理に確保され始めたのである．それは国連安全保障体制が過去20年の間に，ひとり一人の人間の権利に注目した規範的な秩序構想をうみだす触媒として機能してきたことを示していると解釈できよう．

　もちろん世界を見渡せば，文民の保護を求める規範意識はいまだ一般化しておらず，その実施も十分な成果をあげているとはいえない状況にある．しかし文民の保護という新しい安全保障機能の出現は，人々の権利保障という規範の実施を誰が担うのかという，主権国家体制が抱える難題に国連が向き合ってきたなかで編み出された，国連安全保障体制の新たな活動目的を体現していることもまた事実である．そしてこの新たな目的の設定を可能にしたのが，国連における多主体間主義だったのである．

## 4　研究上の課題

　本書では，1990年代以降の国連安全保障体制において急激に進んだ安保理の活性化，平和維持活動の強化と多機能化，文民の保護への注目という三

## 終　章　多主体間主義による安全保障体制

つの現象すべてに関連する要因として，国連安全保障体制への関与主体の多様化に注目し，国連におけるマルティラテラリズムの意味内容の変化を多主体間主義という概念によって明らかにしてきた。資料としては一般に公開されている国連機関の一次資料のほか，関連する先行研究や，NGOなどがそのホームページ上で公開している資料を主に用いている。ただし安保理会合は非公式会合が多く，またアリア方式のように記録が残らない会合も検討対象としていることから，NGOなどによって公開されている資料に検討の対象が限定されているという制約を抱えている。その一方で，安保理活動の量的増加を受けて，その公式会合に関連する資料をはじめ，PKO局などの国連機関が刊行する関連資料だけでも，冷戦後の20年間にかなりの蓄積がなされてきた。それらを先行研究と照らし合わせつつ検証する作業によって，多様な主体が安保理への関与を深め，影響力を発揮するようになったことを跡づけることは可能であると考えた結果，本書のような議論構成となった。

　また安保理における意思決定過程に注目したのは，文民の保護に関するテーマ別議題の会合や決議内容から加盟国の規範意識を推し量るとともに，平和維持活動の任務としてなぜ文民の保護が安保理決議に明記されるようになったのかを明らかにしたいと考えたからである。平和維持活動の現場では，「明確な任務権限がない」ことがその機能遂行を妨げていると説明されることが多い[9]。文面上の文言であるとはいえ，安保理決議に任務としていかなる表現で，どの程度の優先順位を与えられて記載されるのかが，活動現場で文民の保護が実施されるかどうかを左右する面があるのである。

　以上の意図をもってまとめたのが本書の議論であるが，研究上の課題は少なくない。ここでは主な四点を取り上げることで，今後の課題を明らかにしたい。第一は安保理による一般的なテーマのもとで採択された決議を，法的にいかに評価するか，という安保理と規範定立の関係をめぐる問題である。法的拘束力という点に限定すれば，テーマ別主題のもとの決議は憲章第7章の下に採択されることはなく，「決定する」という動詞も使われないことが一般的であるため，安保理決議ではあってもそれは勧告として位置づければ

---

9 ）米川（2010）195頁。

よいという一般的な結論まではたどり着くことができる。ただ問題は，同じ主題のもとで毎年会合が開催されて決議の実施が要請され，さらに複数の追加決議が蓄積されていく現象を，どのように評価できるかである。さらにその決議内容が，国際人道法や人権法の中核的な規範の実施を求める内容をもつ場合に，安保理もまた総会と同じように基準設定機能を果たし始めていると評価できるのかが問われよう。本書では，文民の保護に関しては基準設定機能に近い役割を安保理が果たしていると評価しているが，すでに指摘をした安保理の法的・政治的・構造的諸問題を考慮に入れるならば，その評価には問題が残るかもしれない。ただここで明らかにしたかったのは，政治的な機関とされる安保理による安全保障機能が，国際人道法や人権法の実施機能を帯び始めている点であり，この安全保障分野と法分野の交錯をいかに評価していくかは，今後も引き続き重要な研究課題であり続けるだろうと認識している。

　第二の点は，国連における多主体間主義が深化することにともなって関与主体も多様化することから，それらの主体間の関係性の評価をいかに正確に行うか，という問題である。本書では主に加盟国，国連機関，NGOの三種類の主体を検討の対象としたために，現在安全保障分野での連携を深めつつある地域的国際機構をはじめとする他の国際機構との関係を十分に議論することができなかった。さらに今後は企業などの営利団体による関与が進むことも予想され，また国連を経由しない多様な主体間の協働と国連の関係など，主体が多様化すれば検討の対象も拡散していくことから，いかなる主体をどのような評価基準と研究方法で考察するのか，さらなる検討の必要性を感じている。

　第三点目としては，平和維持活動による任務実施の実効性をいかに評価するか，という課題が指摘できる。一つの活動を評価する際に，どの任務がどの程度達成されたら成功とするのか，という評価基準の設定が，多機能型の活動として展開されるようになった今日，容易ではない課題となっているのである。特に文民の保護任務に関しては，保護されていない「失敗」の事例については報告が多いが，報告がなければ成功しているのか，それとも被害状況が明らかになっていないだけなのか，また何割程度の人びとが保護され

れば「成功」と言えるのか，その評価基準や方法の設定自体が錯綜した問題であるといえるだろう。

　最後に第四点目として，文民の保護を実現するためには，紛争の原因となっている政治的，経済的，社会的問題の解決が不可欠であり，平和維持活動をはじめとする国連安全保障体制による対応のみを検討していても，文民がさらされている暴力の問題を根本的かつ持続的に解決できるわけではないという，紛争原因の多様性に関する課題である。平和維持活動や人道支援活動が政治的解決の代替とはならないことは，これまでにも多くの論者が指摘してきた。文民の保護をめぐる課題の全体像を捉えるうえで，本書が採用した切り口だけでは扱い切れない問題が多数残されていることは事実である。

　ただ，ここまで展開してきた議論によって意図したことは，暴力にさらされている文民の保護という，人間の基本的な権利の保障をめぐる規範意識が，いかなる経緯によって国連システム内で涵養され，内外の主体に影響を与えていったかを検証することであった。それは保護の実現という目的から見れば遥かに手前の前提的な問題ではあるのだが，国際社会における議論の実態はまさにその手前に達するか否かという段階にある。そうした現実を踏まえたうえで，それにもかかわらず冷戦後の国連安全保障体制において文民の保護が注目されてきた理由を明らかにすることが，本研究の目的であった。文民の保護をめぐる規範意識が今後どのような発展をとげ，また国連安全保障体制の活動目的として有意性をもち続けるのか否かについて，今後も研究を継続していきたいと願っている。以上が，本書の議論を終えたうえで確認される研究上の主な課題である。

## 巻末資料　主要な多機能型平和維持活動の任務権限（2010 年 12 月現在）

| 活動名 | 活動期間 | 第 7 章援用の有無注1 | 授権方式活動後の展開 | 停戦監視 |
|---|---|---|---|---|
| 国連ナミビア独立移行支援グループ（UNTAG） | 1989–1990 | | | ○ |
| 第二次・第三次国連アンゴラ検証団（UNAVEM） | II：1991–95/III：1995–97 | | | ○ |
| 国連エルサルバドル監視団（ONUSAL） | 1991–1995 | | | ○ |
| 国連西サハラ住民投票監視団（MINURSO） | 1991– | | | ○ |
| 国連カンボジア暫定機構（UNTAC） | 1992–1993 | | | ○ |
| 国連モザンビーク活動（ONUMOZ） | 1992–1994 | | | ○ |
| 第二次国連ソマリア活動（UNOSOMII） | 1993–1995 | ●注2 | | |
| 国連リベリア監視団（UNOMIL） | 1993–1997 | | | ○ |
| 国連ハイチ・ミッション（UNMIH） | 1993–1996 | | ○ | |
| 国連ルワンダ支援団（UNAMIR） | 1993–1996 | | ○注3 | |
| 国連ボスニア・ヘルツェゴビナ派遣団（UNMIBH） | 1995–2002 | | ○ | |
| 国連東スラヴォニア暫定行政機構（UNTAES） | 1996–1998 | ○ | | |
| 国連アンゴラ監視団（MONUA） | 1997–1999 | | | |
| 国連中央アフリカ共和国ミッション（MINURCA） | 1998–2000 | ○ | | |
| 国連コソヴォ暫定行政ミッション（UNMIK） | 1999– | ○ | ○注4 | |
| 国連シエラレオネ・ミッション（UNAMSIL） | 1999–2005 | ●注5 | ○ | |
| 国連東ティモール暫定統治機構（UNTAET） | 1999–2002 | ● | | |
| 国連コンゴ・ミッション（MONUC）注6 | 1999–2010 | ●注7 | | |
| 国連リベリア・ミッション（UNMIL） | 2003– | ● | | |
| 国連コートジボワール活動（UNOCI） | 2004– | ● | | |
| 国連ハイチ安定化ミッション（MINUSTAH） | 2004– | ● | | |
| 国連ブルンジ活動（ONUB） | 2004–2006 | ●注8 | | |
| 国連スーダン・ミッション（UNMIS） | 2005– | ●注9 | | |
| ダルフール国連・アフリカ連合合同ミッション（UNAMID） | 2007– | ●注10 | | ○ |
| 国連中央アフリカ・チャド・ミッション（MINURCAT） | 2007–2010 | ●注10 | ○注11 | |
| 国連コンゴ民主共和国安定化ミッション（MONUSCO） | 2010– | ●注12 | | |

※活動の設立決議を参照に筆者作成。なお任務権限は網羅的ではない。
注 1）第 7 章を援用し，さらに「必要なあらゆる手段」に類する措置への言及がされている場合には，●としている。
注 2）設立決議 814（26 March 1993）では「必要なあらゆる措置をとる（take all necessary measures）」の文言はみられないが，そ
注 3）多国籍軍投入は 1993 年の活動開始後。
注 4）安保理決議による授権を受けない NATO 軍による空爆の後に展開された。
注 5）活動要員，関連施設，文民の保護，和平合意の実施支援と実施妨害行為および武力攻撃の予防に関してのみ，第 7 章の下で
注 6）活動設立決議 1279（1999）ではなく，その後任務権限を拡大した決議 1291（2000）の任務権限を示している。
注 7）活動要員，活動関係者，関連施設，文民の保護についてのみ，第 7 章の下で「必要な行動をとる（take the necessary
注 8）全ての任務権限について「必要なあらゆる手段を用いる（use all necessary means）」。
注 9）活動要員，活動関係者，関連施設，文民の保護についてのみ，第 7 章の下で「必要な行動をとる（take the necessary
注 10）活動要員，関連施設，文民の保護，和平合意の実施支援と実施妨害行為および武力攻撃の予防に関してのみ，第 7 章の下で
注 11）国連活動を支援するために展開される欧州連合の部隊への授権。
注 12）文民の保護に関わる 12 の任務と武器禁輸措置の実施に関してのみ，「必要なあらゆる手段を用いる（to use all necessary

| 治安維持 | 人道援助の促進・保護 | 武装・動員解除と社会復帰 | 地雷除去 | 選挙支援 | 難民・避難民支援 | 人権監視 | 文民の保護 |
|---|---|---|---|---|---|---|---|
| ○ |   | ○ |   | ○ | ○ |   |   |
|   | ○ | ○ | ○ |   | ○ |   |   |
| ○ |   | ○ |   |   | ○ | ○ |   |
| ○ |   |   |   | ○ |   |   |   |
| ○ |   | ○ |   |   | ○ | ○ |   |
|   | ○ |   |   |   |   |   |   |
| ○ |   |   |   | ○ |   |   |   |
| ○ | ○ | ○ | ○ |   | ○ |   |   |
|   | ○ |   |   | ○ | ○ | ○ |   |
|   |   | ○ |   |   | ○ | ○ |   |
|   |   |   |   | ○ | ○ |   |   |
| ○ |   |   |   | ○ |   |   |   |
|   | ○ |   |   |   |   |   |   |
| ○ | ○ | ○ |   | ○ |   |   | ○ |
| ○ | ○ |   |   |   |   |   |   |
|   |   | ○ | ○ |   |   |   | ○ |
|   |   |   |   |   |   |   |   |
|   | ○ |   |   |   | ○ | ○ |   |
| ○ | ○ |   |   |   |   |   |   |
| ○ | ○ |   |   |   |   |   |   |
|   |   |   |   |   |   |   |   |
|   | ○ | ○ |   | ○ |   |   |   |
|   |   |   |   |   |   |   |   |
| ○ |   |   |   |   | ○ | ○ |   |
|   | ○ | ○ | ○ | ○ | ○ |   | ○ |

の後決議 837（6 June 1993）において「あらゆる措置を用いることを再確認する」（第 5 段落）という文言がみられる。

「必要な行動をとる（take the necessary action）」。

action）」。

action）」。
「必要な行動をとる（take the necessary action）」。

means）」。

207

## 主要参考資料および文献・論文一覧

I 主要参考資料(刊行日順)
1 国連安全保障理事会関連(ICTY/ICTRを除く)
(1) 安保理決議
[1990]
S/RES/660 (2 August 1990), S/RES/678 (29 November 1990).
[1992]
S/RES/743 (21 February 1992), S/RES/770 (13 August 1992), S/RES/776 (14 September 1992), S/RES/794 (3 December 1992).
[1993]
S/RES/807 (19 February 1993), S/RES/814 (26 March 1993), S/RES/819 (16 April 1993), S/RES/836 (4 June 1993), S/RES/837 (6 June 1993), S/RES/844 (18 June 1993), S/RES/846 (22 June 1993), S/RES/872 (5 October 1993).
[1994]
S/RES/893 (6 January 1994), S/RES/897 (4 February 1994), S/RES/909 (5 April 1994), S/RES/912 (21 April 1994), S/RES/918 (17 May 1994), S/RES/925 (8 June 1994), S/RES/929 (22 June 1994), S/RES/940 (31 July 1994).
[1996]
S/RES/824 (6 May 1996).
[1997]
S/RES/1125 (6 August 1997).
[1999]
S/RES/1261 (30 August 1999), S/RES/1265 (17 September 1999), S/RES/1270 (22 October 1999).
[2000]
S/RES/1291 (24 February 2000), S/RES/1296 (19 April 2000), S/RES/1314 (11 August 2000), S/RES/1325 (31 October 2000).
[2001]
S/RES/1379 (20 November 2001).
[2003]
S/RES/1460 (30 January 2003), S/RES/1464 (4 February 2003), S/RES/1509 (19

September 2003).
[2004]
S/RES/1528 (27 February 2004), S/RES/1539 (22 April 2004), S/RES/1542 (30 April 2004), S/RES/1545 (21 May 2004), S/RES/1556 (30 July 2004).
[2005]
S/RES/1590 (24 March 2005), S/RES/1591 (29 March 2005), S/RES/1612 (25 July 2005).
[2006]
S/RES/1674 (28 April 2006), S/RES/1701 (16 August 2006), S/RES/1706 (31 August 2006), S/RES/1738 (23 December 2006).
[2007]
S/RES/1769 (31 July 2007), S/RES/1778 (25 September 2007).
[2008]
S/RES/1820 (19 June 2008), S/RES/1856 (22 December 2008).
[2009]
S/RES/1882 (4 August 2009), S/RES/1888 (30 September 2009), S/RES/1889 (5 October 2009), S/RES/1894 (11 November 2009).
[2010]
S/RES/1925 (28 May 2010).

（２）安保理議長声明
S/PRST/1994/8 (17 February 1994), S/PRST/1997/34 (19 June 1997), S/PRST/1998/18 (29 June 1998), S/PRST/1999/6 (12 February), S/PRST/2001/31 (31 October 2001), S/PRST/2002/32 (31 October 2002), S/PRST/2002/41 (20 December 2002), S/PRST/2003/27 (15 December 2003), S/PRST/2004/40 (28 October 2004), S/PRST/2005/25 (21 June 2005), S/PRST/2005/52 (27 October 2005), S/PRST/2006/42 (8 November 2006), S/PRST/2006/48 (28 November 2006), S/PRST/2007/5 (7 March 2007), S/PRST/2007/40 (24 July 2007), S/PRST/2008/6 (12 February 2008), S/PRST/2008/18 (27 May 2008), S/PRST/2008/28 (17 July 2008), S/PRST/2008/39 (29 October 2008), S/PRST/2009/1 (14 January 2009), S/PRST/2009/9 (29 April 2009), S/PRST/2010/8 (27 April 2010) S/PRST/2010/10 (16 June 2010), S/PRST/2010/22 (6 October 2010).

（３）安保理議事録
S/PV. 3134 (13 November 1992), S/PV. 3174 (19 February 1993), S/PV. 3189 (30 march 1993), S/PV. 3453 (8 November 1994), S/PV. 3875 (24 April 1998), S/PV. 3875 (Resumption) (24 April 1998), S/PV. 3896 (29 June 1998), S/PV. 3942 (10 November 1998), S/PV. 3968 (21 January 1999), S/PV. 3977 (12 February 1999), S/PV. 3980 (22 February 1999), S/PV. 4054 (22 October 1999), S/PV. 4092 (Resumption 1) (24 January 2000), S/PV. 4208 (24 October 2000), S/PV. 4803 (1 August 2003), S/PV. 4826 (16 September 2003), S/

PV. 5125（16 February 2005), S/PV. 5294（27 October 2005), S/PV. 5319（Resumption 1),
（9 December 2005), S/PV. 5687（7 June 2007), S/PV/5916（19 June 2008), S/PV. 5936（17
July 2008), S/PV. 6005（29 October 2008), S/PV. 6024（26 November 2008), S/PV. 6196（5
October 2009), S/PV. 6297（13 April 2010), S/PV. 6300（22 April 2010), S/PV. 6300
（Resumption 1)（22 April 2010), S/PV. 6341（16 June 2010), S/PV. 6370（6 August 2010),
S/PV. 6378（7 September 2010), S/PV. 6400（14 October 2010).

（4）書簡

Letter dated 28 September 1994 from the Permanent Representative of Rwanda to the United Nations addressed to the President of the Security Council, transmitting a statement dated 28 September 1994 of the Government of Rwanda on the establishment of an International Tribunal for the prosecution of persons responsible for genocide and other serious violations of international humanitarian law in relation to Rwanda, S/1994/1115, 29 September 1994.

Letter dated 15 April 1994 from the Permanent Representative of Belgium to the United Nations addressed to the President of the Security Council., S/1994/446, 15 April 1994.

Final Report of the United Nations Commission of Experts Established Pursuant to Security Council Resolution 780（1992), UN Doc. S/1994/674/Add. 2（Vol. V), 28 December 1994.

Note by the President of the Security Council, A/2006/507, 19 July 2006.

## 2　国連事務局・事務総長

［1990］

United Nations, *The Blue Helmets: A Review of United Nations Peace-keeping*, Second edition, New York: United Nations Department of Public Information, 1990.

［1992］

*An Agenda for Peace: Preventive diplomacy, peacemaking and peacekeeping*, Report of the Secretary-General pursuant to the statement adopted by the Summit Meeting of the Security Council on 31 January 1992, A/47/277-S/24111. 17 June, 1992.

Report of the Secretary-General on the situation in Bosnia and Herzegovina, S/24540, 10 September 1992.

［1993］

Further Report of the Secretary-General submitted in pursuance of operative paragraphs 18 and 19 of resolution 794（1992), S/25354, 3 March 1993.

Report of the Secretary-General under Security Council Resolution 808, S/2504, 3 May 1993.

Interim Report of the Secretary-General on Rwanda, S/25810, 20 May 1993.

Report of Secretary-General pursuant to Security Council Resolution 836（1993), S/25939, 14

June 1993.

Report of the Secretary-General on the implementation of Security Council resolution 837, S/26022, 1 July 1993.

Further Report of the Secretary-General submitted in pursuance of paragraph 18 of resolution 814 (1993), with annex I on the re-establishment of security in Somalia: the police, judicial and penal system, S/26317, 17 August 1993.

Report of the Secretary-General on Rwanda, S/26488, 24 September 1993.

Letter from the Permanent Representative of the United Republic of Tanzania to the United Nations addressed to the Secretary-General, transmitting the Peace Agreement signed at Arusha on 4 August 1993, the N'Sele cease-fire agreement and related Protocols of Agreement, A/48/824-S/26915, 23 December 1993.

Report of the Secretary-General on UNAMIR, S/26927, 30 December 1993.

[1994]

Report of the Secretary-General pursuant to Resolution 871 (1993), S/1994/300, 16 March 1994.

Second progress report of the Secretary-General on UNAMIR, S/1994/360, 30 March 1994.

Statement by the Secretary-General condemning all violent acts in Rwanda, particularly the killing of the Prime Minister and of 10 Belgian, UN Press Release SG/SM/5260, 8 April 1994.

Special Report of the Secretary-General on UNAMIR, S/1994/470, 20 April 1994.

Letter dated 29 April 1994 from the Secretary-General to the President of the Security Council, S/1994/518, 29 April 1994.

Report of the Secretary-General on the situation in Rwanda, S/1994/640, 31 May 1994.

[1995]

*Supplement to An Agenda for Peace*, Position paper of the Secretary-General on the occasion of the Fiftieth Anniversary of the United Nations, A/50/60-S/1995/1, 3 January 1995.

UN Department of Peacekeeping, Lesson Learned Unit, *The Comprehensive Report on the Lesson Learned from UN Operations in Somalia, April 1992-March 1995*.

The United Nations, *The United Nations and Cambodia 1991-1995*, The United Nations Blue Books Series, Volume II, New York: Department of Public Information, United Nations, 1995.

The United Nations, *The United Nations and El Salvador 1990-1995*, The United Nations Blue Books Series, Volume IV, New York: Department of Public Information, United Nations. 1995

The United Nations, *The United Nations and Mozambique 1992-1995*, The United Nations Blue Books Series, Volume V, Department of Public Information, United Nations, 1995.

[1996]

Note by the Secretary-General, *Promotion and protection of the rights of children: Impact of armed conflict on children*, A/51/306, 26 August 1996.

United Nations, *The United Nations and Somalia 1992-1996*, The United Nations Blue Books Series, Volume VIII, New York: Department of Public Information, United Nations, 1996.

United Nations, *The United Nations and the Iraq-Kuwait Conflict 1990-1996*, The United Nations Blue Books Series, Volume IX, New York: Department of Public Information, United Nations, 1996.

United Nations, *The United Nations and Rwanda 1993-1996*, The United Nations Blue Books Series, Volume X, New York: Department of Public Information, United Nations, 1996.

[1998]

Report of the Secretary-General, *The causes of conflict and the promotion of durable peace and sustainable development in Africa*, A/52/871-S/1998/318, 13 April 1998.

[1999]

Report of the Secretary-General to the Security Council on the protection of civilians in armed conflict, S/1999/957, 8 September 1999.

Secretary-General presents his annual report to General Assembly, Press Release, SG/SM/7136, GA/9596, 20 September 1999.

Eighth Report of the Secretary-General on the United Nations Observer Mission in Sierra Leone, S/1999/1003, 28 September 1999.

Report of the Secretary-General on the United Nations Interim Administration Mission in Kosovo, S/1999/779, 12 July 1999.

Report of the Secretary-General pursuant to General Assembly Resolution 53/35 (1998): *The fall of Srebrenica*, A/54/549, 15 November 1999, (*Srebrenica Report.*)

Report of the Independent Inquiry into the actions of the United Nations during the 1994 genocide in Rwanda, S/1999/1257, 15 December 1999, (*Rwanda Report*).

[2000]

Report of the Secretary-General, *We the Peoples: the Role of the United Nations in the 21st century*, A/54/2000, 27 March 2000.

Report of the Panel on United Nations Peace Operations, A/55/305-S/2000/809, 21 August 2000, (*Brahimi Report*).

Department of Peacekeeping Operations, Lesson Learned Unit, *Mainstreaming a Gender Perspective In Multidimensional Peacekeeping Operations*, July 2000.

[2001]

Report of the Secretary-General in pursuance of paragraph 13 (a) of resolution 1343 (2001) concerning Liberia, S/2001/939, 5 October 2001.

[2003]

Report of the Secretary-General to Security Council on Liberia, S/2003/875, 11 September 2003.

[2004]

Report of the High Level Panel on Threats, Challenges and Change, *A More Secure World: Our Shared Responsibility*, A/59/565, 2004.

Report of The Secretary-General on the United Nations Mission in Côte d'Ivoire submitted pursuant to Security Council Resolution 1514 (2003) of 13 November 2003, S/2004/3, 6 January 2004.

Department of Peacekeeping Operations, *Human Trafficking And United Nations Peacekeeping*, DPKO Policy Paper, March 2004, (http://www.un.org/womenwatch/news/documents/DPKOHumanTraffickingPolicy03_2004.pdf).

Report of the Secretary-General on Burundi, S/2004/210, 16 March 2004.

Report of the Secretary-General on Haiti, S/2004/300, 16 April 2004.

[2005]

Report of the Secretary-General on Sudan, S/2005/57, 31 January 2005.

Letter dated 31 January 2005 from the Secretary-General addressed to the President of the Security Council, S/2006/60, 1 February 2005.

Report of the Secretary General, *In Larger Freedom: Towards development, security and human rights for all*, A/59/2005, 21 March 2005.

Report of the Secretary-General on the protection of civilians in armed conflict S/2005/740, 28 November 2005.

[2006]

United Nations, *Integrated Mission Planning Process (IMPP): Guidelines Endorsed by the Secretary-General XX on 13 June 2006*.

[2007]

Letter dated 5 June 2007 from the Secretary-General to the President of the Security Council, S/2007/307/Rev. 1, 5 June 2007.

[2008]

Department of Peacekeeping Operations and Department of Filed Support, *United Nations Peacekeeping Operations: Principles and Guidelines*, 2008, (Capstone Doctrine).

Report of the Secretary-General on the deployment of the African Union-United Nations Hybrid Operation in Darfur, S/2008/304, 9 May 2008.

Fourth special report of the Secretary-General on the United Nations Organization Mission in the Democratic Republic of the Congo, S/2008/728, 21 November 2008.

[2009]

Department of Peacekeeping Operations and Department of Filed Support, *A New Partnership Agenda: Charting A New Horizon For UN Peacekeeping*, July 2009, (New Horizon).

[2010]

Thirty-first report of the Secretary-General on the United Nations Organization Mission in

the Democratic Republic of the Congo, S/2010/164, 30 March 2010.
Report of the Secretary-General on the deployment of the African Union-United Nations Hybrid Operation in Darfur, S/2010/543, 18 October 2010.
Department of Peacekeeping Operations, *Ten Rules: Code Of Personal Conduct For Blue Helmets*, (http://www.un.org/en/peacekeeping/documents/ten_in.pdf).
Department of Peacekeeping Operations, *Fact Sheet: United Nations Peacekeeping*, (http://www.un.org/en/peacekeeping/documents/factsheet.pdf).

3 国連総会

A/RES/51/77, 20 February 1997.
A/RES/60/1, *2005 World Summit Outcome*, 24 October 2005.
Report of the Special Commission on Peacekeeping Operations and its working group at the 2006 Substantive Session, A/60/19, 22 March 2006.
A/RES/64/289, 21 July 2010.

4 ICTY/ICTR

ICTY, Rules of Procedure and Evidence (ICTY), 1994.
ICTY, *Prosecutor v. Duško Tadić*, IT-94-1-AR72, Decision of 2 October 1995.
ICTR, *Prosecutor v. Kambanda*, ICTR-97-23, 4 September 1998.
ICTY, *Prosecutor v. Dragoljub Kunarac, Radomir Kovać and Zoran Vuković*, IT-96-23-T & IT-96-23/1-T, Judgement, 22 February 2001.
ICTY, *Prosecutor v. Slobodom Milošević*, IT-02-54, Decision of 12 February 2002.
ICTY, *Prosecutor v. Vujadin Popović, Ljubiša Beara, Drago Nilkolić, Ljubomir Borovčanin, Radivoje Miletić, Milan Grevo, Vinko Pandurević*, IT-05-88-PT, Judgement, 10 June 2010.
ICTR, Rules of Procedure and Evidence, 1995.
ICTR, *The Prosecutor v. Jean-Paul Akayesu*, ICTR-96-4-T, Judgement, 2 September 1998.

5 その他の国連機関

（1）国連難民高等弁務官事務所（UNHCR）

UNHCR, *Statute of the Office of the United Nations High Commissioner For Refugees*, A/RES/428(V)/Annex, 14 December 1950.
国連難民高等弁務官事務所編（1995）『世界難民白書1995――解決をもとめて』読売新聞社
国連難民高等弁務官事務所編（1997）『世界難民白書1997/98――人道行動の課題』読売

新聞社
国連難民高等弁務官事務所編（2000）『世界難民白書 2000――人道行動の 50 年史』時事通信社
UNHCR and Save the Children-UK, *Note for Implementing and Operational Partners on Sexual Violence & Exploitation: The Experience of Refugee Children in Guinea, Liberia and Sierra Leone*, based on Initial Findings and Recommendations from Assessment Mission, 22 October–30 November 2001, February 2002.
UNHCR, *Partnership: An Operations Management Handbook for UNHCR's Partners*, Revised Edition, February 2003.
UNHCR, *Report on Pre-ExCom Consultations with Non-Governmental Organisations*, 24–26 September 2003, Palais des Nations: Geneva, Switzerland.
UNHCR, *NGO Partners in Refugee Protection: Questions and Answers*, September 2004.
UNHCR, *Report on UNHCR'S Annual Consultations with Non-Governmental Oranizations*, 29 JUNE–1 JULY 2009. Geneva, Switzerland.（http://www.unhcr.org/ngo-consultations/ngo-consultations-2009/Final-Full-Report-on-UNHCR-Annual-Consultations-with-NGOs-29June-1July2009.pdf）
UNHCR, *UNHCR Global Report 2009, Working in Partnership*, 1 June 2010.

（2）国連児童基金（UNICEF）
UNICEF, *The Iraq Child and Maternal Mortality Survey Report 1999*, CF/DOC/PR/1999/29.
UNHCR, Revised country programme document, Iraq, E/ICEF/2004/P/L.22/Rev.1,（1 November 2004）.

（3）国連開発計画（UNDP）
UNDP,（1994）, *Human Development Report 1994*, New York/Oxford: Oxford University Press.
UNDP,（1995）, *Human Development Report 1995*, New York/Oxford: Oxford University Press.
UNDP,（2002）, *Human Development Report 2002*, New York/Oxford: Oxford University Press.

（4）国連世界食糧計画（WFP）
World Food Program, *The NGO Update*, Volume 4, Issue 1, February 2005.
World Food Program Homepage, *WFP's Partners: NGOs Invaluable to WFP*,（http://www.wfp.org/aboutwfp/partners/ngo/html）
WFP, WFP's Operational Relationship with NGOs: Annual Report 2009.

(5) 国連人権理事会
A/HRC/4/80 (9 March 2007) Report of the High-Level Mission on the situation of human rights in Darfur pursuant to Human Rights Council decision S-4/101.

(6) 国連広報局プレス・リリース
GA/10846, (23 July 2009). GA/10849, (24 July 2009). GA/10850, (28 July 2009).

## 6 その他の一次資料

Presidential Decision Directives 25, Clinton Administration Policy on Reforming Multilateral Peace Operations, Bureau of International Organizational Affairs, U. S. Department of State, February 22 1996.
Lusaka Ceasefire Agreement of 10 July 1999, S/1999/815, 23 July 1999
Peace Agreement between the Government of Sierra Leone and the Revolutionary United Front of Sierra Leone of 7 July 1999. S/1999/777, Annex
Agreement on Humanitarian Ceasefire on the Conflict in Darfur, 8 April 2004. (http://www.africa-union.org/DARFUR/Agreements/agreementHum.pdf)
PSC/PR/Comm. (XVII), 20 October 2004. (African Union Peace and Security Council, Communiqué.)
PSC/PR/Comm. (XXVIII), 28 April 2005. (African Union Peace and Security Council, Communiqué.)

## 7 NGO・その他民間団体の刊行資料

国境なき医師団編(鈴木主税訳)(1994)『国境なき医師団は見た――国際紛争の内実』日本経済新聞社
人間の安全保障委員会(2003)『安全保障の今日的課題――人間の安全保障委員会報告書』朝日新聞社
Amnesty International, *Amnesty International Mission Statement*, (http://pages.uoregon.edu/amnesty/mission.html).
Global Policy Forum, *Amnesty Leader Pierre Sané Briefs Council in Historic Step, Broadening NGO Consultation*, (http://www.globalpolicy.org/component/content/article/185-general/40097.html).
Global Policy Forum, Members of the *NGO Working Group on the Security Council*, (http://www.globalpolicy.org/security-council/ngo-working-group-on-the-security-council/40429.html).
Human Rights Watch, *Mission Statement*, (http://www.hrw.org/en/about).
Human Rights Watch, *UN: Hold Peacekeepers Accountable for Congo Smuggling, Letter to Chief*

*of UN Peacekeeping Urges Follow-Through*, (23 July 2007), (http://www.hrw.org/en/news/2007/07/22/un-hold-peacekeepers-accountable-congo-smuggling).

The Independent International Commission in Kosovo, (2000), *Kosovo Report: Conflict, International Response, Lesson Learned*, Oxford/New York: Oxford University Press.

International Commission on Intervention and State Sovereignty (ICISS,) (2001), *The Responsibility to Protect*.

The International Committee of the Red Cross, "Statutes of the International Committee of the Red Cross," in *International Review of the Red Cross*, No. 324, 1998, pp. 537-543.

International Federation of Red Cross and Red Crescent Societies, *The Code of Conduct: Principles of Conduct for The International Red Cross and Red Crescent Movement and NGOs in Disaster Response Programmes*, (www.ifrc.org/publicat/conduct/).

MSF (Médecins Sans Frontièrs,) *Special Report Breaking the Cycle: Calls for action in Rwandese refugee camps in Tanzania and Zaire,* 10 November 1994. (http://www.msf.fr/drive/1994-11-01-MSF.pdf).

MSF (Médecins Sans Frontièrs,) *La charte de Médecins Sans Frontièrs*, (http://www.msf.fr/?page=internalpage&id=49&section=1&cat=1&sub=1&title=charte).

## 8 年鑑

Union of International Associations, (ed.), (2003), *Yearbook of International Organizations: Guide to global civil society networks 2003-2004*, Edition 40, Volume 5: Statistics, visualizations and patterns, : München/New York/London K・G・Saur.

Union of International Associations (ed.), (2009), *Yearbook of International Organizations 2009/2010: Guide to global and civil society networks*, Edition 46 Volume 5: Statistics, visualizations and patterns, München: De Gruyter Saur.

Union of International Associations (ed.), (2010), *Yearbook of International Organizations 2010/2011: Guide to global and civil society networks*, Edition 47, Volume 5: Statistics, visualizations and patterns, Berlin/New York: De Gruyter Saur.

## II 主要参考文献・論文

### 1 邦文 (著者名五十音順)

青井千由紀 (2007)「人道的介入と国連改革――『保護する責任』概念の検討」(松井芳郎編『講座・人間の安全保障と国際組織犯罪 第4巻 人間の安全保障と国際社会のガバナンス』日本評論社,76-98頁)

浅田正彦 (1995)「国連における平和維持活動の概念と最近の動向」(西原正／セリグ・S・ハリソン編『国連PKOと日米安保――新しい日米協力のあり方』亜紀書房,35-

89 頁)
浅田正彦（2009）「国連安保理の機能拡大とその正当性」（村瀬信也編『国連安保理の機能変化』東信堂，3-40 頁）
足立研幾（2009）『レジーム間相互作用とグローバル・ガヴァナンス──通常兵器ガヴァナンスの発展と変容』有信堂
阿部浩己／今井直／藤本俊明（2009）『テキストブック国際人権法 第3版』日本評論社
阿部浩己（2010）『国際法の暴力を超えて』岩波書店
阿部達也（2010）「対人地雷禁止条約とクラスター弾条約のダイナミズム──条約プロセスへのNGO の関与に着目して」（『ジュリスト』No. 1409，2010 年 10 月 15 日号，63-73 頁）
新井京（2000）「『国連軍による国際人道法の遵守』に関する事務総長告示」（『京都学園法学』2000 年第 1 号，1-49 頁）
石田淳（2007）「戦争の変貌と国際秩序の変動」（阪口正二郎他編『岩波講座　憲法5　グローバル化と憲法』岩波書店，25-44 頁）
市川とみ子（2009）「大量破壊兵器の不拡散と国連安保理の役割」（村瀬信也編『国連安保理の機能変化』東信堂，57-78 頁）
稲角光恵（2004）「文民の保護」（村瀬信也／真山全編『武力紛争の国際法』東信堂，531-557 頁）
上杉勇司（2008）「民軍関係の基本概念」（上杉勇司／青井千由紀編『国家建設における民軍関係──破綻国家再建の理論と実践をつなぐ』国際書院，19-35 頁）
馬橋憲男（1999）『国連と NGO──市民参加の歴史と課題』有信堂。
遠藤誠治（2003）「『冷戦後の紛争』とグローバリゼーション」（広島市立大学広島平和研究所編『人道危機と国際介入──平和回復の処方箋』有信堂，43-67 頁）
大沼保昭（2008）「国際法と力，国際法の力」（同編『国際社会における法と力』日本評論社，15-102 頁）
長有紀枝（2008）「NGO の視点から見た民軍関係の課題」（上杉勇司／青井千由紀編『国家建設における民軍関係──破綻国家再建の理論と実践をつなぐ』国際書院，171-185 頁）
長有紀枝（2009）『スレブレニツァ──あるジェノサイドをめぐる考察』東信堂
吉川元（2007）『国際安全保障論──戦争と平和，そして人間の安全保障の軌跡』有斐閣
クラーク，ラムゼー（中平信也訳）（1994）『ラムゼー・クラークの湾岸戦争──いま戦争はこうして作られる』地湧社
香西茂（2003）「国連による紛争解決機能の変容──『平和強制』と『平和維持』の間」（山手治之／香西茂共編『21 世紀における人権と平和：国際法の新しい発展をめざして〈下〉　現代国際法における人権と平和の保障』東信堂，207-240 頁）
小寺彰／奥脇直也（2010）「多数国条約体制の意義と課題──企画の趣旨」（『ジュリスト』No. 1409，2010 年 10 月 15 日号，8-10 頁）
酒井啓亘（1996）「国連平和維持活動の今日的展開と原則の動揺」（『国際法外交雑誌』94

巻5・6合併号, 93-117頁）
酒井啓亘（2003）「コンゴにおける国連平和維持活動（1）――国連コンゴ民主共和国ミッション（MONUC）の実践とその法的意義」（『国際協力論集』第11巻第2号, 27-51頁）
酒井啓亘（2004）「コンゴにおける国連平和維持活動（2・完）――国連コンゴ民主共和国ミッション（MONUC）の実践とその法的意義」（『国際協力論集』第11巻第3号, 73-99頁）
酒井啓亘（2008）「スーダン南北和平と国連平和維持活動――国連スーダンミッション（UNMIS）の意義」（『法学論叢』Vol. 162, No. 1-6, 175-203頁）
酒井啓亘（2009）「国連安保理の機能の拡大と平和維持活動の展開」（村瀬信也編『国連安保理の機能変化』東信堂, 97-126頁）
佐藤哲夫（2002）「国連安全保障理事会機能の創造的展開――湾岸戦争から9・11テロまでを中心として」（『国際法外交雑誌』第101巻第3号）
佐藤哲夫（2005）『国際組織法』有斐閣
佐原徹哉（2008）『ボスニア内戦――グローバリゼーションとカオスの民族化』有志舎
重田康博（2005）『NGOの発展と軌跡――国際協力NGOの発展とその専門性』明石書店
清水奈名子（2009）「「保護する責任」概念をめぐる錯綜」（『社会と倫理』第23号, 41-55頁）
杉田敦（2005）『境界線の政治学』岩波書店
高木徹（2002）『ドキュメント　戦争広告代理店――情報操作とボスニア紛争』講談社
武内進一（2009）『現代アフリカの紛争と国家――ポストコロニアル家産制国家とルワンダ・ジェノサイド』明石書店
千田善（1999）『ユーゴ紛争はなぜ長期化したか――悲劇を大きくさせた欧米諸国の責任』勁草書房
寺谷広司（2008）「排除された人々と国際法――世界化する民主主義に対し、人権には何が可能か」（中川淳司／寺谷広司編『国際法学の地平――歴史, 理論, 実証』東信堂, 331-376頁）
中井愛子（2003）「人道行為におけるサン・フロンティエリズムの発展と課題――国境なき医師団, 世界の医師団と『人道的介入権』」（日本平和学会編『平和研究第28号　世界政府の展望』早稲田大学出版部, 147-166頁）
西浦直子（2009）「国連憲章第7章に残された課題――冷戦後の安全保障理事会の実行を中心として」（日本平和学会編『平和研究第34号　アジアにおける人権と平和』早稲田大学出版部, 135-151頁）
藤田久一（1998a）『国連法』東京大学出版会
藤田久一（1998b）「国連法の宿題――『平和に対する脅威』論を中心に」（『法学協会雑誌』第115巻第9号, 1207-1232頁）
藤田久一（2001）「国際人道法の機能展開――国連法との相互浸透」（藤田久一／松井芳郎／坂元茂樹共編『人権法と人道法の新世紀』東信堂, 65-89頁）

藤田久一（2003）『新版　国際人道法（再増補）』有信堂高文社
星野俊也（2004）「国際平和回復政策の構想と実際――『多国間主義の危機』を越えて」（日本国際政治学会編『国際政治』第137号「グローバルな公共秩序の理論をめざして――国連・国家・市民社会」30-44頁）
眞嶋俊造（2010）『民間人保護の倫理――戦争における道徳の追求』北海道大学出版会
松井芳郎（1992）『湾岸戦争と国際連合』日本評論社
松井芳郎（2001）「現代国際法における人道的干渉」（藤田久一／松井芳郎／坂元茂樹共編『人権法と人道法の新世紀』東信堂，5-63頁）
松浦博司（2009）『国連安全保障理事会――その限界と可能性』東信堂
最上敏樹（1991）「強制と戦闘のはざまに――『公』化された非暴力的安全保障についての試論」（『社会科学ジャーナル』第29号（3），195-218頁）
最上敏樹（1997）「国連法体系の展望」（最上敏樹他編『岩波講座　現代の法2　国際社会と法』岩波書店，263-291頁）
最上敏樹（2001）『人道的介入――正義の武力行使はあるか』岩波書店
最上敏樹（2004）「多国間主義と法の支配――武力不行使規範の定位に関する一考察」（『世界法年報』93-123頁）
最上敏樹（2006）『国際機構論　第2版』東京大学出版会
最上敏樹（2009）「非国家主体と国際法――法秩序原理の転換に関する試論」（『国際法外交雑誌』第108巻第2号，1-27頁）
森川幸一（1994）「国際連合の強制措置と法の支配（一）――安全保障理事会の裁量権の限界をめぐって」（『国際法外交雑誌』第93巻第2号，1-31頁）
山田哲也（2003）「国際介入の一形態としての暫定的領域管理」（広島市立大学広島平和研究所『人道危機と国際介入――平和回復の処方箋』有信堂高文社，69-88頁）
山田哲也（2010）『国連が創る秩序――領域管理と国際組織法』東京大学出版会
米川正子（2010）『世界最悪の紛争「コンゴ」――平和以外に何でもある国』創成社

## 2　欧文（著者名アルファベット順）

Abass, Ademola, (2007), "The United Nations, the African Union and the Darfur crisis: of apology and utopia," in *Netherlands International Law Review,* LIV, pp. 415-440.
Abiew, Francis Kofi, and Tom Keating, (1999), "NGOs and UN Peacekeeping Operations: Strange Bedfellows," *International Peacekeeping*, vol. 6, no. 2, pp. 89-111.
Abiew, Francis Kofi, (2003), "NGO-Military Relations in Peace Operations," in Henry F. Carey and Oliver P. Richmond, (eds.), *Mitigating Conflict: The Role of NGOs*, London/Portland: Frank Cass, pp. 24-39.
Albright, Madeleine, (2003), *Madam Secretary: A Memoire*, London: Macmillan.
Alvarez, Jose E., (1996), "Judging Security Council," *American Journal of International Law*, vol. 90, 1996, pp. 1-39.

Anderson, Mary B., (1999), *Do No Harm: How Aid can Support Peace–or War*, Boulder/London: Lynne Rienner Publishers.

Aning, Kwesi, and Delphine Lecoutre, (2008), "China's ventures in Africa," *African Security Review*, vol. 17, no. 1, pp. 39–50.

Appiah-Mensah, Seth, (2006), "The African Mission in Sudan: Darfur dilemmas," *African Security Review*, vol. 15, no. 1, pp. 2–19.

Autesserre, Séverine, (2010), *The Trouble with the Congo: Local Violence and the Failure of International Peacebuilding*, Cambridge: Cambridge University Press.

Axworthy, Lloyd, (2001), "Human Security and Global Governance: Putting People First," *Global Governance*, vol. 7, no.1, pp. 19–23.

Barnett, Michael, (2002), *Eyewitness to a Genocide: The United Nations and Rwanda*, Ithaca/London: Cornell University Press.

Bassiouni, M. Cherif, (1997), "From Versailles to Rwanda in Seventy-Five Years: The Need to Establish a Permanent International Criminal Court," *Harvard Human Rights Journal*, vol. 10, pp. 11–62.

Bellamy, Alex J., (2009), *Responsibility to Protect: The Global Effort to End Mass Atrocities*, Cambridge: Polity Press.

Blokker, Niels, (2000), "Is the Authorization Authorized? Powers and Practice of the UN Security Council to Authorize the Use of Force by 'Coalitions of the Able and Willing,'" *European Journal of International Law*, vol. 11, no. 3, pp. 541–568.

Boulden, Jane, (2001), *Peace Enforcement: The United Nations Experience in Congo, Somalia, and Bosnia*, Westport/London: Praeger.

Boulding, Elise, (1997), "Role for NGOs in reducing or preventing violence," *Transnational Associations*, no. 6, pp. 317–327.

Boutros-Ghali, Boutros, (1999), *Unvanquished: A U. S.–U. N. Saga*, London/New York: I. B. Tauris Publishers.

Bratt, Duane, (1997), "Assessing the Success of UN Peacekeeping Operations," in Michael Pugh, (ed.), *The UN, Peace and Force*, London/Portland: Frank Cass, pp. 64–81.

Carey, Henry F., (2001) "'Women and Peace and Security': The Politics of Implementing Gender Sensitivity Norms in Peacekeeping," in Louise Olsson and Torunn L. Tryggestad, *Women and International Peacekeeping*, London/Portland: Frank Cass, pp. 49–68.

Cassese, Antonio, (2002), "From Nuremberg to Rome: International Military Tribunals to the International Criminal Court," in Antonio Cassese *et al.*, (eds.), *The Rome Statute of International Criminal Court: A Commentary, Volume I*, Oxford, New York: Oxford University Press, pp. 3–19.

Chandler, David, (2001), "The Road to Military Humanitarianism: How the Human Rights NGOs Shaped A New Humanitarian Agenda," *Human Rights Quarterly*, vol. 23, no. 3, pp. 678–700.

Chesterman, Simon, (2001), *Just War or Just Peace: Humanitarian Intervention and International Law*, Oxford/New York: Oxford University Press.

Chesterman, Simon, (2004), *You, The People: The United Nations, Transitional Administration, and State-Building*, Oxford/New York: Oxford University Press.

Claude, Jr., Inis L., (1984), *Swords into Plowsphares: The Problems and Progress of International Organization*, 4th ed., New York: McGraw-Hill.

Cockayne, James and David M. Malone, (2007), "Relations with the Security Council", in Simon Chesterman (ed.), *Secretary or General? : The UN Secretary-General in World Politics*, Cambridge: Cambridge University Press, pp. 69-85.

Connauggton, Richard, (2001), *Military Intervention and Peacekeeping: The reality*, Aldershot/Burlington: Ashgate.

Corten, Olivier, et Pierre Klein, (1993), "Action humanitaire et chapitre VII: La redéfinition du mandat et des moyens d'action des forces des nations unies," *Annuaire Français de Droit International*, tome. 39, pp. 105-130.

Crawford, James, (1995), "The ILC Adopts a Statute for an International Criminal Court," *American Journal of International Law*, vol. 89, no. 2, pp. 404-416.

Cryer, Robert, (1996), "The Security Council and Article 39: A Threat to Coherence?" *Journal of Armed Conflict Law*, vol. 1, no. 2, pp. 161-195.

Daalder, Ivo H., and Michael E. O'Hanlon, (2000), *Winning Ugly: NATO's War to Save Kosovo*, Washington D. C.: Brookings Institution Press.

Dallaire, Roméo, (1996), "The Changing Role of UN Peacekeeping Forces: The Relationship between UN Peacekeepers and NGOs in Rwanda," in Jim Whitman and David Pocock, (eds.), *After Rwanda: The Coordination of United Nations Humanitarian Assistance*, London: Macmillan, pp. 205-218.

Dallaire, Roméo, (2003), *Shake Hands with the Devil:, The Failure of Humanity in Rwanda*, Tronto: Random House Canada.

Daly, M. W., (2007), *Darfur's Sorrow: A History of Destruction and Genocide*, Cambridge: Cambridge University Press.

Dedring, Juergen, (1996), "Humanitarian Coordination," in Jim Whitman and David Pocock, (eds.), *After Rwanda: The Coordination of United Nations Humanitarian Assistance*, London: Macmillan, pp. 35-50.

de Waal, Alex, (1997), *Famine Crimes: Politics and the Disaster Relief Industry in Africa*, London: African Rights & The International African Institute in association with Oxford: James Curry and Bloomington/Indianapolis: Indiana University Press.

de Waal, Alex, (2007a), "Darfur and the failure of the responsibility to protect," *International Affairs*, vol. 83, no. 6, pp. 1039-1054.

de Waal, Alex, (2007b), "Who are the Darfurians? Arabs and Africans identities, violence and external engagement," *African Affairs*, vol. 104, issue 405, pp. 181-205.

Donini, Antonio, (1996), "The Bureaucracy and the Free Spirits: Stagnation and Innovation in the Relationship Between the UN and NGOs," in Thomas G. Weiss and Leon Gordenker, *NGOs, the UN, and Global Governance*, Boulder/London: Lynne Rienner Publishers, pp. 83–101.

Duffield, Mark, (1997), "NGO relief in war zones: towards an analysis of the new aid paradigm," *Third World Quarterly*, vol. 18, no. 3, pp. 527–542.

Dupraz, Jean, (2001), "UNICEF and the Sanctions Committee: Lessons Learned from Iraq," in Vera Gowlland-Debbas, (ed.), *United Nations Sanctions and International Law*, The Hague/London/Boston: Kluwer Law International, pp. 155–163.

Economides, Spyros, and Paul Taylor, (1996), "Former Yugoslavia," in James Mayall, (ed.), *The new interventionism 1991–1994: United Nations experience in Cambodia, former Yugoslavia and Somalia*, Cambridge/New York: Cambridge University Press, pp. 59–93.

Evans, Gareth, (2008), *The Responsibility to Protect: Ending Mass Atrocity Crimes Once and For All*, Washington, D. C.,: Brookings Institution Press.

Fassbender, B., (2000), "Quis judicabit: The Security Council, Its Powers, and Its Legal Control," *European Journal of International Law*, vol. 11, no. 1, pp. 219–232.

Ferris, Elizabeth G., (2003), "The Role of Non-Governmental Organizations in the International Refugee Regime," in Niklaus Steiner, Mark Gibney, and Gil Loescher, (eds.), *Problems of Protection: The UNHCR, Refugees, and Human Rights*, New York/London: Routledge, pp. 117–137.

Fortna, Virginia Page, (2004), "Does Peacekeeping Keep Peace? International Intervention and the Duration of Peace After Civil War," *International Studies Quarterly*, vol. 48, pp. 269–292.

Franck, Thomas M., (1998), "A Holistic Approach to Building Peace," in Olara A. Otunnu and Michael W. Doyle, (eds.), *Peacemaking and Peacekeeping for the New Century*, Lanham/New York/Boulder/Oxford: Rowman & Littlefield, pp. 275–295.

Franck, Thomas M., (2003), "What Happens Now? The United Nations after Iraq," *American Journal of International Law*, vol. 97, pp. 607–620.

Freudenschuß, H., (1994), "Between Unilateralism and Collective Security: Authorization of the Use of Force by the UN Security Council," *European Journal of International Law*, vol. 5, pp. 493–522.

Gear, Felice D., (1996), "Reality Check: Human Rights NGOs Confront Governments at the UN," in Thomas G. Weiss and Leon Gordenker, *NGOs, the UN, and Global Governance*, Boulder/London: Lynne Rienner Publishers, pp. 51–66.

Gear, Felice D., (2003), "Human Rights NGOs in UN Peace Operations," in Henry F. Carey and Oliver P. Richmond, (eds.), *Mitigating Conflict: The Role of NGOs*, London/Portland: Frank Cass, pp. 73–89.

Gordenker, Leon, and Thomas G. Weiss, (1996a), "Pluralizing Global Governance: Analytical

Approaches and Dimensions," in Thomas G. Weiss and Leon Gordenker, *NGOs, the UN, and Global Governance*, Boulder/London: Lynne Rienner Publishers, pp. 17-47.

Gordenker, Leon, and Thomas G. Weiss, (1996b), "NGO Participation in the International Policy Process," in Thomas G. Weiss and Leon Gordenker, *NGOs, the UN, and Global Governance*, Boulder/London: Lynne Rienner Publishers, pp. 209-221.

Goulding, Marrack, (1993), "The evolution of United Nations peacekeeping," *International Affairs*, vol. 69, no. 3, pp. 451-464.

Goulding, Marrack, (2002/2003), *Peacemonger*, Baltimore, Maryland: The John Hopkins University Press.

Gray, Christian, (2000), *International Law and the Use of Force*, Oxford/New York: Oxford University Press.

Grono, Nick, (2006), "Briefing, Darfur: The international community's failure to protect," *African Affairs*, vol. 105, issue 421, pp. 621-631.

Harris, Andrew, and Peter Dombrowski, (2002), "Military Collaboration with Humanitarian Organizations in Complex Emergencies," *Global Governance*, vol. 8, no. 2, pp. 155-178.

Holt, Victoria, Glyn Taylor and Max Kelly, (2009), *Protecting Civilians in the Context of UN Peacekeeping Operations: Successes, Setbacks and Remaining Challenges*, Independent study jointly commissioned by the Department of Peacekeeping Operations and the Office for the Coordination of Humanitarian Affairs, New York: United Nations.

Hulton, Susan C., (2004), "Working Methods and Procedure," in David M. Malone, (ed.), *The UN Security Council: From the Cold War to the 21$^{st}$ Century*, Boulder/London: Lynne Rienner Publishers, pp. 237-251.

Ikenberry, G. John, (2001), *After Victory: Institutions, Strategic Restraint, and the Rebuilding of Order after Major Wars*, Princeton/Oxford: Princeton University Press.

International Alert, (2004), (Ancil Adrian-Paul, Kevin Clements, Eugenia Piza Lopez, and Nicola Johnston), "Legitimizing the Role of Women in Peacebuilding at the United Naitons: A Campaign Approach," in Mari Fitzduff and Cheyanne Church, (eds.), *NGOs at the Table: Strategies for Influencing Policies in Areas of Conflict*, Lanham/Boulder/New York/Toronto/Oxford: Rowman & Littlefield, pp. 95-112.

Johnstone, Ian, (2007), "The Secretary-General as norm entrepreneur," in Simon Chesterman, (ed.), *Secretary or General? The UN Secretary-General in World Politics*, Cambridge: Cambridge University Press, pp. 123-138.

Jordan, Lisa and Peter van Tuijl, (2006), "Rights and Responsibilities in the Political Landscape of NGO Accountability: Introduction and Overview," in Lisa Jordan and Peter van Tuijl, (eds.), *NGO Accountability: Politics, Principles and Innovations*, London: Sterling, VA: Earthscan, pp. 3-20.

Juma, Monika Kathina, (1995), "Kenya: NGO Coordination during the Somali Refugee Crisis, 1990-93," in Jon Bennet, (ed.), *Meeting Needs: NGO Coordinatio in Practice*, London:

Earthsacn, pp. 89–117.

Kaldor, Mary, (1999, 2001), *New and Old Wars: Organized Violence in a Global Era, With an Afterword, January 2001*, Stanford, California: Stanford University Press.

Kirsch, Philippe, John T. Holems and Mora Johnson, (2004), "International Tribunals and Courts," in David M. Malone, (ed.), *The UN Security Council: From the Cold War to the 21st Century*, Boulder/London: Lynne Rienner Publishers, pp. 281–294.

Kovach, Hetty, (2006), "Addressing Accountability at the Global Level: The Challenges Facing International Advocacy NGOs," in Lisa Jordan and Peter van Tuijl, (eds.), *NGO Accountability: Politics, Principles and Innovations*, London: Sterling, VA: Earthscan, pp. 195–210.

Ku, Charlotte, and Joaquín Cáceres Brun, (2003), "Neutrality and the ICRC Contribution to Comtemporary Humanitarian Operations," in Henry F. Carey and Oliver P. Richmond, (eds.), *Mitigating Conflict: The Role of NGOs*, London/Portland: Frank Cass, pp. 56–72.

Lamb, Susan R., (1995), "The UN Protection Force in Former Yugoslavia," in Ramesh Chandra Thakur and Carlyle A. Thayer, (eds.), *A Crisis of Expectations: UN Peacekeeping in the 1990s*, Boulder: Westview, pp. 65–84.

Landgren, Karin, (2001), "UN Sanctions: Dilemmas for UNICEF," in Vera Gowlland-Debbas, (ed.), *United Nations Sanctions and International Law*, The Hague/London/Boston: Kluwer Law International, pp. 205–210.

LeBor, Adam (2006), *Complicity with Evil: the United Nations in the age of modern genocide*, New Haven/London: Yale University Press.

Le Pape, Marc, (2004), "Democratic Republic of Congo: Victims of No Importance," in Médecins Sans Frontières, Fabrice Weissman, (eds.), *In the Shadow of 'Just Wars': Violence, Politics and Humanitarian Aid*, London: Hurst & Company, in association with Médecins Sans Frontières, pp. 209–227.

Lewis, Ioan and James Mayall, (1996), "Somalia," in James Mayall, (ed.), *The New Interventionism 1991–1994: United Nations experience in Cambodia, former Yugoslavia and Somalia*, Cambridge/New York: Cambridge University Press, pp. 94–124.

Malone, David M., and Karin Wermester, (2001), "Boom and Bust? The Changing Nature of UN Peacekeeping," in Adekeye Adebajo and Chandra Lekha Sriram, (eds.), *Managing Armed Conflict in the 21st Century*, London/Portland: Frank Cass, pp. 37–54.

Mangone, Gerard J., (1954), *A Short History of International Organization*, New York: MacGraw-Hill.

Maogoto, Jackson Nyamuya, (2004), *War Crimes and Realpolitik: International Justice from World War I to the 21st Century*, Boulder/London: Lynne Rienner Publishers.

Martens, Kerstin, (2004), "An Appraisal of Amnesty International's Work at the United Nations: Established Areas of Activities and Shifting Priorities since the 1990s," *Human Rights Quarterly*, vol. 26, no. 4, pp. 1050–1070.

Mégret, Frédéric, and Hoffmann, Florian, (2003), "The UN as a Human Rights Violater? Some Reflections on the United Nations Changing Human Rights Responsibilities," *Human Rights Quarterly*, vol. 25, no. 2, pp. 314–342.

Melvern, Linda R., (2004), "The Security Council: Behind the Scenes in the Rwanda Genocide," in Adam Jones, (ed.), *Genocide, War Criminals and the West: History and Complicity*, London/New York: Zed Books, pp. 260–263.

Meron, Theodor, (1993), "Rape as a Crime under International Humanitarian Law," *American Journal of International Law*, vol. 87, no. 3, pp. 424–428.

Meron, Theodor, (1995), "International Criminalization of Internal Atrocities," *American Journal of International Law*, vol. 89, no. 3, pp. 554–577.

Messiant, Christine, (2004), "Angola: Woe to the Vanquished," in Médecins Sans Frontières, Fabrice Weissman, (eds.), *In the Shadow of 'Just Wars': Violence, Politics and Humanitarian Aid*, London: Hurst & Company, in association with Médecins Sans Frontières, pp. 109–136.

Mockaitis, Thomas R., (1999), *Peace Operations and Intrastate Conflict: The Sword or the Olive Branch?* Westport/London: Praeger.

Murithi, Tim, (2007), "The responsibility to protect, as enshrined in article 4 of the Constitutive Act of the African Union," *African Security Review*, vol. 16, no. 3, pp. 14–24.

Murphy, Sean D., (1993), "Progress and Jurisprudence of the International Criminal Tribunal for the Former Yugoslavia," *American Journal of International Law*, vol. 93, no. 1, pp. 57–97.

Murphy, Sean D., (2003), "Contemporary Practice of the United States relating to International Law: U. S. Efforts to Secure Immunity form ICC for U. S. Nationals," *American Journal of International Law*, vol. 97, no. 3, July pp. 710–711.

Natsios, Andrew S., (1996), "NGOs and the UN System in Complex Humanitarian Emergencies: Conflict or Cooperation?" in Thomas G. Weiss and Leon Gordenker, *NGOs, the UN, and Global Governance*, Boulder/London: Lynne Rienner, pp. 67–81.

Natsios, Andrew S., (1997), "An NGO Perspective," in I. William Zartman and J. Lewis Rasmussen, (eds.), *Peacemaking in international conflict: methods & techniques*, Washington D. C.,: United States Institute of Peace Press, pp. 337–361.

Newland, Kathleen, and Deborah Waller Meyers, (1999), "Peacekeeping and Refugee Relief," in Jim Whitman, (ed.), *Peacekeeping and UN Agencies*, London/Portland: Frank Cass, pp. 15–30.

O'Brien, James C., (1993), "The International Tribunal for Violations of International Humanitarian Law in the Former Yugoslavia," *American Journal of International Law*, vol. 87, no. 4, pp. 639–659.

O'Brien, Robert, Anne Marie Goetz, Jan Aart Scholte and Marc Williams, (2000), *Contesting Global Governance: Multilateral Economic Institutions and Global Social Movements*,

Cambridge: Cambridge University Press.

Ogata, Sadako, (1998), "Humanitarian Responses to International Emergencies," in Olara A. Otunnu and Michael W. Doyle, (eds.), *Peacemaking and Peacekeeping for the New Century*, Lanham/New York/Boulder/Oxford: Rowman & Littlefield Publishers, Inc., pp. 215–230.

Ogata, Sadako, and Johan Cels, (2003), "Human Security: Protecting and Empowering the People," *Global Governance*, vol. 9, no. 3, pp. 273–282.

Pace, William R., and Nicole Deller, (2005), "Preventing Future Genocides: An International Responsibility to Protect," *World Order*, vol. 36, no. 4, pp. 15–32.

Patman, Robert G., (1995), "The UN Operation in Somalia," in Ramesh Thakur and Carlyle A. Thayer, (eds.,) *A Crisis of Expectations: UN Peacekeeping in the 1990s*, Boulder/Oxford: Westview Press, pp. 85–104.

Paul, James A., (2003), *The Arria Formula*, (www.globalpolicy.org/component/article/185-general/40088-the-arria-formura.html).

Paul, James A., (2004), "Working with Nongovernmental Organizations," in David M. Malone, (ed.), *The UN Security Council: From the Cold War to the 21$^{st}$ Century*, Boulder/London: Lynne Rienner Publishers, pp. 373–387.

Paul, James A., (2010), *A Short History of the NGO Working Group on the Security Council*, September 2010, (http://www.globalpolicy.org/security-council/ngo-working-group-on-the-security-council.html)

Peck, Connie, (2004), "Special Representatives of the Secretary-General," in David M. Malone, (ed.), *The UN Security Council: From the Cold War to the 21$^{st}$ Century*, Boulder/London: Lynne Rienner Publishers, pp. 325–355.

Pilch, Frances T., (2003), "Sexual Violence: NGOs and the Evolution of International Humanitarian Law," in Henry F. Carey and Oliver P. Richmond, *Mitigating Conflict: The Role of NGOs*, London/Portland: Frank Cass, pp. 90–102.

Pillay, Novanethem, (2003), "The Rule of International Humanitarian Jurisprudence in Redressing Crimes of Sexual Violence," in Lal Chand Vohrah et al., (eds.), *Man's Inhumanity to Man: Essays on International Law in Honour of Antonio Cassese*, The Hague/London/New York: Kluwer Law International, pp. 685–692.

Quigley, John, (1996), "The 'Privatization' of Security Council Enforcement Action: A Threat to Multilateralism," *Michigan Journal of International Law*, vol. 17, pp. 249–283.

Raven–Roberts, Angela, (2005), "Gender Mainstreaming in United Nations Peacekeeping Operations: Talking the Talk, Tripping over the Walk," in Dyan Mazurana, Angela Raven–Roberts and Jane Parpart, (eds.), *Gender, Conflict, and Peacekeeping*, Lanham/Boulder/New York/Tronto/Oxford: Rowman & Littlefield, pp. 43–63.

Razali, Ismail, (1997), "Building Partnerships between NGOs, governments and the United Nations," in *Transnational Associations*, no. 6, pp. 328–331.

Richmond, Oliver P., (2003), "Introduction: NGOs, Peace and Human Security," in Henry F. Carey and Oliver P. Richmond, (eds.), *Mitigating Conflict: The Role of NGOs*, London/Portland: Frank Cass, pp. 1–23.

Ritchie, Cyril, (2003), "Collaboration among entities of the UN System and of Civil Society, notably NGOs," *Transnational Associations*, no.4, pp. 207–211.

Rose, Sir Michael, (1996), "Field Coordination of UN Humanitarian Assistance, Bosnia 1994," in Jim Whitman and David Pocock, (eds.), *After Rwanda: The Coordination of United Nations Humanitarian Assistance*, Houndmills and London: Macmillan, pp. 149–160.

Ruggie, John G., (1993), "Multilateralism: The Anatomy of an Institution," in John G. Ruggie, (ed.), *Multilateralism Matters: The Theory and Praxis of an Institutional Form*, New York: Columbia University Press.

Sarooshi, Danesh, (1999), *The United Nations and the Development of Collective Security: The Delegation by the UN Security Council of its Chapter VII Powers*, Oxford/New York: Oxford University Press.

Schachter, Michael G., (ed.), (1999), *Innovation in Multilateralism*, Basingstoke, UK: Palgrave Macmillan.

Schachter, Oscar, (1991), "United Nations Law in the Gulf Conflict," *American Journal of International Law*, vol. 85, no. 3, pp. 452–475

Schachter, Oscar, (1995), "The UN Legal Order: An Overview," in Oscar Schachter and Christopher C. Joyner, (eds.), *United Nations Legal Order*, vol. 1, Cambridge/New York: Cambridge University Press, pp. 1–31.

Shawcross, William, (2000), *Deliver Us From Evil: Warlords and Peacekeepers in a World of Endless Conflict*, London: Bloomsbury.

Simma, Bruno, (ed.), (2002) *The Charter of the United Nations: A Commentary*, Second Edition, Oxford/New York: Oxford University Press.

Simons, Geoff, (1996), *The Scourging of Iraq: Sanctions, Law and Natural Justice*, Houndsmill/London: Macmillan.

Slim, Hugo, (1995), "Military Humanitarianism and the New Peacekeeping: An Agenda for Peace?" *The Journal of Humanitarian Assistance*, September 1995, (http://www.jha.ac/articles/a003.htm).

Sommaruga, Cornelio, (1997), "Humanitarian Action and Peace-keeping Operations: Keynote address by Dr. Cornelio Sommaruga, President of the International Committee of the Red Cross," UNITAR/IPS/NIRA Conference, Singapore, 24 February 1997. (http://www.icrc.org/Web/Eng/siteeng.nsf/html/57JNE2)

Stahn, Carsten, (2007), "Responsibility to protect: political rhetoric or emerging legal norm?" *American Journal of International Law*, vol. 101, pp. 99–120.

Suasz, Paul C., (2002), "The Security Council Starts Legislating," *American Journal of International Law*, vol. 96, no. 4, pp. 901–905.

Tryggestad, Torunn L., (2009), "Trick or Treat? The UN and Implementation of Security Council Resolution 1325 on Women, Peace, and Security," *Global Governance*, vol. 15, no. 4, pp. 539–557.

Troeller, Gary G., (2001), "Refugees, Human Rights and the Issue of Human Security," in Edward Newman and Oliver P. Richmond, (eds.), *The United Nations and Human Security*, New York: Palgrave, pp. 65–80.

Uvin, Peter, (1996), "Scaling Up the Grassroots and Scaling Down the Summit: The Relations Between Third World NGOs and the UN," in Thomas G. Weiss and Leon Gordenker, *NGOs, the UN, and Global Governance*, Boulder/London: Lynne Rienner, pp. 159–176.

Wallensteen, Peter, and Patrik Johansson, (2004), "Security Council Decisions in Perspective," in David M. Malone, (ed.), *The UN Security Council: From the Cold War to the 21$^{st}$ Century*," Boulder/London: Lynne Rienner Publishers, pp. 17–33.

Weiss, Thomas G., (1999a), *Military–Civilian Interactions: Intervening in Humanitarian Crises*, Lanham/Boulder/New York/Oxford: Rowman & Littlefield.

Weiss, Thomas G., (1999b), "Civilian–Military Interactions and Ongoing UN Reforms: DHA's Past and OCHA's Remaining Challenges," in Jim Whitman, (ed.), *Peacekeeping and UN Agencies*, London/Portland: Frank Cass, pp. 49–70.

Weiss, Thomas G., Tatiana Carayannis and Richard Jolly, (2009), "The "Third" United Nations," *Global Governance*, vol. 15, no. 1, pp. 123–142.

Weissman, Fabrice, (2004), "Sierra Leone: Peace at Any Price," in Médecins Sans Frontières, Fabrice Weissman, (eds.), *In the Shadow of 'Just Wars': Violence, Politics and Humanitarian Aid*, London: Hurst & Company, in association with Médecins Sans Frontières, pp. 43–65.

Wellens, Karel, (2003), "The UN Security Council and New Threats to the Peace: Back to the Future," *Journal of Conflict and Security Law*, vol. 8, no. 1, pp. 15–70.

Wenping, He, (2007), "The Balancing Act of China's Africa Policy," *China Security*, vol. 3, no. 3, pp. 23–40.

Weschler, Joanna, (2004), "Human Rights," in David M. Malone, (ed.), *The UN Security Council: From the Cold War to the 21$^{st}$ Century*, Boulder/London: Lynne Rienner, pp. 55–68.

Weston, Burns H., (1991), "Security Council Resolution 678 and Persian Gulf Decision Making: Precarious Legitimacy," *American Journal of International Law*, vol. 85, no. 3, pp. 516–535.

Wheeler, Nicholas J., (2000), *Saving Strangers: Humanitarian Intervention in International Society*, Oxford/New York: Oxford University Press.

Whitworth, Sandra, (2004), *Men, Militarism, and UN Peacekeeping*, Boulder/London: Lynne Rienner.

Williams, Paul D., (2007), "From non–intervention to non–indifference to origins and developments of the African Union's security culture," *African Affairs*, vol. 106, issue 423, pp. 253-279.

Wilson, Gordon, (1995), "Arm in Arm After the Cold War? The Uneasy NATO-UN Relationship," *International Peacekeeping*, vol. 2, no. 1, pp. 74-92.

Winslow, Donna, (2000), "Strange bedfellows in humanitarian crises: NGOs and the military," *Transnational Associations*, no. 5, pp. 222-231.

Wiseman, Geoffrey, (2004), " 'Polylateralism' and New Modes of Global Dialouge," in Christer Jönsson and Richard Langhorne, (eds.), *Diplomacy*, vol.III, London: Sage, pp. 36-57.

Wright, Neil, (1996), "The Hidden Cost of Better Coordination," in Jim Whitman and David Pocock, (eds.), *After Rwanda: The Coordination of United Nations Humanitarian Assistance*, London: Macmillan, pp. 51-59.


Ⅲ 新聞記事 （日付順）

Paul Lewiss, "U. N. suvey calls Iraq's war damage near-apocalyptic," *New York Times*, March 22, 1991.

David Hoffman, "Six weeks of Intense Consultations Led to UN Resolution," *Washington Post*, December 2, 1991

Annika Savill, "Inside File: UN back-pedals on Baghdad sanctions report," *The Independent*, June 24, 1993.

Roger Cohen, "U. N. General Opposes More Bosnia Force: Criticizes U. S. Call For New Toughness", *The New York Times*, September 29, 1994.

Colum Lynch, "Departing War Crimes Tribunals Chief Assails UN Inaction," *Washington Post*, November 9, 1999.

Huggler, Justin, "Massacre of the Peacemakers: Suicide Bomb at UN Headquarters in Baghdad kills 20, injures 100," *The Independent*, August 20, 2003.

Lynch, Colum, "U. S. to Pull 9 From U. N. Peacekeeping Missions," *The Washington Post*, July 3, 2004.

"Victims of a forgotten war: Medecins Sans Frontieres," *The Guardian*, July 29, 2004.

Kelley, Kevin, "U. S. Stand on ICC will delay Darfur trials," *Financial Times*, February 8, 2005.

Cook, Robin, "Comment & Analysis: If not in Darfur, then where? US hostility to the international criminal court knows no bounds," *The Guardian*, February 11, 2005.

*Le Monde diplomatique*, Mar 2008.

*International Herald Tribune*, March 23, 2008.

# あとがき

　冷戦後の混乱期と言われた1990年代に学生として過ごしていた当時，国連の安全保障体制は主要なメディアによって頻繁に取り上げられるほど，その「再生」に注目が集まっていたことを記憶している。本書の主題に関心をもつようになったのは，冷戦後に活性化した国連安保理を学生時代に目撃した世代に属していることが強く影響している。

　国内外の学会においても，多くの議論の対象となってきた安保理であるが，その主要な関心はしばしば，「国際的な権力」としてのその機能や権限に向けられてきた。実際に，安保理による国連憲章第7章の下での決定が増え，多様な安全保障機能が発展した結果，論ずべき多くの主題が提供されることになったのである。

　本書も，冷戦後にうまれた「文民の保護」という安保理の新しい機能に注目している。しかし，この機能に筆者が関心を寄せたのは，安保理がどれだけ強力な権力を行使しているか，という点に注目したからではなかった。むしろ，安保理によって現代世界における「国際の平和と安全」の内容が考案される，というその基準設定機能に興味をもったためである。

　国際場裡において，どのような内容の価値が，いかなる主体によって共通の価値として提示され，規範として認識されるのかという，より一般的な問題への関心がその背景にはある。「国際社会」，「国際共同体」といった概念が使われるようになって久しいが，たとえば「国際の平和と安全」と表現したときに，それは具体的には誰にとっての，いかなる平和と安全を意味しているのかについて，安保理による文民の保護をめぐる実行を具体的な素材として考察したいと考えたのである。本書の作業はその起点に過ぎないが，国際的な規範と秩序の関係性については，今後も研究を続けていきたいと願っている。

本書は，2005年9月に国際基督教大学大学院行政学研究科に提出した博士論文をもとに，その後加筆・修正を加えたものである。また，拙稿「武力紛争下の文民の保護と国連安全保障体制——ダルフール紛争への対応を中心として」(『宇都宮大学国際学部研究論集』第26号　2008年10月)での考察を一部付け加えている。

　大学時代から博士論文の執筆に至るまで，熱心に指導してくださった最上敏樹先生には，心からの感謝を申し上げたい。豊かな広がりと奥行きをもつ先生の講義を聴く機会に恵まれなければ，また先生が築き上げられた「国際機構論」という学問に出合わなければ，研究者の道を志すこともなかったと思っている。職業としての学問を志すうえで，どのように研究に取りくみ，世界をみつめ，思考を言葉で表現していくかについて，常に範を示してくださった先生への敬意を込めて，本書は執筆されている。

　また，大学院の修士論文，博士論文の指導や審査に際しては，松沢弘陽先生，安藤勝美先生，西尾勝先生，千葉眞先生ほか，多くの先生方からご指導をいただいた。さらに先輩にあたる山田哲也先生には，博士論文をいつか単著にまとめるようにと強く勧めていただいた。そして同じゼミで長年助け合ってきた西浦直子さん，昨年惜しまれつつ逝去した黒田真知子さんをはじめ，大学院時代にともに学んだ友人たちの励ましも，欠くことのできない支えとなってきた。またすべてお名前をあげることはできないが，他にも多くの先生方から折々ご助言をいただくなかで，本書の基底をなす問題関心は養われてきた。これらの方々すべてに，改めて御礼の言葉を申し上げたい。

　なお本書は，宇都宮大学国際学部国際学叢書として，学部からの出版助成を得て刊行されている。脱国境的な事象を学際的に研究することを目指した国際学部の発展に，本書が多少なりとも寄与することができれば幸いである。若手を中心とした研究支援のために，限りのある予算のなかから助成を決定してくださった学部長の岡田三郎先生，そして教授会に属するすべての先生方に謝意を表したい。また，出版助成自体を提案し，その実現から審査にいたるまで，ご多忙ななか尽力してくださった内山雅生先生にも，この場を借りて感謝を申し上げたい。

## あとがき

　さらに，国際学叢書の審査を引き受けてくださった今井直先生と米山正文先生には，査読後に丁寧なコメントと励ましの御言葉をいただき，加筆・修正作業に向けて背中を押していただいた。また学部内の「学問の倫理と方法研究会」においても，本稿の主題に関わる発表の機会を与えられ，中村真先生，松尾昌樹先生，田口卓臣先生，重田康博先生，田巻松雄先生から，それぞれコメントをいただいた。所属学会のなかの議論だけで終わるのではなく，異なる学問分野の専門家にも研究の意義を理解してもらうことの重要性を，これらの先生方から教えていただいた。本書でその要請に十分にこたえることができたという自信はないが，今後もこの点を常に意識して研究していきたい。そして，UNHCR職員としてコンゴ民主共和国の現場を目撃してきた米川正子先生には，筆者によるインタビューに答えていただいた。その御著書に記されている紛争の実情や問題点について，詳しく教えていただく機会を得ると同時に，本書を執筆するうえで貴重な示唆をいただいた。

　また申請や契約等の手続きに関しては，宇都宮大学国際学部総務係の皆様のご助力を得た。宇都宮大学附属図書館のレファレンス係の皆様にも，論文の取り寄せ等に際して臨機応変に対応していただき，研究を支えていただいた。そして何よりも，慌ただしいスケジュールにもかかわらず，常に的確かつ配慮の行き届いた編集作業をとおして，本書の刊行の導き手となってくださった日本経済評論社の吉田真也氏に，心からの感謝を申し上げたい。氏の編集者としての職人技がなければ，本書を完成させることは困難であった。また，刊行を引き受けてくださった同社の栗原哲也氏ならびに谷口京延氏にも，記して謝意を表したい。

　最後に，常に支えてくれた両親，家族，友人たちへの感謝を記しておきたい。そして本書を，多くの方々からこれまで受けてきた励ましへのささやかな御礼として，捧げたいと願っている。

2011年　早春の宇都宮にて<br>
清水　奈名子

# 索　引

〔あ行〕

アイディード，モハメド　48, 169
アイルランド　113, 163
アカイエス事件　65
明石康（人道問題・緊急支援調整担当事務次長）　85, 86
「新しい戦争」　53〜55, 67
アックスワージー，ロイド　138, 139
アナン，コフィー　29, 51, 66, 67, 79, 84, 109, 113, 116, 132, 135, 136, 188, 189, 191
　　（――による）1999年総会演説　80, 88, 89, 109
アフガニスタン　164, 190
アフリカ医療研究基金　151
アフリカ統一機構（OAU）　38, 90, 119
アフリカ連合（AU）　10, 38, 113, 119〜122, 125, 192, 193
　　――委員会議長　140
　　――スーダン・ミッション（AMIS）　117, 121, 122, 125
　　――設立規約　113, 119
　　――平和安全保障理事会　119
アフリカン・ウォッチ　154
アムネスティ・インターナショナル　146, 154, 156, 157, 171, 181
アリア，ディエゴ　46, 154〜156
アリア方式　155〜159, 163, 181, 203
アルーシャ　56, 59
　　――和平合意　38
アル=バシール，オマル　122
アルジェリア　115, 134, 190
アルゼンチン　103, 113, 139, 157
アルバニア　71, 74
アンゴラ　170
　　――全面独立民族同盟（UNITA）　170

安全地域　→旧ユーゴスラヴィア
安全保障観　56, 86, 196
（国連）安全保障理事会（安保理）
　　（――による）基準設定（機能）　201, 204
　　――議長声明　39, 83, 88, 89, 92, 94, 95, 98〜101, 107, 196
　　――議長ノート　157, 158
　　――（における）拒否権　20, 117, 168
　　――決議　660　69
　　　　　　678　21, 68
　　　　　　764　76
　　　　　　770　30
　　　　　　776　30, 31
　　　　　　780　58
　　　　　　794　74
　　　　　　807　31
　　　　　　808　76
　　　　　　819　28, 31, 46
　　　　　　824　31
　　　　　　827　56, 76
　　　　　　836　31, 33
　　　　　　846　38
　　　　　　872　38
　　　　　　893　39
　　　　　　897　49
　　　　　　909　40
　　　　　　912　42
　　　　　　918　42
　　　　　　925　50
　　　　　　955　56, 76
　　　　　　1125　69
　　　　　　1261　89, 97〜99
　　　　　　1264　76
　　　　　　1265　88, 89, 92〜94
　　　　　　1270　88, 102, 105, 106
　　　　　　1291　105, 106, 138, 169

索　引

1296　94
1314　98, 99
1325　99, 100, 106, 107, 160, 164, 166, 198
1373　4
1379　98, 99
1460　98
1464　77
1493　77
1509　105, 106, 139
1528　105, 106, 140
1539　98
1540　4
1542　105, 106, 140
1545　77, 105, 106, 140
1556　120
1590　77, 105, 106, 140
1591　120
1612　98, 166, 167
1674　94, 114, 116
1701　105, 106
1706　121
1738　95
1769　77, 105, 106, 122, 140
1778　105, 106, 141
1820　100, 166
1856　141, 143
1882　98, 167
1888　100
1889　101
1894　95
1925　105, 106, 142, 185
1960　101, 166
――仮手続規則37　83, 84
――仮手続規則39　85, 158, 164
（――）集権性／集権化　117, 128, 173, 198, 200
――常任理事国　4, 16, 45, 46, 79, 87, 88, 91, 92, 112, 115, 117, 122, 129, 134, 135, 154, 198
（――の）正当性　201
――テーマ別会合・議題　83, 85, 88, 89, 97, 131, 132, 134, 137, 162, 203
――テーマ別決議　17, 88, 200, 203

（――における）「民主主義の欠損」　155
（――による）立法（論）　4, 115
EU　→欧州連合
イェッセン=ペーターセン，ソレン（難民高等弁務官補）　85, 86
イタリア　36, 49, 71, 132, 199
イラク　21, 25, 112, 173, 181
　――軍　21
　――戦争　112
インターナショナル・アラート　162
インド　112, 113, 199
インドネシア　134, 191
ウィメン・フォー・ウィメン・インターナショナル　164, 190
ウェイス，トマス　8, 10
ウェストン，バーンズ　21
ウォルストロム，マルゴット（紛争下の性的暴力担当事務総長特別代表）　136, 186, 193, 194
ウガンダ　38, 134, 138, 167, 169, 193
英国　33, 46, 87, 91, 103, 112～115, 134, 189, 190, 192～194
AU　→アフリカ連合
エジプト　115, 132
MSF　→国境なき医師団
NGO　4, 8～11, 17, 27, 84, 113, 128, 145, 148, 163, 175, 202
　開発援助――　147
　国内――　147, 151, 152, 158, 160～162
　――作業グループ　155～157, 159, 163, 168, 181, 191～193
　人権――　146, 171
　人道支援――　146, 149, 150, 156, 157, 159, 171
　（――の）正当性　12, 114, 145, 147, 182
　（――の）説明責任　145, 182
　（――の）独立性　146, 177, 179～182
　（――のなかの）南北問題　181, 182
　（――の）普遍性　146
　（――の）不偏（不党）性　146, 177, 180
エルサルバドル　24, 25
エルドス，アンドレ　46
オーウェン，デイヴィッド　46
欧州安全保障協力機構（OSCE）　78

237

欧州連合（EU）　10, 46, 121, 123, 141
　──国連代表部　193, 194
オーストラリア　71, 123
オーストリア　134, 193
大沼保昭　201
緒方貞子（難民高等弁務官）　84, 88, 130, 132, 188
長有紀枝　29, 50
オックスファム　146, 151, 156, 157, 180, 181
オトゥヌ, オララ（子どもと武力紛争担当事務総長特別代表）　89, 91, 97, 103, 132, 133, 137, 188～190
オランダ
　──政府　36, 56, 102, 134, 157～159, 163, 188
　──軍部隊　34, 35, 64
オルブライト, マデレーン　46, 47

〔か行〕
ガーナ　113, 115, 134, 191
介入と国家主権に関する国際委員会（ICISS）　16, 109, 139
カガメ, ポール　40
カタール　115, 134, 191
カナダ　33, 102, 112, 113, 115, 138, 157, 158
　ICISSと──　109, 139
　安保理議長国としての──　84, 92, 134, 188
　──軍　43
カマエット, パトリック（MONUC司令官）　165, 192
カメルーン　134, 189
カリタス　151, 181
カルドー, メアリー　53, 54
韓国　87, 113, 115, 132
監視機能　→評価・監視（活動・機能）
カンバンダ, ジャン　58
カンボジア　24, 25
北大西洋条約機構（NATO）　16, 35, 36, 71, 78, 79, 81, 88, 89, 91, 110, 177, 193
ギニア　170
ギニアビサウ　74
規範意識　1, 2, 17, 81, 82, 126, 133, 187, 196～199, 201～203, 205

（──と）保護する責任　107, 108, 114, 117
規範的統治　201
キャップストーン・ドクトリン（『国連平和維持活動：原則と指針』）　182
9.11同時多発テロ事件　77, 112, 198
キューバ　113
旧ユーゴスラヴィア（ユーゴスラヴィア社会主義連邦共和国）　6, 19, 23, 25, 27, 30, 35, 37, 40, 47, 48, 52, 53, 68, 71, 74, 76, 119, 130, 155
　「新しい戦争」と──　53, 54
　（──における）安全地域　28, 31～34, 46
　──国際刑事裁判所（ICTY）　→国際刑事裁判所
　（──での）人道支援活動　151, 177, 179
拒否権　→安全保障理事会
キング, アンゲラ（ジェンダーと女性問題担当事務次長補）　99, 136, 188, 189
近接航空支援　35, 36
グアテマラ　113, 163, 181
クウィグレイ, ジョン　70
クウェート　21, 25
クエーカー国連事務局　156, 181
グールティング, マラック　45
クラーク・ラムゼー　21
クラスター爆弾禁止条約　12
クリントン政権　47, 49
クレイン, ジャック（リベリア担当事務総長特別代表）　139
クロアチア　27, 45
クロード, イニス　8
グローバル・ポリシー・フォーラム　157, 168
クマラスワミ, ラディカ（子どもと武力紛争担当事務総長特別代表）　133, 191～193
クン, ピーターICRC代表　85
康京和（人権副高等弁務官）　135, 193
ケア（CARE）　146, 149, 156, 157, 180, 181
　──・ケニア　150
ゲイ, ババカール（MONUSCO司令官）　186, 194
経済社会理事会　9, 92
　──議長　136, 189, 193

# 索　引

経済制裁　96, 173, 174
ケニア　132, 150
強かん　57, 62, 63, 65, 76, 77, 97, 133, 161, 166
　　子どもに対する——　167
　　コンゴ民主共和国における——　185〜187
コートジボワール　71, 74, 77, 123, 164
国際共同体　108, 109, 111, 113, 119, 123, 165, 167, 197, 199
国際刑事裁判所（ICC）　72, 139, 141, 186
　　旧ユーゴスラヴィア——（ICTY）　5, 6, 19, 55〜65, 74, 76, 93
　　ルワンダ——（ICTR）　5, 6, 19, 55〜65, 76, 93
国際公務員　8, 11, 50
国際女性保護センター　156
国際人権法　106, 109, 121, 126, 127, 147, 182, 183
　　（——と）安保理テーマ別会合　89〜92
　　（——と）「平和に対する脅威」　75〜78
国際人道法　19, 98, 106, 121, 126, 127, 147, 182, 183
　　（——と）ICTY/ICTR　55〜60
　　（——と）「新しい戦争」　54
　　（——と）安保理決議1265　93〜97
　　（——と）安保理テーマ別会合　89〜93
　　（——と）文民の定義　5, 6
　　（——と）「平和に対する脅威」　75〜78
　　（——と）保護する責任　109
国際通貨基金　148
「国際の平和と安全に対する脅威」　19, 55, 69, 72〜76, 195
国際連合（国連）
　　——安保理　→安全保障理事会
　　——イラク・クウェート監視団（UNIKOM）　21
　　——イラン・イラク軍事監視団（UNIMOG）　25
　　——ウガンダ・ルワンダ監視団（UNOMUR）　26, 38
　　——エルサルバドル監視団（ONUSAL）　25
　　——開発計画（UNDP）　11, 37, 175, 191

　　——カンボジア暫定機構（UNTAC）　23, 170
　　（——システムの）機構の多面性　131
　　——休戦監視機構（UNTSO）　22
　　——クロアチア信頼回復活動（UNCRO）　26
　　——コートジボワール活動（UNOCI）　105, 106, 139, 140, 172
　　——コソヴォ暫定統治ミッション（UNMIK）　23
　　——コンゴ・ミッション（MONUC）　22, 105, 106, 138, 141〜144, 165, 169, 171, 185, 186, 189, 192
　　——コンゴ民主共和国安定化ミッション（MONUSCO）　16, 105, 106, 142, 144, 185〜187
　　——シエラレオネ監視団（UNOMSIL）　102
　　——シエラレオネ・ミッション（UNAMSIL）　16, 82, 88, 101〜106, 137, 138, 171
　　——児童基金（UNICEF）　85, 89, 91, 130, 135, 163, 167, 173, 174, 179, 188〜193
　　——事務局　→事務局
　　——事務総長　→事務総長
　　——女性開発基金（UNIFEM）　11, 99, 136, 163, 188〜193
　　——人権委員会　154
　　——人権高等弁務官（事務所）（OHCHR）　89, 130, 135, 136, 140, 159, 188, 190, 193, 194
　　——人口基金（UNFPA）　136, 143, 144, 190
　　——人道問題局（DHA）　175
　　——人道問題調整局（OCHA）　90, 121, 172, 175, 179, 185
　　——スーダン・ミッション（UNMIS）　105, 106, 120, 121, 139, 140, 172
　　——専門機関　→専門機関
　　——総会　→総会
　　——第一次アンゴラ検証団（UNAVEM Ⅰ）　25
　　——第二次アンゴラ検証団（UNAVEM Ⅱ）　26
　　——第一次ソマリア活動（UNOSOM Ⅰ）　26, 47

239

――第二次ソマリア活動（UNOSOM Ⅱ）　26, 37, 48, 49, 52, 169
ダルフール――・AU 合同ミッション（UNAMID）　105, 106, 121～123, 140, 141, 172
――中央アフリカ・チャド・ミッション（MINURCAT）　105, 106, 141
――中米監視団（ONUCA）　25
――ナミビア独立支援グループ（UNTAG）　21, 25, 161
――難民高等弁務官事務所（UNHCR）　84～86, 121, 132, 149～152, 170, 171, 175, 177, 179, 185, 188
――西サハラ住民投票監視団（MINURSO）　26
――ハイチ安定化ミッション（MINUSTAH）　105, 106, 139, 140
――ハイチ・ミッション（UNMIH）　25, 26
―― PKO 局　22, 25, 51, 90, 98, 100, 124, 159, 161, 163, 168, 171, 178, 182, 183, 203
―― PKO 特別委員会　183
――東ティモール暫定行政機構（UNTAET）　23
――フィールド支援局　182, 183
――ブルンジ活動（ONUB）　105, 106, 139
――平和維持活動　→平和維持活動
――平和構築委員会　136
――平和構築支援局　136, 159
――法務局（OLA）　58
――保護軍（UNPROFOR）　19, 23, 26～30, 32～36, 44, 45, 52, 64, 66, 178
――モザンビーク活動（ONUMOZ）　25
――予防展開部隊（UNPREDEP）　25
――リベリア監視団（UNOMIL）　26
――リベリア・ミッション（UNMIL）　105, 106
――ルワンダ支援団（UNAMIR）　19, 25, 26, 37～39, 41～45, 51, 67
――レバノン暫定軍（UNIFIL）　104～107
国際連合憲章　2, 3, 8, 20, 21, 51, 67, 69, 75, 93, 104, 259
――第 6 章　51, 108, 109
――第 7 章　75, 96, 117, 138, 173, 182, 197

ICTY/ICTR　56, 57, 93
MONUC　138, 142
MONUSCO　142
UNAMID　122
UNAMIR　39, 42, 43
UNAMSIL　102, 103
UNOSOM Ⅱ　48
UNPROFOR　28, 30～33, 36
国連活動への授権　77, 104, 105
多国籍軍への授権　68, 69, 72, 73, 87
保護する責任　108, 109, 111
湾岸戦争　21
――第 8 章　108, 109
――第 2 条 4 項　110
――第 25 条　22
――第 39 条　1, 69, 74
――第 40 条　69
――第 41 条　96, 161
――第 42 条　69, 70
――第 46 条　70
――第 47 条　70
――第 51 条　21
――第 53 条　70
――第 71 条　9
――第 99 条　51
――第 100 条　8
国際連盟　4, 9
国際連盟協会　9
国内避難民　→避難民
コソヴォ（自治州）　16, 78～80, 82, 88, 91, 92, 109, 110
国境なき医師団（MSF）　146, 149, 151, 156, 157, 168, 169, 180, 181
「子どもと武力紛争」（安保理テーマ別議題・決議）　83, 89, 97, 98, 132～135, 166, 167, 183, 188～193
子どもと武力紛争ウォッチ・リスト　159, 166, 167, 191, 192
子ども兵　91, 97, 103, 106, 107, 133, 141, 166, 167, 188～193
コンゴ民主共和国（における――）　143, 144
コヘイン，ロバート　7
コモロス　74

索　引

コロンビア　134, 189
コンゴ共和国　144
コンゴ民主共和国　71, 74, 77, 115, 138, 141
　　～143, 169, 181, 185
　　――政府軍（FARDC）　171, 186

〔さ行〕

酒井啓亘　201
差し迫った身体的暴力　6, 74, 81, 104, 122,
　　142
佐藤哲夫　77
サネ，ピエール　157
サンクト・ペテルブルグ宣言　90
暫定統治（活動）　23
ザンビア　113, 163
ジェノサイド（罪）　6, 27, 76, 80, 95, 96,
　　126, 196
　　（――と）ICTY/ICTR　60, 62～67
　　（――と）AU 設立規約　119
　　――条約　50, 62, 90
　　ダルフールにおける――　122
　　（――と）保護する責任　108, 109, 113,
　　115, 196
　　ルワンダにおける――　37～44, 50, 51, 59,
　　151
シエラレオネ　74, 82, 102～104, 137, 170
ジェンダーの主流化　101, 136, 161, 162,
　　199, 200
児童の権利に関する条約　90, 98
（国連）事務次長　130
　明石康（人道問題・緊急支援調整担当）
　　85, 86
　アナン，コフィー　67, 79, 80, 84
　デメロ，セルジオ（人道問題・緊急支援調整
　　担当）　89～91, 188
　ルロイ，アラン（平和維持活動担当）　135
（国連）事務総長　8, 20, 50～52, 84, 88, 92,
　　124, 161, 166
　アナン，コフィー　29, 51, 66, 89, 109,
　　132, 135
　　――特別代表　24, 36, 48, 84, 85, 91, 103,
　　130, 132, 133, 135

　　――特別代表（子どもと武力紛争担当）
　　89, 91, 97, 103, 132, 133, 137, 167, 188～
　　190
　　――特別代表（ソマリア担当）　48, 49
　　――特別代表（紛争下の性的暴力担当）
　　136, 186, 193, 194, 202
　　――特別代表（MONUC 担当）　143, 144
　　――特別代表（リベリア担当）　139
　ハマーショルド，ダグ　129
　潘基文　116, 193, 194
　ブトロス゠ガーリ，ブトロス　20, 36, 48,
　　52, 66
　（――と）保護する責任　113
　UNAMIR　39, 40, 42, 43
　UNPROFOR　32, 33, 35
（国連）事務局　1, 8, 9, 17, 35, 36, 45, 50～
　　53, 81, 127, 129, 144, 145, 148, 159, 172,
　　183, 202
　（――による）情報提供　129～131, 139,
　　144
　（――の）正当性　12
シャクター，オスカー　14, 21
ジャマイカ　134, 163, 188, 189
ジャンジャウィード　118～120
集団殺害（罪）　→ジェノサイド（罪）
ジュネーブ条約　89, 95, 98
　　――共通第 3 条　58, 61, 65
　　――第一条約　149
　　――第四条約　5
　　――第一・第二追加議定書　5, 6, 58, 61,
　　65, 98
　　――の重大な違反　58, 60, 61, 65
ジュノー，シルヴィ（ICRC 国連代表）　132,
　　188
常任理事国　→安保理常任理事国
情報提供
　NGO による――　84, 154, 158, 168, 202
　国連機関による――　84, 143, 165, 168,
　　202
女性と平和，安全保障 NGO 作業グループ
　　159, 163, 164, 182
「女性と平和，安全保障」（安保理テーマ別議
　　題・決議）　83, 99, 134, 136, 160, 162～
　　166, 183, 188～194, 198

241

女性の地位向上のための国際訓練研修所
　　（INSTRAW）　136, 190
人道支援（活動）　5, 26〜28, 30, 31, 39, 46,
　　74, 84, 85, 87, 88, 150〜154, 169
　　──── NGO　→ NGO
　　────機関の「行動綱領」　146
　　────の保護　24, 32, 75, 177〜179
　　────要員　28, 33, 85, 87, 92, 93, 96, 101,
　　　124, 142
　　────要員による性的搾取問題　171
人道的介入　16, 80, 110, 112
人道に対する罪　6, 58, 60, 63〜65, 96, 108,
　　109, 113, 115, 119, 126
　　ダルフールにおける────　141
　　（────と）保護する責任　196
新ユーゴスラヴィア　→ユーゴスラヴィア連邦
　　共和国
スイス　84, 93, 194
スウェーデン　87, 113, 132, 157
スーダン　16, 74, 77, 82, 118〜120, 123〜
　　125, 140, 157
　　────解放運動／軍（SLM/A）　118, 119,
　　　121
　　────人民解放軍　118
　　（────における）正義と平等運動（JEM）
　　　118, 119, 121
スペイン　33
スリランカ　181
スレブレニッツァ　28, 29, 33〜36, 42, 64,
　　79, 85
　　────事件　64
　　『────報告』　29, 34, 35, 66
スロバキア　115
スロベニア　27, 132, 163
正義と平等運動（JEM）　→スーダン
性的暴力　65, 77, 98〜101, 106, 119, 120,
　　133, 141, 143, 161, 165, 166, 170, 186, 193,
　　194, 202
　　子どもに対する────　98, 167, 168
　　コンゴ民主共和国における────　143, 165,
　　　202
　　（────の）不処罰　186
セーブ・ザ・チルドレン　146, 149, 157,
　　167, 171, 180, 181, 191

世界銀行　148, 191
世界サミット成果文書　16, 82, 107, 109,
　　111, 113〜115
世界食糧計画（WFP）　152, 179
世界連邦運動　156, 181
赤十字国際委員会（ICRC）　85, 89, 91, 132,
　　146, 149, 151, 169, 179, 188〜191, 194
赤新月社　146
　　ケニア────　150
　　ソマリア────　149
セルビア人（勢力）　28, 29, 34〜36, 78, 85,
　　177
戦争の法規または慣例に対する違反　60, 61,
　　64
戦争犯罪　6, 54, 60, 64, 108, 109, 113, 115,
　　119, 126, 196
　　ダルフールにおける────　141
　　（────と）保護する責任　196
戦闘員　5, 6
（国連）専門機関　1, 8, 10, 127
（国連）総会　4, 11, 57, 80, 82, 88, 89, 92,
　　108, 109, 114, 115, 132〜134, 157, 183, 192,
　　198, 202, 204
　　────決議　16, 109, 175, 196, 201
　　（────における）「保護する責任」テーマ別
　　　対話　116
ソマリア　25, 40, 43, 47〜49, 52, 58, 71, 73,
　　74, 86, 91, 109, 125, 163, 177
　　（────における）人道支援活動　150〜152,
　　　154
ソマルガ，コーネリオ（ICRC委員長）　89,
　　91, 188

〔た行〕

ターナー，テッド　11
第一次国連緊急軍（UNEF I）　22
対人地雷禁止条約　11, 139
多機能型平和維持活動　23〜26, 153
武内進一　41
多国間主義　7, 11
多国籍軍　16, 21, 68, 70〜74
タジッチ事件　74
多主体間主義　7, 9, 10, 17, 35, 36, 126〜128,
　　145, 163, 175, 182, 196, 202, 204

索　引

(──の) 課題　175, 182, 187
(──と) 規範性　12〜15
(──の) 定義　13〜15
ダルフール　16, 82, 117〜120, 122〜125, 140, 165, 181, 185
　──和平合意　121
ダルフール国連・AU 合同ミッション　→国連
ダレール，ロメオ（UNAMIR 司令官）　43, 44, 51, 52
タンザニア　38, 115
ダンディ，エレーヌ　164
チェコスロバキア　47
チェスターマン，サイモン　70
チャド　123, 124
中央アフリカ　69, 71, 74, 144
中国　46, 50, 79, 87, 91, 112, 113, 115, 122, 123, 135, 192
チリ　113, 134, 156, 189
ツチ（人）　38, 40, 41, 65
停戦監視　15, 24, 26, 30, 38, 102, 130
デメロ，セルジオ（人道問題・緊急支援調整担当事務次長）　89〜91, 188
寺谷広司　13
デンマーク　134, 190
統合ミッション立案プロセス　176
ドイツ　72
ドゥ・ヴァール，アレックス　125
ドシレハムエ　164, 181
ドス，アラン（MONUC 担当事務総長特別代表）　143, 144
ド・ラ・サブリエール，ジャン=マルク　166
トルコ　134, 192

〔な行〕

NATO　→北大西洋条約機構
77 カ国グループ（G77）　112, 113, 198
ナイジェリア　134, 193
ナミビア　24, 134, 139, 161〜163, 188
難民　5, 22, 24, 26, 47, 85, 87, 88, 93, 97, 130, 131
　（──支援のための）NGO　145
　旧ユーゴスラヴィア──　27
　コソヴォ──　78
　コンゴ民主共和国──　142

ソマリア──　150, 151
ルワンダ──　38, 39, 41, 151, 170
西アフリカ諸国経済共同体（ECOWAS）　71, 77, 102, 190
西アフリカ諸国経済共同体監視団（ECOMOG）　102〜104
ニジェール　74
日本　84, 93, 99, 115, 134, 188, 191, 193, 199
ニュージーランド　113
ニュー・ホライズン（『新たなパートナーシップの課題』）　183
人間の安全保障　109, 139
ネパール　115, 168
ノルウェー　134, 189

〔は行〕

ハーグ　56, 59, 162
　──法　90, 95
ハイチ　71, 73, 74, 123
ハウ，ジョナソン（ソマリア担当事務総長特別代表）　48, 49
パウエル，コリン　47
パキスタン　113, 171, 199
バチェレ，ミシェル（UN Women 事務局長）　136
パナマ　134, 192
ハビャリマナ，ジュヴェナル　40
バーレ，シアド　48
ハマーショルド，ダグ　129
パレスチナ　93, 194
ハンガリー　46
バングラデシュ　132, 163, 199
潘基文　116, 193, 194
東ティモール　71, 76, 123, 164, 191
非政府組織　→NGO
非戦闘員　5, 85
「必要なあらゆる手段」　21, 31, 68, 69, 104, 105, 122, 142, 182
非同盟運動　112, 113
（国内）避難民　23, 24, 84, 86, 93, 97, 124, 130, 131, 150
　旧ユーゴスラヴィア──　27
　コソヴォ──　78, 79
　コンゴ民主共和国──　142〜144

243

ルワンダ―― 39, 41
ヒューマン・ライツ・ウォッチ 146, 156, 171, 181
評価・監視（活動・機能） 9, 17, 128, 168, 172～174, 187
　NGO による―― 155, 171, 202
　国連機関による―― 172, 202
ピレー，ナバネセム（人権高等弁務官） 135, 193, 194
フィリピン 115, 134, 189
フィンランド 163
フォートナ，ヴァージニア 26
複合型平和（維持）活動 23, 162
藤田久一 14, 75, 78
武装解除・動員解除・社会復帰（DDR） 96, 97, 102, 106, 107
フツ（人） 38, 40, 41, 65
ブトロス＝ガーリ，ブトロス 20, 36, 48, 52, 66
（国連）付属機関 1, 8, 127
ブラジル 72, 115, 188
ブラット，デュアン 25
『ブラヒミ報告』 24, 66～68, 182, 184
フランス（仏） 32, 33, 72, 87, 91, 120, 123, 199
　安保理議長国としての―― 134, 189～192
　（――と）旧ユーゴスラヴィア 46
　――軍 43
　（――と）授権方式の活動 69, 71, 77
　（――と）ソマリア 49
　（――と）保護する責任 112, 113, 115
　（――と）ルワンダ 44
「武力紛争下の文民の保護」（安保理テーマ別議題・決議） 83, 84, 88, 89, 91, 92, 96, 97, 114, 116, 133～135, 138, 159, 174, 183, 188～194
ブルガリア 134, 189
ブルンジ 40, 74, 77, 164, 182
文民の保護 1～7, 9, 26
　「――」（安保理テーマ別議題・会合） 81, 82, 88, 96, 99
　（――と）キャップストーン・ドクトリン 183, 184

（――と）国連憲章第 7 章 184, 197
（――と）ダルフール 122, 123
――任務 2, 6, 9, 16, 17, 30, 65, 74, 137, 139, 172, 176, 182
（――と）任務としての一般化 101～107, 125
（――と）保護する責任 107, 114
（――と）MONUC 143, 169
（――と）MONUSCO 142, 186
ヘイザー，ノエリーン（UNIFEM 事務局長） 99, 136, 188～191
平和観 196
ベーカー，ジェームズ 69
米国 33, 34, 43, 45, 50, 91, 103, 122, 134, 177, 199
　安保理議長国としての―― 189, 192～194
　――軍 46～49
　（――と）授権方式の活動 71
　――大統領指令 25 号 47, 49
　（――と）保護する責任 112, 113
平和維持活動 2, 5, 6, 9, 16, 37, 45, 47, 49～51, 53, 60, 71, 79, 81, 87, 107, 161, 163, 165
　「――」安保理テーマ別議題 186
　――改革論（案） 182, 185
　90 年代の―― 15, 19, 125, 150
　国際人道法・人権法と―― 183
　――自衛原則 31, 32, 65, 184
　多機能型―― 23～26, 153
　（――の）中立性 67
　（――の）任務の防衛 184
　（――の）評価と監視 168, 169
　（――の）不偏性 51, 67, 81, 87, 93, 96, 184
　――要員 5, 24, 33, 34, 45, 124, 142, 172, 185
　――要員による性的搾取問題 17, 94, 95, 97, 100, 101, 170, 171
平和強行連盟 9
平和強制活動／部隊 34, 52, 66, 68, 71, 75, 103
平和に対する脅威 1, 53, 69, 72, 73, 86
平和のためのアフリカ女性ネットワーク 164, 190

# 索　引

『平和への課題』　20, 52, 131
ベトナム　134, 192, 193
ベニン　115, 134, 190
ベネズエラ　46, 113, 154, 155
ベラミー，アレックス　113, 183
ベラミー，キャロル（UNICEF 事務局長）
　　89, 91, 174, 188, 189
ベラルーシ　113
ペルー　115, 134, 191
ベルギー　38, 41, 49, 134, 191
　——人要員／軍部隊　41, 42
ポール，ジェームズ　159
保護する責任　16, 82, 107～117, 122, 125, 196
『保護する責任の実施』　116
星野俊也　149
ボスニア・ヘルツェゴビナ　27, 28, 33, 45, 52, 64, 79, 86, 109, 177
ポルトガル　132, 134, 157, 188

〔ま行〕

マシェル，グラサ　132, 133
松井芳郎　21
松浦博司　129, 134, 158
マルティラテラリズム　7～9, 11, 13, 14, 17, 127, 203
マレーシア　102, 112, 148
南アフリカ　73, 113, 115, 134, 191
南ローデシア　73
ミロシェビッチ，スロボダン　58, 59
民軍間の協働　176, 177, 179
民族浄化　27, 57, 76, 84, 119, 177
　（——と）保護する責任　108, 109, 115, 196
メキシコ　113, 134, 192, 193
モザンビーク　25
モレノ゠オカンポ，ルイ（ICC 検察官）　141
最上敏樹　4, 8, 14

〔や行〕

ユーゴスラヴィア社会主義連邦共和国　→旧ユーゴスラヴィア

ユーゴスラヴィア連邦共和国（新ユーゴスラヴィア）　16, 78, 79, 81, 89
米川正子　186
『より安全な世界のために』　111

〔ら行〕

ラギー，ジョン　7, 13, 14
ラザリ，イスマイル　148
ラック，エドワード　116
リベリア　71, 72, 74, 123, 170
ルイス，ステファン（UNICEF 事務局長補）　85
ルーテル世界連合　150
ルーマニア　134, 190
ルロイ，アラン（平和維持活動担当事務次長）　135, 192～194
ルワンダ　6, 15, 19, 27, 37～44, 52, 54, 55, 60, 71, 73, 79, 80, 85, 123, 125, 138, 165, 170
　——愛国戦線（RPF）　40, 151
　——国際刑事裁判所（ICTR）　→国際刑事裁判所
　国連事務局と——　50
　（——における）ジェノサイド　40, 42～44
　（——における）人道支援活動　152, 169
　ブラヒミ報告と——　67, 68
　保護する責任と——　109, 113, 115
ローズ，マイケル（UNPROFOR 司令官）　34, 178
ロシア（露）　33, 46, 79, 87, 91, 112, 113, 115, 135, 189
ロビンソン，メアリー（人権高等弁務官）　89, 135, 188
ロメ和平協定　102

〔わ行〕

ワールド・ヴィジョン　146, 149, 180, 181
湾岸戦争　21, 22, 68, 71, 73, 104, 173

**著者紹介**

**清水　奈名子**（しみず　ななこ）
1975年　東京生まれ
2006年　国際基督教大学大学院行政学研究科博士後期課程修了。
　　　　博士（学術）
現　在　宇都宮大学国際学部講師

**主要著作**
『グローバル化と社会的「弱者」』〈平和研究第31号〉（共著，早稲田大学出版部，2006年）
『岩波講座　憲法5――グローバル化と憲法』（共著，岩波書店，2007年）
『日本・アジア・グローバリゼーション』〈21世紀への挑戦　第3巻〉（共著，日本経済評論社，近刊）

---

冷戦後の国連安全保障体制と文民の保護
――多主体間主義による規範的秩序の模索　　宇都宮大学国際学部　国際学叢書

2011年2月28日　第1刷発行　　　　　　定価（本体4800円＋税）

著　者　　清　水　奈名子
発行者　　栗　原　哲　也
発行所　　株式会社　日本経済評論社
〒101-0051　東京都千代田区神田神保町3-2
電話 03-3230-1661　FAX 03-3265-2993
http://www.nikkeihyo.co.jp
振替 00130-3-157198

装丁＊渡辺美知子　　　　　　　　　　　　　シナノ印刷

落丁本・乱丁本はお取替えいたします　　　　Printed in Japan
© SHIMIZU Nanako 2011　　　　　　　　ISBN978-4-8188-2153-8

・本書の複製権・翻訳権・上映権・譲渡権・公衆送信権（送信可能化権を含む）は，㈱日本経済評論社が保有します。
・JCOPY 〈㈳出版者著作権管理機構　委託出版物〉
本書の無断複写は著作権法上での例外を除き禁じられています．複写される場合は，そのつど事前に，㈳出版者著作権管理機構（電話 03-3513-6969，FAX 03-3513-6979，e-mail : info@jcopy.or.jp）の許諾を得てください．